進擊的社會學家

THE ENGAGED SOCIOLOGIST

Connecting the Classroom to the Community

凱薩琳·科根 Kathleen Odell Korgen　　**喬納森·懷特** Jonathan M. White — 著　　**趙倩** — 譯

The Engaged Sociologist: Connecting the Classroom to the Community (3rd Edition)。
English language edition published by SAGE Publications Inc, A SAGE Publications
Company of Thousand Oaks, London, New Delhi, Singapore and Washington D.C.,
© 2010 by Pine Forge Press, an Imprint of SAGE Publications, Inc.
Complex Chinese Language copyright © 2014 Socio Publishing Co., Ltd.

國家圖書館出版品預行編目資料

進擊的社會學家 / 凱薩琳·科根（Kathleen Odell Korgen）、
喬納森·懷特（Jonathan M. White）著；趙倩譯
一版—新北市：群學，2014. 12
面；公分，含索引
譯自：*The Engaged Sociologist: Connecting the Classroom to the Community*
ISBN 978-986-6525-87-2（平裝）
1. 社會學 2. 社會參與
540   103023656

進擊的社會學家

The Engaged Sociologist: Connecting the Classroom to the Community

作　者　凱薩琳·科根（Kathleen Odell Korgen）
　　　　喬納森·懷特（Jonathan M. White）
譯　者　趙倩

總編輯　劉鈴佑
編　輯　李宗義
出版者　群學出版有限公司
　　　　地　址　新北市新店區中正路 508 號 5 樓
　　　　電　話　(02)2218-5418
　　　　傳　真　(02)2218-5421
　　　　電　郵　service@socio.com.tw
　　　　網　址　http://socio123.pixnet.net/blog

封　面　蘇品銓　fallengunman@gmail.com
排　版　菩薩蠻數位文化有限公司
印　刷　權森印刷事業社　　電　話 (02)3501-2759

ISBN　　978-986-6525-87-2
定　價　NT$380
1 版 1 印 2014 年 12 月

僅以本書紀念 Aiden Tomkins Odell，並獻給努力找出脊髓性肌肉萎縮症（spinal muscular atrophy, SMA）治癒方法的家庭。想認識 SMA 及了解如何協助尋求此症治癒方法，可至 www.fsma.org 網站。

欲閱讀 Aiden 的故事，可至 www.fsma.org/FSMACommunity/Photos/memorialphotos/index.cfm?SR=51&LS=2378，點選 Odell, Aiden Tomkins。

目錄

前言　作者給學生讀者的提點

　　社會學是最酷的學科。真的，還有哪個領域的學科更能讓你看出社會是如何運作或如何運用所學來改變社會？我們兩人均是因為想要知道如何對抗社會不公及提升民主制度效能，而被吸引到社會學。社會學也在日常事務上給了我們指引，例如：如何在校園內通過某政策、決定把選票投給誰、了解取得大學學位在現今服務型經濟下有多重要。本書是我們所做努力的一部分，以讓學生迷上社會學，同時協助他們成為能強化我們民主社會、積極參與、有效能的公民。

　　本書同時是「教育公民」這更大之全國努力的一部分，藉著鼓勵學生進行公民參與的練習，將課堂連結到社區。「一定要民主」（The Democracy Imperative）、「校園盟約」（Campus Compact）、「美國民主計畫」（American Democracy Project）這類組織，正在推動讓公民參與成為所有大學生學習經驗的運動。全國各大學的領袖都體認到，我們有義務授予學生成為有效能公民的工具，以及將來在職場上所需技能。社會各界的領袖也了解，若高等教育與社會關聯起來，對校園內、外所有人都有益。

我們相信，就像美國社會學會領袖推廣公共社會學時所指出，要教導學生成為我們社會中真正的有效能公民，社會學是特別適合的學科。傑出的社會學者柯林斯（Randall Collins）指出，社會學的兩個核心承諾為（1）了解社會是如何運作的、（2）利用這知識使社會變得更好。我們相信，協助學生學習如何以社會學角度思考及運用社會學的工具，事實上能讓他們變成更佳的公民。無疑的，指定你們閱讀此書的教授亦有同感，他們將很樂意告訴你們，為什麼他們認為社會學是非常有用且實在的學門。

我們也知道，社會學無論在教與學上都十分有趣。這正是我們為什麼要寫這本希望可讓學生或教師均使用愉悅的書籍。各章節的練習題，讓學生可將校內正在學習的社會學知識與更大社群關聯起來。因此，一旦發展成社會學之眼，你就能使用。**請注意，進行某些練習前，一定要遵照以人為對象之研究的規定，並先通過學校的內部審查委員會（Internal Review Board, IRB）審核。**（教授會告訴你這些該怎麼做。）隨著學習到「社會學的想像」及其所具備對社區的正向影響力，本書將助你將自己生活與周遭社會連結起來。每章的「行動中的社會學家」單元，將展現社會學的學生及專業社會學家（包括教授及應用社會學家），如何以各式各樣的方法運用社會學來努力改善社會。使用本書到最後時，你將能創造出自己的「行動中的社會學家」，呈現你自己如何運用社會學工具於改善社會的努力上。

我們期盼能看到你的「行動中的社會學家」文章，並將這些

刊載於《進擊的社會學家》的下一版以及本書網站。不過在此期
間，我們希望你能悅讀這本書，並運用從中學到的知識及技能，
讓自己成為更有效能的公民、強化民主、為一個更公正的公民社
會努力。我們認為你也會有我們剛踏上社會學家之路時的發
現——社會學是個既酷又有力的工具。當然，我們同時希望你在
這路程中得到許多樂趣。

致謝

-ix-　　若非許多人士之有力協助，本書將不可能有第三版。首先感謝羅佩多（David Repetto），他為此計畫帶入將課堂連結到社區的承諾、卓越的見解，以及許多美好意見；能與他一起工作是我們的榮幸。同時要感謝我們最初的編輯潘那（Ben Penner），謝謝他傑出的表現及對本書的願景充滿信心。整體來說，他對《進擊的社會學家》及公共社會學的熱情，讓我們在構思及撰寫本書時大受激勵。而他的幽默、熱心、關於社會學與學生參與間強力關聯的洞見，讓我們依然受益。我們也受益於本書的製作編輯威麗（Karen Wiley）及編輯助理絲克芬諾（Nancy Scrofano），她們有力的支持並在計畫進行中全程引領我們。尤其感謝赫林傑（Teresa Herlinger），為本書作了極為精妙又周詳的編審。我們還要特別感激同事魯恩（Howard Lune）對本書之貢獻。

　　最後，我們要感謝審閱本書的下列人員，他們周延、高超的建議，提昇了本書的水準：中西州立大學（Midwestern State University）的史帝爾斯（Beverly L. Stiles）、紐約州立大學普拉茨堡分校（SUNY Plattsburgh）的萊特（Stephen Light）、明尼蘇達大

學（University of Minnesota）的柯佛（Ronda Copher）、北亞利桑那大學（Northern Arizona University）的瑪哈穆迪（Kooros M. Mahmoudi）、喜瑞都學院（Cerritos College）的候斯岡（Amy Holzgang）、威廉帕特森大學（William Paterson University）的史丹（Peter J. Stein）、洛杉磯山谷學院（Los Angeles Valley College）的梁（Eric K. Leung）、中央佛羅里達大學（The University of Central Florida）的林克斯韋勒（John Lynxwiler）。

下列審閱者則助我們使本書第二版更勝初版：紐約市立大學曼哈頓社區學院（Borough of Manhattan Community College, City University of New York）的艾斯提斯（Jack Estes）、賓州愛丁堡大學（Edinboro University of Pennsylvania）的蘭格（Werner Lange）、辛普森學院（Simpson College）的班迪（Rachel Bandy）、科林郡社區學院區（Collin County Community College District）的羅傑斯（Beverly L. Rogers）、維吉尼亞理工暨州立大學（Virginia Polytechnic Institute and State University）的霍華—波絲蒂克（Chiquita D. Howard-Bolstic）、曼斯菲爾德大學（Mansfield University）的珍普勒克（Janice K. Purk）。

凱薩琳要特別感謝她善於鼓勵、包容、各方面都很棒的先生傑夫；女兒茉莉及潔西卡；母親派翠西亞·奧戴爾為這本書付出許多深夜、清晨、周末的時光。傑夫及派翠西亞以鼓舞的態度閱讀了無數次本書初期草稿，並給予許多有用的建議。媽，如果我們沒有住在一起，本書絕不可能如期完成，謝謝您！同時感謝茉 -x-

蒂‧科根及班‧科根、安‧奧戴爾、麥克‧奧戴爾、約翰‧奧戴爾、南西‧巴福、康納‧奧戴爾。

　　喬納森要感謝妻子兼最佳好友雪莉，感謝她付出的無比友誼、愛與支持。我們令人驚奇的伴侶關係，讓我能充滿活力朝著成為公共社會學家及學者一行動主義者方向前進。同時感謝許多學生，用他們的精力、聰慧、對社會改革可能性無可動搖的信心激勵我。也要大力感謝我的家人，他們提供的堅定支持、愛與歡愉，鼓舞我持續努力，創造一個更強健的公民社會。一群特別的人——我的 13 位侄甥兒女，在多方面格外的鼓動人心，尤其值得感謝。

第1章　進擊的社會學家

社會學觀點以及社會學、民主和公民參與間的關聯

你曾想改變社會嗎？從小到大，是否曾希望對事情應該怎麼做有發言權？若是，那你選對學科了！社會學會幫助你理解社會如何運作，以及如何讓社會變得更好。

身為社會學家，我們看到人們如何塑造社會，又如何被更大的社會力量所形塑。藉著培養出所謂的**社會學之眼**（sociological eye）（Collins 1998; Hughes 1971），我們得以看透表象，探知社會運作的真實面。例如，經由社會學之眼，我們認識到文化對個人的巨大影響。試想若生長在瑞典、衣索比亞、孟加拉或其他文化上與我們大相逕庭的國家，你可能是什麼模樣？[1] 長相或許相同（雖然習性、語言、髮型及衣著可能不同），但價值觀、規範、信仰將不一樣。你對各種事情的看法，比如：合宜的性別角色、宗教或俗世的價值觀、生涯目標、教育……等，都是由你成長的社會形塑而成。

看看身邊家人與某些有錢或沒錢親戚之間的差異，這是社會階級所造成的嗎？抑或這些差異決定了我們的階級？[2] 想想你的男性親戚與女性親戚對同一個問題的不同看法，他們住在同一個世界，甚至住得很近，然而經驗卻截然不同，因此有人甚至開玩笑說：男人及女人來自不同星球（Gray 1992）。「社會學之眼」使我們以獨特角度看社會，察覺常遭忽略的現象，看出一般人未留意的日常事件中各種模式的關聯。藉此，我們得知不同的組織、制度、社會如何發揮功能，社會力量如何形塑個人的生活及觀念，而人們又是如何塑造組織及制度。

透過**社會世界模型**（social world model）的觀點來看社會，我們能研究大小不同的社會單元之間的互動。舉例來說，若要研究民主參與，我們可以檢視**人際及地方組織**，例如：校園中學生的政治行動主義、大學共和黨、大學民主黨等社團；**較大型的組織及機構**，例如：全國性的民主黨團、共和黨團、州選委會；以及**全國或全球社群**，例如：美國總統選舉或聯合國千禧年宣言（the UN Millennium Declaration）的執行狀況。我們會依據研究對象的規模，使用不同的分析層次；研究人際及地方組織，用**微觀**（micro）分析；**中層**（meso）分析用於研究較大型的組織及機構；而國家或全球社群的研究，則使用**鉅觀**（macro）分析。然而不論何時，我們都會留意不同社會團體之間的關連；舉例來說，使用「社會世界模型」，會讓我們看到個人如何與同學、政黨、國家、全球社群相互影響。

「社會世界模型」同時讓我們看出社會上一直存在的運作模式，這些模式不但損害某些團體的權益，且會導致制度上的歧視（有意或無意的結構性歧視）。例如，直到 1981 年雷根總統（Ronald Reagan）任命奧康納（Sandra Day O'Connor）為大法官之前，存在於美國社會超過兩百年的最高法院，未曾有過女性大法官。社會學家經由「社會學之眼」認清，全由男性組成的最高法院，只是性別歧視的部分結果。這些歧視，有的是故意的，由人們的性別觀念而來；有些是出於政治考量，基於算計公眾對提名女性擔任這種職位的反應；有些則甚至與一項事實有關，那就是我們文化傾向用類似的語言及觀念描述**領袖特質**（leadership qualities）與**男子氣概**（masculinity），因此想到領導能力，人們往往會聯想到男性在此方面展現的特質（Schein 2001）。[3] 探討性別角色、社會化及性別歧視關聯的社會科學研究，像是傅瑞丹（Betty Friedan）1963 年所著《女性迷思》（*The Feminine Mystique*），打破女性只能從為人妻或主婦角色獲得滿足感的迷思，成為大眾的知識，並為 1960 及 1970 年代的婦女運動提供論據。這項運動最後為奧康納的任命營造了有利的政治環境，也促成後來金斯柏格（Ruth Bader Ginsburg）與索托馬約爾（Sonia Sotomayor）等女性大法官的任命。

運用「社會學之眼」亦有助於說服政府官員，促使他們提出政策來解決社會不公。看穿政府運作的表象，讓我們得以回答下列問題：政府官員最可能回應誰？為什麼？要如何運用這些資訊

來確保他們有回應？是何種社會力量迫使我們最保守的總統之一，同時也不是女權擁護者的雷根總統，選擇女性擔任最高法院大法官？

柯林斯（Randall Collins, 1998）指出，運用「社會學之眼」為社會學的兩個「核心承諾」之一；另一個為**社會行動主義**（social activism）。一旦了解社會如何運作，我們即有義務盡一己之力積極改善社會。「社會學之眼」與「社會行動主義」相輔相成；「社會學之眼」讓我們成為有效能且積極參與的公民，這是經訓練所得，就如同透過重量訓練增加肌肉。越是訓練自己成為社會學家，你的「社會學之眼」就會越敏銳，也更能使自己的社會行動有效且有建設性。本書列出許多**行動中的社會學家**（sociologists in action），這些人均練就敏銳的「社會學之眼」，並成功運用技巧創造社會變革。

社會學的想像

要了解如何影響社會，須先了解我們如何受社會影響；米爾斯（C. Wright Mills, 1967）將此能力稱為「社會學的想像」（sociological imagination）。當我們開始把個人煩惱與公共議題連結起來，也就是把個人生活連接到周遭的社會事件，就是在使用「社會學的想像」。

舉例而言，本書兩位作者均經歷父母離異；雖然這只是我們

各自的個人煩惱，但運用「社會學的想像」後，則可看出自己只
是跟同為 1970 年代的美國兒童一樣，都經歷了美國離婚率劇增的
這段時期。若生長在 1870 年代，則我們的父母極有可能維持婚姻
4 關係。然而，1960 及 1970 年代，法律賦予的權利及保護使更多女
性得以走出婚姻關係、宗教虔誠度下降、生活負擔增加迫使更多
女性必須進入職場，這些變遷造成離婚率增加，我們的父母也在
這段時間分道揚鑣。我們個人的煩惱（父母離異）與公共議題
（整體社會離婚率上升）直接相關。

　　現今，作者之一在為青春期女兒買衣服時倍感辛苦，因為很
難找到不像希爾頓（Paris Hilton）衣櫥中那種衣服。身為人母，她
覺得很可怕，竟有人期望小女孩（尤其是**她的**小女孩！）穿得如
此暴露；可是身為社會學家，她能以美國的服飾店及廣告為觀察
樣本，並立即認知到這只是整個社會物化女性（即便是非常年輕
的女孩）的一環。她於是開始研究，為何一個像我們這般長久以
來一直有「道德標準」的社會，竟會如此一致且近乎具侵略性的
物化女孩。她可能會檢驗下列研究假說：這種社會行為係因時裝
設計及行銷高層相對缺乏身為人母的工作人員；若研究結果顯示
確實如此，她就可運用這項發現進行社會改革，讓這些職場對兼
具母親身分的時裝設計及銷售人員更開放、更有吸引力。

　　正如米爾斯的定義（1959/2000），社會學應有的其中一項功
能為：「將個人煩惱轉為社會議題。」一旦開始應用「社會學的
想像」，並透過「社會學之眼」與「社會世界模型」觀看世界，

你很難不注意我們個人與社會運作模式之間的聯結。想想你大學畢業後想做的工作，領的是年薪還是時薪？提供完整的健康保險給付嗎？還是沒有任何保險，所以你只能祈求自己身體健康？若你找到一份「好差事」，你的好運是否只因別人正好沒有這份運氣？全球血汗工廠工人的私人煩惱是否和全球公共問題有關呢？

　　在血汗工廠工作，面對的是奴隸般的工作條件，很少或根本沒有工作防護措施，並被雇主恣意責罰，所得卻不足以維持基本生活所需。血汗工廠不提供保險，沒有病假及退休保障，也無法防止突然關廠。表面看來，血汗工廠與大學互不相關，然而如果深入了解（或看看你及同學所穿的衣服），就可看出其中關聯。杜克大學（Duke University）的學生就這麼做了：得知有「杜克」標誌的衣服大多由工作條件嚇人的血汗工廠製造時，學生動員起 -5-
來，組成「反血汗工廠團結學生聯盟」（United Students Against Sweatshops），經由他們與學校一些行政人員（特別是杜克商店營運部門〔Duke Store Operations〕主管）的努力，在杜克校園開始討論「血汗工廠」，探討學校當局是否有責任確保印有「杜克」標誌的衣服均「非血汗工廠」製造。結果，杜克大學在 1997 年成為全美第一間採用行為守則的大學，要求所有與他們交易的服裝公司，必須接受對其工廠工作條件的獨立監督；次年，杜克成立了獨立的「勞工權利協會」（Worker Rights Consortium, WRC），協助落實學校與來往成衣商間設定的行為守則；[4] 到 2009 年，共有 186 所高等教育機構加入杜克大學學生發動的這項運動，並成為

WRC 的成員。[5]

社會學與批判性資訊消費

除了擁有訓練有素的「社會學之眼」及運用「社會學想像」的能力,社會學家面對四面八方源源不絕的資訊,也是知情且具批判力的消費者。社會學的研究方法教我們怎麼研究,如何詮釋他人傳達的資訊。由於瞭解優秀的研究應如何執行,我們得以評估社會上流傳的資訊,知道哪些新聞來源值得信賴;在努力了解及改善社會時,這些技巧將對我們有所助益。第三章會更詳細說明,社會學研究方法在這方面可如何應用。

社會學與民主

閱讀此書並做練習題,你將學會怎麼看穿社會事件的表象,將個人煩惱與公共議題關連起來,並知道哪些訊息來源值得信賴,然後運用這些社會學工具強化社會,使國家更民主,並且確保全球人類的權利與福祉。雖然各個學者對「民主」的定義不同,但他們有志一同地指出,這是一種將國家權力歸於人民而非政府的治理制度。本書將呈現社會學可如何使公民(正如你!)變成民主社會中有智識、主動且有效能的參與者。

練習 1.1 高等教育與民主有何關聯？

民主國家的人，一生下來就有一些義務，你認為是哪些呢？投票是否為其中之一？上大學呢？想想民主與高等教育的關聯，然後回答下列問題：

1. 你認為高等教育有何目的？

2. 你決定接受大學教育的原因為何？

3. 你認為大學教育可以幫助你成為更好的公民嗎？為什麼？

4. 請由下列網址進入「校園盟約」（the Campus Compact）的網頁 www.compact.org/resources-for-presidents/presidents-declaration-on-the-civic-responsibility-of-higher-education，並閱讀〈大學校長宣言：高等教育的公民責任〉（Presidents' Declaration on the Civic Responsibility of Higher Education）。

5. 你對問題 1 的回答與校長宣言中所述之大學教育目的是否有關？你為什麼認為有關或無關呢？

6. 為何一個健全的民主社會必須有受過教育的民眾為基石？

7. 是否所有美國人均有機會接受公立高等教育呢？為什麼？若否，這狀況會對我們的民主造成哪些影響？藉由你的社會學之眼，想想自己可如何使更多人接受公立高等教育？

練習 1.2 活廣告牌

在生活中，你身兼多項**社會角色**：學生、某人的朋友、某人的小孩，也可能身為父母、手足、員工、隊友、老闆、鄰居、女／男朋友或良師。對坊間數以千計的公司來說，你的主要角色則是消費者。服裝公司如何對特定的男人、女人、不同的種族／族群行銷？這些不同群體的成員，如何成為自己所穿著服裝的廠商「活廣告」？

下次在其他課堂上注意下列情況：

1. 教室中有多少學生？男、女各多少位？

2. 不同性別中，各有多少位的服飾上（含鞋子、棒球帽……等）有明顯的產品或製造公司商標？（答案要包含你自己。）

3. 是否有任何品牌商標在課室中出現不只一次？

4. 有哪個商標或品牌在你校園中被視為「時髦的」？

5. 運用你剛練成的「社會學之眼」來分析收集到的結果，這樣的現象可能是何種制度或社會力量所造成？你是否察覺到任何特定的種族或性別方面風尚？不同性別、種族／族群、團隊、小圈圈的人在穿著上是否展現不同潮流？教職員呢？你是否看出老師間流行的衣著款式？所有這些，在消費主義、價值觀、規範、你們的校園文化方面，告訴你些什麼呢？

練習 1.3 大學生與血汗工廠間有何關聯？

1. 請由下列網址觀看「人權影片計畫」（the Human Rights Video Project）所製作的線上短片〈商標背後〉（Behind the Labels），網址：www.humanrightsproject.org/vid_detail. php?film_id=1&asset=clip。

2. 確認你們學校是否為「公平勞工協會」（Fair Labor Association, FLA）的會員？可由下列網址 www.fairlabor.org/fla_affiliates_d1.html 或「勞工權利協會」（WRC）的網站 www.workersrights.org/about/as.asp 找到資料。

3. 若學校不屬於 FLA 或 WRC，查出你們學校書店所賣衣服的供應廠商。

4. 詢問學校書店經理，他／她是否了解這些成衣商工廠的工作條件？

5. 做些研究，找出這些廠商的相關資訊。「反血汗工廠團結學生聯盟」之「無血汗工廠校園運動」（United Students Against Sweatshops' Sweatfree Campus Campaign）網站是有用的網站，可透過 usas.org/campaigns-old/sweat-free-campus 進入。你也可由下列網址：www.business-humanrights.org/Categories/Individualcompanies 進入「商業與人權資源中心」（The Business & Human Rights Resource Centre）網站，或「綠色美國責任商家」（Green America's Responsible Shopper）網站查詢：www.greenamericatoday.org/programs/responsibleshopper。

-8-

6. 上 NPR 網站聆聽下列報導：〈學生抗議〉（Student Protest）
網址：www.npr.org/templates/story/story.php?storyId=1127377，
及〈血汗工廠製造？消費者有跡可循〉（Made in a Sweatshop?
Clues for Consumers）網址：www.npr.org/templates/story/story.
php?storyId=17358785。

7. 從上面報導中學到的哪些資訊，有助你擬出讓自己及學校均
可接受之有關血汗工廠的行動？

8. 將你的研究結果寫成一份四頁的報告，內容一定要清楚寫出
校園內消費與學校書店販售的成衣製造廠工人之間的關聯。

　　加分題：查出貴校運動校隊從何處取得運動制服，並重複上
面的練習；或學校「社區服務辦公室」（Community Service
Office）從何處取得其 T 恤①，然後重複上面的練習。

---

① 譯註：美國學校很注重培養學生的社會責任，故很多學校有社區服務辦公
　室，幫助學生找尋並組織社區服務機會，當他們出去服務時，有時會穿有
　學校或活動標誌的 T 恤。

練習 1.4 擔心日益高漲的學費？

　　不是只有你這麼想！據「大學委員會」（College Board 2007, 2009）報導，**去除通膨因素後**，從 1997-1998 年到 2007-2008 年，四年制州立大學院校學雜費上漲 54%，二年制學院漲 17%，而四年制私立大學院校則上漲 33%。2008-2009 年，四年制私立大學院校平均學雜費為 25,143 美元（較 2007-2008 年上升 5.9%），四年制州立大學院校為 6,585 美元（較 2007-2008 年上升 6.4%），二年制州立學院為 2,402 美元（較 2007-2008 年上升 4.7%）。

1. 因應學費上漲的策略，依（1）個人煩惱或（2）公共議題的角度來考量，會有何不同？

2. 為了說服你的州議員增加貴州之公立高等教育機構經費，你可採取哪些行動？

3. 從問題 2 的答案中選擇一項你可執行的行動，落實這計畫，並寫一份報告描述（1）你所執行的行動、（2）行動的結果。請注意，你可能需要等一段時間才能看到（2）的結果，所以應立即開始（1）的行動。

-9-

行動中的社會學家：班狄（JOE BANDY）

近數十年來，對開發中及已開發國家的人而言，全球經濟變遷帶來重大的機會與問題。一方面，更多跨國資金與技術的流通，開啟了經濟發展的機會；另一方面，全球化的經濟卻面臨持續存在的不平等、不穩定、環境危機等問題，帶來苦難與抗爭。班狄探討這些複雜現象，並設法參與勞工及他們的社會運動，試著為這些最糟的影響提出有效的解決方案。這工作在兩個非常不同的地方進行，其一為北墨西哥的加工出口區，他在此研究勞工運動以保障勞工權益；其二則為探討緬因州北方森林（Maine's North Woods）周邊社區快速的經濟變遷，該處圍繞著開發及自然的資源使用產生許多階級間的衝突。在這兩地，他均使用參與式行動法，以確保研究能兼顧社會學學術層面及勞工為對抗社會問題所作之努力。除著作品廣泛刊載在期刊與書籍中，他並與史密斯（Jackie Smith）共同編著《跨國聯盟》（*Coalitions Across Borders*, 2004）。

任教於鮑登學院（Bowdoin College）期間，他鼓勵學生進行以社區為基礎的研究來參與重要社會議題。班狄還主持環境正義、階級平等、貧窮以及「獨立研究」與「榮譽講座」等五十個社區研究計畫。透過這些研究計畫，學生有機會於跟大學教師、同學及社區組織合作的過程，設計原創性研究。這些計劃基本上都研究一個社會問題或社會政策的某些面向，產生一些資訊來協助社區組織更了解自己社區需求，並做出更佳回應。

　　舉例而言，連續兩學期的「階級、勞工與權力」（Class, Labor, and Power）課程裡，前、後屆的兩組學生與緬因州布朗斯威克鎮（Brunswick）的「泰德福住屋」（Tedford Housing）[2]，共同進行一項當地民眾對遊民問題的意見調查，使泰德福住屋能更有效地掌握大眾對住宅政策的看法。這項調查的首要發現是：當地民眾雖然同情遊民所面對的問題，但卻常常對遊民的成因及問題的解決方法沒有清楚的認知，尤其是在平價住宅方面。這訊息使「泰德福住屋」在業務推廣及教育大眾時能聚焦於該區域平價住宅不足的問題，並幫助「泰德福住屋」獲得大眾及政策制定者的支持，而得以在各項計畫中，成功執行開發平價住宅的計畫。

-10-

　　另一實例發生於「環境社會學」（Environmental Sociology）的課程中，一組學生與緬因州波特蘭市（Portland）「耕耘社區」（Cultivating Community）合作，這個組織經營社區菜園，並提供弱勢青少年環境教育。組織發展初期，亟需有人幫他們找到財源；學生因此做出一個檔案，廣泛列入可能提供財源的慈善機構及政府基金的資訊，協助「耕耘社區」找到所需的資金，以維持當下的工作並發展當地學校環境教育。該課程另一組學生亦處理環境教育議題，他們錄製一段短片，介紹「緬因能源

---

② 譯註：以解除緬因州遊民問題為使命的非營利私人組織，提供收容所、住屋資源及相關諮詢服務。

投資公司」（the Maine Energy Investment Corporation）發佈於網站中的再生能源技術，以教育社會大眾永續能源的替代選項。

這些計劃的結果讓人振奮。課程總結中，學生非常感謝自己有幸能將課堂中學得的社會學工具付諸行動；在政策相關的計劃中解決面臨的問題，增強了他們批判思考的技巧。進行原創性研究，從社區夥伴身上對於社會不平等有更深入且個人的體會，也讓他們樂在其中。社區夥伴也同樣感激，不只因為學生的研究對社區有正面影響，也因在重要議題上能有機會教育學生並一起合作。這些計劃大幅縮短「居民與大學」（town and gown）之間的距離。上列正向結果，促使班狄鼓吹「以社區為基礎」的教學與研究；他與「校園盟約」這個致力於提升高等教育公民參與的組織，共同建立以社區為基礎的最佳教學模式；並幫助鮑登學院透過「麥克金公共福祉中心」（McKeen Center for the Common Good）參與更多公共事務。該中心帶動博雅教育理想（ideals of liberal arts education）及社區參與間的相互支持；使鮑登學院更加落實首任校長約瑟夫‧麥克金（Joseph McKeen, 1802）的教育目標，他認為：「學術機構的建立及得到捐助，是為了公共福祉而非受教育者的私人利益。」

行動中的社會學家：橋水州立學院的社會正義聯盟

橋水州立學院（Bridgewater State College）社會系的沃倫（Joshua Warren）、威爾伯（Bria Wilbur）、候蘭德（Curtis Holland）及米伽利（Jillian Micelli）等四位學生，運用社會學之眼將校園與社區連結起來。為了應用課堂所學促成社會正向改變，他們創立了一個名為「社會正義聯盟」（The Social Justice League）的學生團體。這個團體籌劃多項活動，把社會正義議題帶到校園的教育活動、募款，並促使大學更落實公平正義。

社會正義聯盟在 2007 年的大型活動之一是創立「帳篷城市」（Tent City），學生、教師及職員在十一月的寒冷天氣中，睡在戶外帳篷中一整個星期。地區收容所或地區組織的演講者，每天到帳棚城市對校園社群發表演說，全校老教師也帶領班上學生來聽講。睡在帳篷城市的學生不可使用電腦和手機，必須在設置於自助餐廳的「仿慈善食堂」用餐，且只能在規定時間於公共浴室淋浴。除了創造具教育性及象徵性的帳篷城市，學生也募得數千元現金及日常用品來支持當地一間遊民收容所。

2008 年時，社會正義聯盟於校園發動另一強而有力的策略性教育宣導運動，聯盟成員以「血汗工廠勞工」和「校園書店販售之衣物」為主題，策劃了系列教學及活動：在校園中播放以血汗工廠為題的錄影帶、至各班級演講、設置「仿血汗工廠」舞台。經由學生這些努力，整個校園深深意識到血汗工廠的問題。

社會正義聯盟同時引發該校校長穆勒法瑞（Dana Mohler-Faria）對血汗工廠議題的關注，並與他們組成校園委員會，調查學生書店所售衣服的供應商。仔細了解此問題之後，校長同意橋水州立學院加入「勞工權利協會」（Worker Rights Consortium）。威爾伯對此活動總評道：「我們為了這次活動投入許多心力，當我接到電話告知，橋水州立學院要加入『勞工權利協會』了！我從來沒有這麼自豪。」多虧社會正義聯盟這群有本事又熱情的成員所做的努力，橋水州立學院加入了日益茁壯的大學聯盟行列，共同承諾確保校園中不會有血汗工廠生產的商品。

-12-　米伽利如此形容社會學訓練與她改善社會的行動之間的關聯：「在這一年中，我的生命發生了戲劇性的變化。開學前一晚決定轉到社會系，不但使我獲得社會學學位，更得到其他地方都學不到的知識。從『種族滅絕』到『社會不平等』等課程所受到的訓練及學得的技巧，激起我改變社會的動機，不只是參與社會正義聯盟工作，也參加其他活動。社會學讓我學到個人與全球市場的關係，以及一個人如果努力推動自己相信的事情，社會將隨之改變。」

談到自己擔任社會正義聯盟主席的工作時，沃倫說：「結合所學及對社會正義和公民參與的熱情，不僅使我能為那些急需協助者服務，也使我思考為何會有這些需求。這不僅讓我為已發生的問題貼上『OK繃』，也讓我事先採取行動，找出問題的

根源，並把它連根拔除。」

　　候蘭德清楚意識到社會學的兩個核心承諾：「當領悟到自己正成為一個新生的社會學家，我同時領悟到，學到的社會學知識越多，責任就越大。」

　　閱讀本書其他章節時，請想想這些社會學學生做到什麼，並想想你可以如何運用本課程所學，成為**行動中的社會學家**。

★問題討論

1. 閱讀此章前，你曾否看出自己生活與血汗工廠勞工生活的關聯？為什麼有（或沒有）看出？現在你是否看到其間的關聯了？既然已看到，你將怎麼做？

2. 你對自己能否得到恰當的健康保險給付是否感到憂心？為什麼？為了確保自己及他人在一生中更有機會得到恰當的健康保險給付，你可以做什麼？

3. 針對（1）血汗工廠、（2）確保人民有合宜健保這兩項議題，你是否知道美國總統、貴州的參議員及眾議員正在做哪些事？如果你不清楚，你覺得自己不知道他們立場的原因是什麼？他們對這些議題的立場，是否（或曾經）影響你把選票投給他們？為什麼呢？ -13-

4. 你認為自己可否運用社會學之眼，執行類似橋水州立學院社會

正義聯盟成員的作為？為什麼？你有哪些想法呢？

★特定行動建議

1. 加入一個已成立的反血汗工廠校園團體（你也可經指導老師同意，改加入另一個你有興趣或已參與的團體所從事的議題或運動）。

2. 成立自己的反血汗工廠校園團體，你可由下列網站學習如何組成對抗血汗工廠的地方性團體。請至 http://we.freethechildren.com/get-involed 以及 www.studentsagainstsweatshops.org（點選 Get Your School to Join the WRC）。

3. 請至你的眾議員及參議員網站（可透過 www.house.gov 及 www.senate.gov 聯結），寄電子郵件給他們，表達自己對健康保險給付危機的想法及感受。

4. 調查貴校提供學生、教師、專業職員及支援職員③的健保、工作／生活環境安全等狀況。若發現有明顯不足或不平等的情形，可組織學生、教師、專業職員及支援職員，組成團體來倡導改善校園中全體工作人員工作及生活條件。過去數年，柏克萊加州大學社會學系的學生就進行了此類型的研究及社會運動，你可由下列網址：www.upte-cwa.org/UCLA/BKbetrayal.pdf 觀看相關

---

③ 譯註：支援職員（support staff）通指學校中教學助理、行政人員、事務人員等後勤工作者。

文章〈柏克萊的背叛：CAL 的薪資及工作狀況〉（Berkeley's Betrayal: Wages and Working Conditions at CAL）。

　　請由下列網址：www.pineforge.com/korgen3e 進入本書網站，找到更多公民參與的機會、資源以及經過同儕審查的文獻、與本章相關的網站連結最新資訊。

註釋

1. 若你在瑞典、衣索比亞或孟加拉長大，那麼想像一下自己如果成長在美國新澤西州（New Jersey）會是何模樣？

2. 這當然是相互影響的結果。這是給你看註釋的獎勵。

3. 我們必須聲明，相較於奧康納被任命為最高法院大法官的時代，現今這種看法已不再那麼普遍。

4. 想了解更多有關杜克大學「無血汗工廠商品校園」運動的歷史，可至 www.dukemagazine.duke.edu/alumni/dm18/sweatshop.html 閱讀貝爾曼（Paul Baerman）的文章。

5. 見「勞工權利協會」網站：www.workersrights.org。

參考書目

Bandy, Joe and Jackie Smith, eds. 2004. *Coalitions Across Borders*. Lanham, MD: Rowman & Littlefield.

College Board. 2007. "A Thirty-Year Look at College Pricing Reveals That

Rapidly Rising Prices Are Not a New Development." *2007 Trends in Higher Education Series: Tuition and Fees Over Time.* Retrieved January 7, 2008 (http://www.collegeboard.com/prod_downloads/about/news_info/trends/tuition_fees.pdf).

College Board. 2009. "2008-09 College Prices: Keep Increases in Perspective." Retrieved May 20, 2009 (http://www.collegeboard.com/student/pay/add-it-up/4494.html).

Collins, Randall. 1998. "The Sociological Eye and Its Blinders." *Contemporary Sociology* 27(1): 2-7.

Friedan, Betty. 1963. *The Feminine Mystique.* New York: Norton.

Gray, John. 1992. *Men Are From Mars, Women Are From Venus: A Practical Guide for Improving Communication and Getting What You Want in Your Relationships.* New York: HarperCollins.

Hughes, Everett C. 1971. *The Sociological Eye: Selected Papers.* Chicago: Aldine-Atherton.

McKeen, Joseph. 1802. "Joseph McKeen's Inaugural Address." Retrieved September 16, 2009 (http://www.bowdoincollege.edu/mckeen-center/mission/inaugural-address.shtml).

Mills, C. Wright. [1959] 2000. *The Sociological Imagination.* New York: Oxford University Press.

Schein, Virginia. E. 2001. "A Global Look at Psychological Barriers to Women's Progress in Management." *Journal of Social Issues* 57: 675-88.

第2章 社會學的奠基者及基石

理論

社會學是由一些熱切希望（1）瞭解十九世紀末及二十世紀初期社會重大變遷、（2）想讓社會變得更好的社會科學家所建立。本章將介紹社會學的五位奠基者——馬克思（Karl Marx）、韋伯（Max Weber）、涂爾幹（Émile Durkheim）、米德（George Herbert Mead）、及亞當斯（Jane Addams），你會學到他們如何完成前述兩個社會學的核心承諾。這五位理論學家以各自的方式，穿透表象直探社會底蘊，理解社會如何運作，進而運用這些知識來改善社會。

雖然這些奠基者所回應的都是和工業化有關的社會力量，但他們的著作觸及了許多面向並探討各式各樣的主題。一般公認，馬克思及韋伯是衝突理論學家（conflict theorist），[1] 涂爾幹是功能論者（functionalist），至於米德及亞當斯則是符號互動論者（symbolic interactionist）。然而，儘管程度不一，他們均關注社會不平等的根源，以及解決這些社會問題的可能方法；並且運用理

論來解釋社會運作方式及改善之道。正如任何理論解釋一般，有些理論較能讓人信服；在閱讀此章時不妨思考，哪些理論對你理解及改善社會最有幫助。

馬克思 -16-

馬克思（1818-1883）認為，爭奪商品生產控制權的階級衝突（class conflict），導致了社會不平等。他主張每個經濟時期都有個掌控生產工具的宰制階級——資產所有人，他們剝削另一階級——工人。例如，在封建時代，有地主及農奴；而工業時代，則有工廠的老闆及工人。馬克思相信，當下列狀況發生時，工人終將打倒資產所有人：

1. 經濟生產工具在技術上進步到足以輕易支持社會上所有人之生計；.
2. 工人團結起來，體認到他們是受資產所有人剝削的階級。

馬克思相信，工人（無產階級〔*proletariat*〕）對自己階級的社會地位處於「虛假意識」（false consciousness）的狀態；亦即他們雖然意識到階級差異，卻不了解差異存在的原因，以及有權者如何操縱社會體系導致這些差異，甚至對差異的程度也一無所悉。

因此，雖然**意識到**階級差異存在，但他們理解的卻是**虛假的**意識。

馬克思認為，資產所有人（資產階級〔*bourgeoisie*〕）不僅擁有商品的生產工具，同時也握有生成社會**觀念**（ideas）的工具。用馬克思的話：

> 在每個時代中，統治階級的觀念決定了該時代的觀念。亦即，社會中統治物質生產的階級，同時也會是統治這個社會智識的階級。擁有物質生產工具的階級，同時也控制了心智的生產工具。一般來說，那些缺乏心智生產工具者的觀念，因而就只有受制於人了。

這種虛假意識使工人無法體認到，資本主義體系是設計來剝削他們，而不是為他們謀福利。

為了反制這種虛假意識，馬克思一生中用了許多時間來團結無產階級，鼓勵他們建立「階級意識」（class consciousness）、推翻資產所有人的社會、將經濟體系由資本主義改變成共產主義。馬克思取徑的關鍵字是「意識」（consciousness）；只要這些數以百萬計的工人均認為自己是在單打獨鬥，或是與其他工人競爭，什麼改變都不會發生。馬克思期望讓工人階級有更寬廣的社會觀-17- 點，以了解階級體系在其個人生活的角色，並能共同行動來反抗

這體系。馬克思最著名的論點見於《共產主義宣言》（*The Communist Manifesto*）（Marx and Engels 1848/2002），此作品總結道：「讓統治階級為共產主義的革命而顫抖。除了他們的枷鎖外，無產階級不會有任何損失，只會贏得整個世界。全世界的工人們，團結起來吧！」

雖然許多衝突理論學家支持民主而非共產主義，但當代的衝突理論的確是由馬克思的見解延伸而來。**衝突理論**的各學派普遍基於下列假設：任一時期、任何社會，均有不同的利益團體及需求相互衝突的不同社會層級；而政治、社會、經濟上發生的一切問題，大多是它們彼此衝突所顯現的結果。衝突理論家認為，社會的核心就是這些團體對權力的爭奪。

韋伯

馬克思聚焦於階級衝突及經濟體系，韋伯（1864-1920）則更關注經濟與政治力量的結合。他將馬克思的階級概念擴展成社會階層化的三個面向：**階級**（class）（根據擁有的經濟資源——在資本主義工業社會中最為重要）、**地位**（status）（聲望——在傳統社會中最為重要）、以及**黨派**（party）（為了有計畫達成目標而形成的組織，如政黨、工會及專業團體——在工業進步及高度理性化社會中最為重要）。在多數時代裡，這三個層面有很大的重疊；舉例而言，階級越高的人，同時也越趨於居高位，且擁有強

大的政治權力。

　　不同於馬克思，韋伯對消除社會不平等所作的努力抱持非常
悲觀的看法。他認為即使去除了某方面的衝突及不平等，仍會有
其他的衝突及不平等存在，甚而可能成為不平等的更重大基準
（比如說，蘇聯於大幅消除地位不平等後，取而代之的是黨派中
身分差異的重要性）。韋伯對權力的定義為：「某個人或某群
人，即使面對共同行動中他人的反對，仍能貫徹其個人意志的可
能性」（1946，引用自 Gerth & Mills 1958: 180），迄今這仍是大部
分社會學探究權力關係的起點。

　　韋伯在科層體制方面的研究，幫助我們理解在所有先進工業
-18- 社會（資本主義社會、共產主義社會、任何介於前兩者的社會）
中，當權者如何取得及保有權勢。多虧韋伯，我們才能理解科層
組織的力量有多強大，而且就算改朝換代，仍可保持得非常完
整。例如，在高度開發國家中，無論是誰，只要能掌控政府科層
體系（bureaucracy），即可對該社會中的一切行使極大權力。控制
政府科層體系，就能控制社會中的主要組織（包括軍隊），並有
權訂定其他科層組織設立、評核及執行業務的標準。

　　一個權力組織的構成要素是它被承認的**正當性**（legitimacy）。
由於規範低階職員權限的，正是賦予高階者權力的同一個制度，
使得這樣的制度中，低層職員對高層提出異議變得困難、危險，
且幾乎不可能。科層制度會自我保護。

　　如果管理得宜，不論是用於好或壞的地方，科層制度均極有

效率。一個惡名昭彰的例子是，德國在希特勒（Adolph Hitler）掌權前就存在的高效鐵路系統（用以運送勞工及旅客），卻被第三帝國（Third Reich）用為運送男人、女人、小孩到死亡集中營的系統。事實上，希特勒及納粹（Nazi）利用德國科層體系的許多機制，執行了人類史上最有效率的行動（儘管這些行動駭人聽聞且不可思議）。

雖然韋伯告誡不得將社會學建制成一門指引社會的科學，但當試圖導引自己國家（德國）走出紛亂情勢時，卻未因而小心避用本身的社會學知識。縱使對不平等現象能否消除持悲觀態度，他仍覺得有義務竭盡所能地促進自己社會的民主。韋伯畢生涉入政治領域甚深，身為積極參與社會事務的公民，他的晚年對德國社會影響最大，時值第一次世界大戰到戰後初期。他寫了許多報紙文章、給政府官員的備忘錄、以及反對德國政府在戰時併吞他國的論述，同時倡導成立強而有力、經過民選的國會，並且反對極端左派或右派的意識形態（Coser 1977: 242）。

涂爾幹

馬克思及韋伯是衝突理論派，涂爾幹（1858-1917）則採功能論觀點。此派觀點認為，社會就如同一個生物有機體，每個器官均須依靠其他器官維生。功能論者相信，社會是由相互依賴的各個部分組成，且各部分均會為社會整體福祉努力，而絕非由爭奪 -19-

利益的份子所構成（如衝突理論的主張）。涂爾幹相信人類生性是自私的，因此必須經由各種社會制度，以合宜的社會化來導正及調節。他認為功能運作恰當的制度，如教育系統、家庭、職業公會、宗教，可確保每個人為社會利益而非自身利益努力。

涂爾幹（1933）主張，社會是由其成員所感受到與他人互相關聯的感覺——亦即**連帶**（solidarity）①——所結合。當社會由簡單（如農業社會）轉變為複雜（如工業或後工業社會），這種結合的型態也會跟著改變。在較單純的社會，幾乎所有人都共享著相同的生活方式，是基於涂爾幹所謂之**機械連帶**（mechanical solidarity）而結合。此類型社會中，個人主義存在的空間很小，人們經由傳統及共同的生活方式凝聚在一起。

較複雜的社會中，人們從事不同且具高度選擇性的工作，是植基於**有機連帶**（organic solidarity）而結合。此類型社會中，人們聚在一起互相交換服務，而種種服務交換及交換時產生的互動，將社會中的成員連結在一起。他們依賴彼此以便取得所需貨物及服務，且因交換時之溝通而了解（至某種程度）彼此的觀點。此種社會中較可能有個人主義存在，然而，儘管成員依賴彼此生存及發達，凝聚社群的連結卻較弱。

涂爾幹終其一生目睹政治及社會動亂對祖國（法國）的危害，不但研究社會如何運作，還要尋求改善之道。他認為社會平

---

① 譯註：solidarity 亦可譯為「團結」或「關係」。

和的核心在於社會連帶。當社會分工增加時，惟有透過各種制度的社會化，使成員相信自己是社群的一份子且對其他成員負有責任，社會才可能趨於穩定。

他主張一個工業社會若存在**外在不平等**（external inequality），即顯示出其制度功能不彰。他將不平等區分為**內在的**（internal，來自個人天生能力）及**外在的**（那些加諸於人們身上的）。一個有機的社會，有賴所有成員均得以發揮天份方可最有效能，因此，須根除阻礙人們施展天份的外在不平等。例如，假設某人有潛力找到治癒癌症的良方或成為良醫，卻出生在貧民窟、就讀一所糟糕的學校、老師從不鼓勵學生讀大學，她因此未能完全發揮潛能，這時損失的是整個社會。

涂爾幹關注如何減少外在不平等及增進社會共識（社會連帶）。他主張，社會中所有成員能否積極參與社會事務，並且分享彼此的天賦，端視這個社會中各種制度能否為他們創造機會而定。涂爾幹運用自己在教育體系中不同的職位，基於這些理念打造法國的公共學府。

米德

米德（1863-1931）為符號互動論學派創始人，是第一個把重點放在心靈（mind）及自我（self）如何經由社會化而生成的社會學家。米德不將個人視作有別於或受制於社會，而認為人們形塑

社會又為社會所形塑。他特別感興趣的是，自我如何在使用語言或其他符號性行為（符號互動）與他人溝通的過程中形成。

米德認為，人若非彼此互動，就不算真正的人。與他人的互動，繼而決定了我們如何看待自己以及自己在社會中的角色。**符號互動論者**主張，社會是個持續被人們創造及再造的結構。我們可能沒有領會到，但社會是靠著我們默許與他人以某些方式互動所維繫。每當「實行」（practice）某些形式的互動，我們即增強了「社會就是這樣運作」的信念系統。因此，我們可藉由改變彼此互動的方式改變社會。

米德在芝加哥數個社會計劃及社會運動中，貢獻自己在社會環境影響力研究方面的專才。例如，出任赫爾館（由亞當斯及斯塔爾共同創立，從事社會服務的「睦鄰之家」〔settlement house〕，詳見下文）財務長，並成為進步團體「市民會社」（City Club）②的成員，也參與多項芝加哥當地社會運動及計劃，還同時擔任《國小教師》（*Elementary School Teacher*）期刊編輯。此外，他也常在公開演說中為芝加哥外來移民代言，並鼓勵學校改革以協助移民同化。²

② 譯註：The City Club of Chicago 是一個非黨派、非營利的會員制組織，以培育公民責任感、推動公共議題、及提供公開的政治辯論論壇為主要目標，成立於 1903 年，是芝加哥市現存最久的公共政策論壇。

亞當斯

　　亞當斯（1860-1935）是社會學家，也是赫爾館（Hull House）的共同創辦人，這是個睦鄰及社會運動組織，為女性、少數民族 -21-與種族、移民、窮人的權益以及世界和平發聲。亞當斯在幾乎沒人相信女性具公眾領導能力的時代嶄露頭角，並獲得地方與國際的廣泛肯定。她在改革及和平運動方面的貢獻所受到的認同，於1931年達到高峰，成為首位獲得諾貝爾和平獎的女性。

　　在女性及移民勞工議題上，亞當斯與米德密切合作；而在芝加哥的社會學研究方面，她著重於社會改革需求、減少社會不平等、縮小貧富之間鴻溝等議題。此外，亞當斯（與她的友人斯塔爾〔Ellen Gates Starr〕）於 1889 年在芝加哥一個貧困移民區創設的赫爾館，迅速成為「一所關心住宅、環境衛生、大眾健康等問題的女性行動主義者地下大學」（Berger 1997）。

　　赫爾館有趣的研究當中，有一項是調查芝加哥的垃圾處理。當時該市正因垃圾未能有效清運而造成傳染病盛行，特別是在貧窮的移民區。赫爾館的婦女社（the Hull House Women's Club）對此做出回應，她們自 19 世紀末以來芝加哥對女性期待的淑女角色中走出來，起身清運污染貧窮地區的垃圾！不過，在這麼做前，她們先運用社會學之眼及研究技巧來執行：

一項深入該市垃圾清運系統的調查。接著，亞當斯向市政府提出她擬訂的垃圾清運計畫標案，引發社會群情嘩然，迫使市長任命她爲該區垃圾清運督察。赫爾館的婦女於是組成垃圾偵查隊，每天清晨六點起身跟在垃圾車後，繪製垃圾運送路線及傾倒場所地圖，並且讓市民檢舉那些使自己房子變成危害健康場所的房東。她們的警戒行動，促使垃圾處理改革成爲芝加哥首要市政議程，並迫使工廠清理自己製造的垃圾。（Berger 1997: n.p.）

亞當斯及赫爾館的成員同時負責（程度不等）大量的各種社會改革，包括：建立少年司法體系、推動婦女投票權、勞工權利及童工法。[3]

上述五位社會學的奠基者都對運用自身知識造福社會深感興趣。雖不知他們會如何看待今日社會？會提出什麼建議以遏止現今社會制度的不平等？但我們知道，不同的世界觀影響他們對當時社會問題的理解，進而提出不同的解決辦法。

-22-

練習 2.1　社會學奠基者會怎麼說？

1. 想想現今一些與社會不平等相關的公共議題（例如：世界水資源民營化運動、美國環保法規鬆綁、聯邦及州政府減少對州立大學的補助、競選公職之高額成本、資助窮人的住宅基

金縮水等等）。

2. 描述本章所討論的五位社會學奠基者會如何回應某項議題？你的回答必須包含對此議題的簡要概述。

3. 你認為哪些回應最有道理？為什麼？

4. 這些奠基者的觀點中，是否有任何你想補充的不足處？如有，解釋你想補充的觀點以及原因；若無，解釋為何你認為他們的觀點不需再擴展或修正。

理論與社會

社會學家用理論來闡釋社會樣態。若缺乏理論，我們對社會運作方式的根由及改善之道將所知甚少或一無所知。透過理論觀點看社會也幫我們察覺原本可能視而不見的社會樣態，並助我們了解該聚焦何處。舉例而言，相較於透過其他鏡頭觀看社會，衝突理論家可能更注意歧視現象、階級不平等、社會中權力的鬥爭。同樣的，符號互動論者則更趨於了解小團體之互動與符號的影響；例如，他們能快速觀察到，某些看似不重要的行為（像是坐時雙腿是否交叉），卻在外交上有嚴重的影響。[4]

各理論使用的分析層次也不同，有些透過廣角鏡頭描繪世界，觀看較大的（鉅觀及中層）社會樣態（如功能論或衝突論）；然而有些（像是符號互動論）則由較小的（微觀）角度，

-23- 近距離觀看社會。有時，如下面「行動中的社會學家」裡所描述，理論幫助我們達成重要的實用性目標。要謹記的是，一旦人們使用某理論觀點（或任何角度）來觀察社會，他們將更能辨識及了解某些社會樣態。

行動中的社會學家：伍茲（TIM WOODS）

伍茲博士生長於奧克拉荷馬州一個小農業社區，就讀西南奧克拉荷馬州立大學（Southwestern Oklahoma State University）社會學系期間，他加入由兩位社會學教授及少數學生組成的一個團體並至當地監獄擔任志工。獄中有個終身監禁犯所組成之「無期徒刑犯社團」（Lifer's Club），教授與學生則作為社員的夥伴及顧問。監獄志工計畫雖與社會學課程沒有正式關係，此經驗卻對伍茲的著作及教學留下長遠影響。

與囚犯互動迫使伍茲質疑自己的一些基本觀念，尤其是每個人在自己個人責任與自我效能所扮演的角色。關鍵來自於與他往來的一位囚犯，這位囚犯是虔誠的教徒，雖然多數犯人都玩笑說，監獄中沒有人是有罪的，這位囚犯卻不斷大聲喧嚷自己無罪，並說是上帝派他到獄中協助其他犯人的。伍茲知道這些宣稱來自心理失調，不是否認自身責任就是精神疾病所致，故對此持保留態度。然而離開監獄志工崗位約兩年後，正在攻讀研究所的伍茲接到消息指出，因發現新證據，該囚犯被證明無罪且獲釋。此事件成為現實世界社會結構、權力、個人生活經驗間產生關聯的一項重要例證。

　　伍茲博士現任教位於康乃狄克州曼徹斯特（Manchester, Connecticut）的曼徹斯特社區學院（Manchester Community College），擔任政治學與社會學系主任。由於期望學生能有像他在擔任監獄志工時同樣的學習經驗，並有機會為社區貢獻心力；他開始將「社區參與」放進正式的社會學課程，希望學生在與社區互動中，發展出社會學的想像；經由服務社區及細思社區生活狀況，學生開始將自己甚至他人的個人煩惱，與社區及周遭世界的社會議題相連結。此經驗使學生將自己及社區中他人生活經驗連結到更廣大的社會學概念及理論，進而增進對這些概念與理論的認識。

　　起初，伍茲的學生僅擔任社區非營利組織的志工，並將這經驗與課堂所學相連結；漸漸地，伍茲及學生的角色由單純的志工，轉變成主張社區結構性變革的倡議者。他們的社會學想像，使他們認識到運用集體行動滿足社區需求的必要性及潛力，於是結合當地遊民收容所、宗教組織及鎮公所的力量，協助建立「啟動曼徹斯特支持性住宅」（Manchester Initiative for Supportive Housing）組織，並擔負起主導角色，倡議「支持性住宅」作為解決遊民問題之長期方案。他們喚起社區關注所用的策略，成為康乃狄克州到加州「支持性住宅」③倡議者討論的主題。

-24-

---

③ 譯註：「支持性住宅」（supportive housing）為提供遊民或可能成為遊民者之永久性、可負擔之租賃型獨立住屋，並同時提供居住者就業輔導及其他身心支持服務。

　　伍茲認為，對有意傳授及參與公共社會學以及社區變革的社會學家而言，社區學院提供了一個獨特的機會。這與四年制大學及學院裡多數學生的不同之處在於，社區大學的學生緊緊鑲嵌在社區：生活、工作、做禮拜、大學就學均在此，因此與當地有長期利害與共的關係。四年制大學及學院的教授與學生，當然有可能對學校周邊社區造成正面影響，但常需花費額外的心力，來認識當地社區居民並且獲得他們接納。正如亞當斯及赫爾館其他研究者與社運者，伍茲的學生住在他們想改善的社區。同時，社區學院的學生通常更具可在一般社區中見到的多元特點（就種族與族群、階級、年齡、宗教信仰……等等方面而言）；這些因素提高了學生計畫執行時之正當性及成功率，並使課堂與社區的連結更為真實且持久。

練習 2.2　再深入

　　正如前面所言，本章討論的理論奠基者，均深受其所處社會中問題所影響。挑選其中一位理論家，並對該社會情境做更深入了解，當時盛行的社會議題，如何影響其社會學觀點（理論）及研究主題呢？

行動中的社會學家：瑞德（BRIAN J. REED）　　-25-

社會網絡理論（Social Network Theory）幫助美國陸軍逮捕海珊（Saddam Hussein）。瑞德少校為馬里蘭大學帕克分校（University of Maryland, College Park）社會學系博士候選人，駐派於伊拉克並擔負籌畫追捕伊拉克前獨裁者任務時，即運用社會學訓練習得的社會網絡分析法（social network analysis）。他是這麼描述如何運用社會網絡理論找出海珊：

> 我們所建置〔來逮捕海珊〕的情報背景與連結圖是基於網絡分析的概念，我們建構了一個複雜且詳盡的網絡圖來追蹤海珊的部族與家庭連結，因此讓我們得以將注意力集中在某些可能〔與他〕一直（或當時）有密切聯繫的人士身上。（Hougham 2005: 3）

瑞德在網絡分析的專業知識，使得他及所指揮的士兵可繪製出詳細的海珊社交網絡圖，加以研究並判定他最可能的隱匿地點。

瑞德同時指出，社會學的訓練幫助他理解伊拉克文化，讓他能更有效地在該國執行軍事行動。陸軍研究院（Army Research Institute）認知到社會學研究及理論的實用性，在 2005 年撥款 110 萬美元，給馬里蘭大學軍事組織研究中心（Center for

Research on Military Organization, CRMO，瑞德為該中心成員），
進行社會結構、社會系統及社會網絡等方面的研究。

練習 2.3 不同觀點導致不一樣的新聞

這項作業要求你每天至少看 1.5 小時新聞，為時一週，同時必
須觀看多個不同電視台。收看 CNN、BBC 世界新聞（BBC
World News）（現在可由美國多數有線電視網或電腦線上收
看）、福斯新聞（Fox News），各半小時，總共一週。

觀看時，注意（1）他們播報哪些新聞、（2）他們如何報導
這些新聞事件（例如：正面的或負面的）、（3）彼此有何異
同。留意有哪些新聞是三台均報導的，而哪些僅有一家報導。

同時，選擇一則三家新聞台均報導的新聞，回答以下問題：

1. 三家新聞台各用多少時間報導這則新聞？

2. 三家新聞台各對此新聞的焦點事件以正面或負面（或包含兩
   面）方式報導？正面或負面報導間差異為何？

3. 如只收看一家新聞台，你對此則新聞的認識將有何不同？

4. 如只收看一家新聞台，你對此則新聞的看法（認為此事件是
   否重要，是正面的或負面的……等）會有何不同？

5. 此週結束後，比較不同新聞台之世界觀點的異同。你能否清
   楚辨識出三種不同的觀點？如果可以，三者有何差異？詳細
   研究及分析差異存在的原因。這項結果在新聞報導及其客觀

性方面，告訴了你什麼？

加分題：進入「公平與正確報導」（Fairness & Accuracy In Reporting, FAIR）這個組織的網站（網址：www.fair.org/index. php），瀏覽其中文章，並找出你認為重要卻未被問題 1-4 所分析的新聞台報導的事件，分析這些事件因何未被報導？這讓你對主流新聞的涵蓋範圍有了什麼樣的認識？

練習 2.4　平面新聞媒體分析

瀏覽兩家全國性及一家地方性報紙網站，可使用的全國性報紙有：《紐約時報》（*New York Times*, www.nytimes.com）、《華盛頓郵報》（*The Washington Post*, www.washingtonpost. com）、《今日美國報》（*USA Today*, www.usatoday.com）。要找到你所在地的地方性報紙網站，「家鄉新聞網」（Hometown News, www. hometownnews. com）為一個有用網站。

1. 各家報紙的頭二、三條新聞為何？（你看的必須是同一天相同時段的報紙）。

2. 他們的編輯方針有多類似？亦即，不同報紙在認定哪些是重要新聞方面，相似度如何？如非常相似，你認為是什麼原因？若不同，又是為什麼？

3. 閱覽這三份報紙的兩個「內頁」（inside）版面，像是運動版

-27-

或娛樂版；重複前面的分析——比較這些版面的當日頭條新聞、做哪些影評或書評？每家報紙的這些版面有多類似？

4. 收聽全國公共廣播電台（National Public Radio, NPR）兩則報導：〈大媒體鬆綁〉（Big Media Unbound）網址：http://onpoint.wbur.org/2003/06/02/big-media-unbound 及〈採訪 2008 年大選報導新聞媒體〉（Covering the Coverage of the 2008 Campaign）網址：www.npr.org/templates/story/story.php?storyId=89472118，並閱讀〈電視評論家背後之黑手——五角大廈〉（Behind TV Analysts, Pentagon's Hidden Hand）網址：www.nytimes.com/2008/04/20/washington/20generals.html?ex=120961400&en=9c12097f381226fa&ei=5070&emc=etal。

5. 你從這些報導中學到了哪些可助你更深入分析平面媒體？媒體壟斷（如果有的話）如何影響（1）報紙上新聞的編排、（2）各則新聞報導的長短、（3）一則新聞可能有的是「編造內容」、（4）可能重要但未報導的新聞數量多寡？

6. 部落客如何影響新聞報導？這種媒體「民主化」（democratization）的利弊為何？

加分題：連續五天重複上述觀察，然後：

1. 描述任何你注意到的模式。

2. 使用一個保守派媒體（如：《世界網路日報》〔WorldNetDaily〕，網址：www.worldnetdaily.com；或是《明智的保守主義者》〔Intellectual Conservative〕，網址：www.

intellectualconservative.com；《自由的共和國》〔Free Republic〕，網址：http://www.freerepublic.com/tag/*/index）以及一個自由派的媒體（如：《沙龍》〔Salon〕，網址：www.salon.com；《國家》〔*The Nation*〕，網址：www.thenation.com；或 ZNet，網址： www.zcommunications.org/znet；《瓊斯媽媽》〔*Mother Jones*〕，網址：http://www.motherjones.com），重複前面的練習。

3. 試用線上新聞雜誌進行同樣的練習，但使用一個以女性為目標的雜誌（如：iVillage，網址：www.ivillage.com；或是 Women's eNews，網址：womensenews.org），以及一個以一般大眾為目標的雜誌（如：《新聞週刊》〔*Newsweek*〕線上版，網址：www.msnbc.msn.com/id/3032542/site/ newsweek；或是《時代雜誌》〔*Time*〕線上版，網址：www.time.com/time）。

練習 2.5　理論的應用

由下列網址：www.pineforge.com/korgen3e 進入本書網站，找出運用本章討論的三個主要理論（功能論、衝突論及符號互動論）觀點的文章。

從每個理論觀點各選出一篇文章，並描述（1）所使用的理論觀點、（2）作者（們）如何應用理論、（3）另兩個理論是否有助於解釋發現的結果（為什麼可或否）。

★問題討論

1. 多數領袖總是對社會學有些戒慎恐懼，你認為可能的原因是什麼？當權者及現行制度的既得利益者可能認為社會學觀點帶有危險性，這是甚麼意思呢？

2. 想像自己是一位社會學理論家，你會優先研究哪項社會議題？為什麼？你會應用社會學三個主要理論（功能論、衝突論、符號互動論）中哪個觀點來解釋自己的發現？為什麼？

3. 如果社會如同符號互動論者所主張的，只是個社會建構物（是經我們彼此互動而創造及再造而成），為何有效處理社會議題如此不易？一位符號互動論者對此問題會如何回應呢？

4. 你認為何種理論觀點（衝突論、功能論、符號互動論）最能解釋美國社會現今存在的不平等現象？為什麼？

5. 你認為本章討論的哪位理論家最徹底實現了社會學的兩個核心承諾？為什麼？

★特定行動建議

1. 多數社會學者注意到，雖然社會學研究指出解決社會議題的好方法，卻遭政府領導人及媒體嚴重地忽視。由 www.asanet.org 網址進入美國社會學會（American Sociological Association）網站，或由 www.sssp1.org 進入社會問題研究學會（Society for the Study of Social Problems）網站；瀏覽這兩個網站，並找出一個利用社會學為基礎研究公共政策的例子。

2. 寫封信給學校報紙或一家在地報紙，描述此研究，以及你認為可基於該研究結果進行什麼公共政策。「解放兒童」（Free The Children）網站可助你完成此作業，由下面連結 http://www.freethechildren.com/index.php 進入。

　　請由下列網址 www.pineforge.com/korgen3e 進入本書網站，找到更多公民參與的機會、資源以及經過同儕審查的文獻、與本章相關的網站連結最新資訊。

註釋

1. 有些人認為韋伯是功能論者。

2. 請見芝加哥大學網頁之「Mead」文章，網址：www.lib.uchicago.edu/e/spcl/centcat/fac/facch12_01.html。

3. 請見赫爾館博物館（Hull House Museum）網站〈亞當斯簡介〉（About Jane Addams）一文，網址：www.uic.edu/jaddams/hull/newdesign/ja.html。

4. 在阿拉伯國家，跨腿而坐被視為無禮；在印度，坐時雙腿若非交叉於腳踝處，而是跨在膝上露出鞋底，也是無禮的舉動。

參考書目

Berger, Rose Marie. 1997, July/August. "The Good Housekeeping Award: Women Heroes of Environmental Activism." *Sojourners*. Retrieved

September 16, 2009 (http://www.sojo. net/index. cfm?action=magazine.article&issue=soj9707&article=970722).

Coser, Lewis A. 1977. *Masters of Sociological Thought: Ideas in Historical and Social Context.* 2nd ed. New York: Harcourt Brace Jovanovich.

Durkheim, Émile. 1933. *The Division of Labor in Society.* Translated by George Simpson. New York: The Free Press.

Gerth, H., and C. Wright Mills. 1958. *From Max Weber: Essays in Sociology.* New York: Oxford University Press.

Hougham, Victoria. 2005, July/August. "Sociological Skills Used in the Capture of Saddam Hussein." *Footnotes*, p. 3.

Marx, Karl and Friedrich Engels. [1848] 2002. *The Communist Manifesto.* Edited by G. S. Jones. New York: Penguin Classics.

Marx, Karl and Friedrich Engels. 1970. *The German Ideology.* London: Lawrence and Wishart.

第3章　如何得知我們所知正確？

社會學的研究方法

　　　1975 年知名喜劇《聖杯傳奇》（*Monty Python and the Holy Grail*）中有幕令人難忘的場景，一群農夫把一個女人拖到市鎮中心，要把她綁在木樁上燒死，當地的領主貝德維爾爵士（Sir Bedevere）出面介入，想要確認他們有正當理由這麼做。

> 貝德維爾爵士：你們爲什麼認爲她是女巫？
> 農夫丙：這個嘛，她把我變成了一隻蠑螈。
> 貝德維爾爵士：一隻蠑螈？
> 農夫丙：〔停頓片刻〕......我身體好些了。
> 群眾：〔叫囂著〕把她燒死就是了！[1]

這簡單的一幕透露多少事情！

首先，這是中世紀早期，大約在西元七世紀中葉。那是個多

數人有著迷信、充滿不確定、恐懼的時代；科學尚未出現，宗教的靈性觀點與其他靈性觀或巫術觀點相爭，各用不同說法解釋世界。基督徒及非基督徒均相信世上有女巫四處活動，人們必須小心提防。當然，關於事物間的因果關係，或某事物引發另一事物的邏輯關係，此時尚無廣為大眾接受的假設。證據不用親眼看到或檢驗過才算數，任何事情只要很多人贊成，就得到了「證明」。而當一大群人喊著：「把她燒死就是了」，便是一項強而有力的論證。

推動這個場景的，是它全然自我指涉的邏輯。本章開頭，呈現了中世紀很普遍的一種信念系統，包括相信世上有女巫以及女巫可把人變形成其他東西。我們也加進一個事件：一個男人認為自己被變成蠑螈，而他周圍的群眾則指控某人為女巫。被要求提出支持（**她是女巫**）的證據時，他們則是憑藉著對此事件的初始定義（這裡有一個女巫）。任何可能有利於她的證據，恰好成為呈現女巫有多麼狡猾的證據。這主張沒留下一點餘地，可考量她不是女巫或世上沒有女巫這樣相反的主張；就是該點火把她燒死。在這種邏輯下是不可能有其他做法的。

當然，一千四百多年以來，情況有些改變。較少人相信女巫存在了，[2] 且對嚴重罪行的指控是由法庭審理，科學遠比魔法更有佐證力，並與宗教同樣廣被接受為解釋世界的方式。科學解釋依賴的觀念是：因果的邏輯關係、審慎定義的名詞與假設、證據的可檢證性。但即使僅是對當今美國社會做個非正式觀察也顯示，

-32-

這些概念並不如我們希望的那樣廣為理解或應用。想了解我們所閱讀的研究是否可信，方法之一是查檢研究者是否遵循科學研究程序的基本步驟。

所有社會科學研究的基本步驟如下：

1. 選擇一個研究主題。

2. 查證其他研究者對這主題有什麼發現。

3. 選擇一個研究方法（你準備怎麼收集資料）。

4. 收集資料並進行分析。

5. 將你的發現與其他研究者的發現連接起來。

6. 發表你的發現供大家檢視及批判。

三個問題

除了遵循科學研究的基本步驟，社會科學家在公開研究發現前，必須回答三個有關他們研究的基本問題：（1）你怎麼知道？（2）那又如何？（知道這件事對我們為什麼很重要？）（3）然後呢？（我們該如何運用這新資訊？）讓我們由最後一個問題開始，想想這三個問題。

「然後呢？」

研究是通往問題解答之路。在得到新發現前，要先提出問

題；此外，我們認為這個問題及答案都很重要，並能以某些方式
影響社會；而在發現答案後，我們會用這些知識來做些事。

　　把牛頓「發現」地心引力描繪成一顆蘋果掉在他頭上很常
見，但若說直到當時（西元 1600 多年中期，大約是《聖杯傳奇》
這部諷刺喜劇場景所設定時代的一千年之後）從沒有人注意到東
西會掉下來，則太荒謬。不過，納悶這個觀察（東西掉下來）是
怎麼變成一個問題（東西是為什麼以及如何掉下來的？），就很
有意思了。

　　回答這些問題之所以變得有意義，是因為社會、政治與科學
世界裡有些狀況的改變使然。牛頓命名物體掉落現象後，東西掉
落方式有改變嗎？沒有！然而，回答了物體為什麼及怎麼掉落的
問題後，他發現的新知對當時及以後的社會產生了重大影響。牛
頓的萬有引力定律改變了世界（Eves 1976）。

　　你的研究未必要改變人們怎麼看待現實狀況或宇宙才算有意
義。1950 年代末期，葛芬柯（Harold Garfinkel, 1967）試圖闡明某
位婦人的狀況，這婦人出生時具男性性徵（陰莖），青春期卻發
展出女性第二性徵（乳房），因此她須做出抉擇（同時接受手
術），以決定自己的性別身分。這種個案極稀少，且社會中多數
人不會接觸到（見 Sax 2002）；我們可能認為，社會學家不會關注
這種單一個案；然而為了說明及正確理解「艾格妮絲」（Agnes）
這個案，葛芬柯必須述及性別規範（sexual norms）、「歸屬感」
的影響力（power of "belonging"）、對偏差（deviance）的制裁，以

及那些「不正常」者試圖「掩飾」自身異常所使用的策略。艾格妮絲的生物物理狀況，與龐大且複雜之社會世界的意義觀點混在一起，形成一個她必須解決的問題；嚴格說來，問題不在於她「實際上」是男性或女性的曖昧情形，而是她的社會需求讓她不能維持這個曖昧的情況。此研究提出下列問題：（1）建構個人身分及性別身分的社會範疇；（2）規範如何成為常規（normal），違反規範的後果為何？（3）我們如何定義及使用「自然的」（natural）這個概念。當然，一旦提出這些問題，我們便須開始關注所謂自然的東西，還有那些因為不自然而讓我們害怕或憎恨的東西。

-34-　　　這個國家幾乎不再有人會被綁在木樁上燒死，但是因仇視特定族群而犯的罪行及私刑毆打還很常見。葛芬柯這份研究的用途不在艾格妮絲這個案例，而在我們如何**看待**艾格妮絲？如何看待其他讓我們感到害怕或迷惑的人及物、或是其他不符合我們所建構的社會規範的人及物？「然後呢？」這問題的答案則常挑戰我們，不論是用個人或社會整體身分，去重新思考我們對這個世界最感自在也最不質疑的假設（規範及價值觀）。

「那又如何？」

　　　準備進行研究時，對於想求取的新知及它為什麼有用，我們必須先有些想法。「那又如何？」正如「然後呢？」這問題，只是「然後呢？」（我們該如何運用這新資訊？）問的是我們可以

如何應用研究學到的知識，而「那又如何？」則是在第一時間詢問社會學家，為什麼需要研究某件事？

回答「那又如何」的問題，不須顯示事關生命存亡，我們只須展現出自身社會或文化（也可以是不同的社會及文化）有值得學習的知識。甚至「只為了知識本身」的抽象知識，在了解我們的生活與世界如何互動這方面也有其價值，因為即使看起來不重要的行為，加總起來就成了人類全體的行為。

假設想分析《聖杯傳奇》中所有場景及電影背後的主題（影迷及學界就這麼做了，雖然本書的兩位作者均尚未就此發表看法），那我們要如何解釋，把所有心力放在分析這部片齡 34 年、由一個已解散的英國喜劇團體擔綱的影片有其道理呢？我們是否應該把時間用在更好的地方？像是檢視政治體制、產業轉移、回應自然災害呢？或許是吧。然而，流行文化仍有許多值得學習之處。例如，若我們總結說：《聖杯傳奇》只是部搞笑團體擔綱的影片，那我們就沒有學到什麼；但若我們總結說：《聖杯傳奇》的演員在取笑英國君主政體時廣受大眾喜愛及接受，而在取笑當今政府官員時就不那麼受歡迎，我們就是從流行文化中學到政治文化方面的知識了。

「你怎麼知道？」

這是個大哉問，本章接下來大都在討論這問題。簡單來說，如果我們的研究設計是透過研究周全的理論且根據資料說話，我 -35-

們就會知道自己的發現有效。我們必須先提出問題，決定回答問題所應搜集的資料，擬定資料搜集計畫，並定義一套明確且一致的標準，好從搜集到的資料中找出答案；然後，才真正開始搜集資料。下面將更詳細解釋這些步驟。

人人都可做研究，但要進行**社會科學**研究則須特別技巧。社會科學家（及物理學家）所做的研究是要為結果未知的問題尋找答案。上氣象網站（AccuWeather.com）查詢明天的氣象預報，不等於進行氣象研究。同樣的，若想知道今晚電視是否播放好看的影片，於是去查電視節目表並發現沒有，雖然找到答案，但不代表做了社會科學的研究；[3] 我可能不知道每日播出哪些節目，但不表示這答案是未知的。社會科學研究，是找出「**新發現**」的工具。

社會科學研究進行的方式，與自然科學或物理學研究不完全相同。[4] 我們研究的事物持續改變，且必然依所觀察的時間及地點而不同。物理學家可以問：「水的沸點幾度（在某大氣壓下）？」社會學家卻不能問：「社會動亂的引爆點為何？」因為沒有一個必定引爆動亂的事件點，所以我們須改問：「極度不公的單一事件，如何影響帶來集體行動的社會動亂之發生機率？」這問題的答案並非「是」、「否」或「一個數字」，而是對社會過程的描述，是對事件之間的關連性做判斷，而非猜測；我們可呈現自己答案可靠（一致的）且有效（正確的）。我們的問題是探討事物如何運作及為何以某方式運作？最有趣的是，任何答案

皆非永遠不變的終極解答，永遠有需要考量的新狀況：像是歷史、文化、政治、經濟、地理上的差異。

一旦提出問題，我們就需弄清楚回答這問題所需的資料。例如：想知道美國人民是否普遍希望降低稅率，我們可針對幾個稅務問題進行全國性**問卷調查**（survey），你可能見過這類調查問卷，它們大多由一套與主題相關的簡短問題組成，每個問題附上幾個選項。問卷調查使研究者得以在短時間內、以完全相同的方法、由數量極大的群眾中，搜集到某事物的一些基本數據資料。（如果你搜集數據時不是對每個人都使用相同方法，那通常來說，你不可以將兩者視為同類數據。）任何單一**受訪者** -36-（respondent）的回答並不真正重要，我們要了解的，是數百或數千位受訪者的回答中出現的模式。使用有選項供受訪者選取的問卷調查，提供我們**量化**（quantitative）（或數字）資料做統計分析，統計數據則提供我們趨勢走向或社會變遷的大圖像。

我們或許已有理由相信人們想要較低稅率，因而可能想進一步知道美國人願意為此捨棄哪些東西（因降低稅率代表政府稅收縮水，常造成預算降低，使能執行的工作計劃因而隨之減少）。我們可能認為，如果使用較複雜的表格，就可由一個問卷調查得到這問題的答案；例如，列出政府花錢所做工作計劃的清單，然後調查人們願意為降稅而捨棄哪些項目。然而，要如何選擇該列入哪些工作計劃？並且如果問「你願意換掉哪些工作計劃？」，我們要如何知道自己並非在引導人們不考量對稅率的看法，而只

是在清單中找出他們不喜歡的工作計劃？因此，只提問題未必是找到資料的最好方法。

身為研究者，我們要知道的不僅僅是人們是否贊同某件事，尚需知道**為什麼**。我們需坐下來聆聽他們的說法，這個過程稱為**訪談**（interview）。訪談包括詢問人們一系列與研究主題相關的**開放式問題**（open-ended questions），然後讓他們隨自己意思回答。**探測式問題**（probe questions）亦常用來鼓勵受訪者更深入回答及分析自己的看法或感覺，同時使受訪者的回答不會偏離主題太遠。從訪談擷取的資料，並非「是」或「否」，而是受訪者自己的話。此類研究收集的是**質性**（qualitative）資料，所得到的話語是描述感受、「性質」（quality）、第一手的說法。

我們可在訪談中充分聆聽及詢問受訪者，研究他們「**為什麼**覺得如此」這類不易捉摸的看法。問卷調查也許可以讓我們得知，受訪者認為我國貸款給友邦的錢應該更多或更少，但我們無法藉此得知這個人**為什麼**認為如此。訪談可提供更深入、更有脈絡可循的資料，然而也更耗費時間與金錢，且不易進行。同時，時間及金錢的限制也意味著，我們能研究的受訪者人數遠少於問卷調查，因此很難由訪談資料推論出良好的通則。

問卷調查及訪談均依賴**自述資料**（self-reported data），亦即，人們自己告訴我們的答案。但研究及常識都告訴我們，人們未必-37- 知道自己的感覺或行動為何如此（感覺或行動的原因），或在某狀況下會如何反應；很少人認為自己會在別人需要幫忙時走開不

管，或者會因為受人指示就去傷害別人。假如你問受訪者，若有陌生人需要幫助，或者他的行為會傷害他人時，他會怎麼做？你認為人們會如何回答？[5] 因此，有時候，你必須透過觀察，而非用問的。[6]

實驗（experiments）是觀察人們在不同情況下如何反應的一種方法。實驗型研究中，研究者藉由操控一個變項同時觀察另一變項，來測量兩個變項間的關係。舉例來說，若我想觀察人們是否會在陌生人有需要時伸出援手，則可製造某人需協助的情境，這是因果關係（cause-and-effect relationship）中**原因**（cause）部分（第一個變項）。然後，我可操控情境，使一群人分別進入此情境；有些人會幫忙，其他人則否；這是**結果**（effect）部分（第二個變項）。我會盡量製造一個受控制的情境，因此幾乎沒有任何其他狀況可影響這結果，例如，為了控制**研究對象**（subject）是否處於匆忙狀況，我可能設計一個情境，讓他們以為自己比跟我約定會面的時間早到或遲到了。

典型的實驗型研究，你可能在電影中看過這樣的場景，研究人員在實驗室中（身著白袍）透過單向鏡觀察研究對象受到不同**刺激**（stimuli）──因果關係中「原因」的部分──的反應。**田野調查**（fieldwork）則為另一種觀察人們對刺激如何反應的研究方法。田野調查與實驗型研究在某些方面完全相反；田野調查的研究者必須進入真實世界，事物在此發生，而研究者完全不做任何操控。

　　你選擇進行實驗的地點稱為**田野點**（field site）。田野點可能包括一個萬里無雲天的公園、政治選舉時的競選總部、棒球隊的春訓地點、一間辦公室、一間法庭、一間教室，或任何你有興趣觀察的活動所發生的地點。身為研究者，我們無法控制或真正改變任何影響人們作為的可能情況，我們無法製造刺激；然而，與研究室不同的是，我們可觀察到事情在人們生活中發生時的真實樣貌。

　　亦有其他資料搜集及分析的方法，包括對流行文化產物（比方說，對電影《聖杯傳奇》的**內容分析法**（content analysis）；以及併用前面介紹的方法，例如，**焦點團體**（focus groups），即與一個團體進行訪談，就是結合田野調查法某些優點的改良式訪談方法。

-38-
行動中的社會學家：福斯特（JOHANNA E. FOSTER）

　　社會學研究數據持續顯示，進入高等教育，是降低受刑人再犯率最重要的因素，福斯特與同事席亞（Gina Shea）得知這發現後，決定應用她們的女性主義社會學訓練，設立「學院連線」（College Connections），一個為大紐約市地區女性受刑人設立的獄中學院計劃。

　　1994 年以前，聯邦及州政府曾資助受刑人接受高等教育的計劃，因而獄中有為數眾多的學院，且充分證實可降低再犯率。如今，對美國數百萬正在服刑的大部分受刑人而言，接受高等

教育作為更生之路幾乎斷絕。女性受刑人的再犯率，在過去三十年增加 800%以上（Institute on Women & Criminal Justice 2009），縱使證明獄中的學院可有效降低犯罪率，這種計劃卻少得可憐。

為了協助彌補獄中更生保護工作的缺口，福斯特取得自己社區某間州立監獄行政官員的許可，對獄中女犯進行需求評估問卷調查，了解她們對一項不給學位或學分之大學教育計劃的興趣、資格、準備度。接著，福斯特與同事再共同利用此調查結果，説服地區教育機構接受獄中的學生。在瑪希學院（Mercy College）、奈役學院（Nyack College）、法薩爾學院（Vassar College）等學校支持下，該監獄裡超過 400 位女受刑人進入一個最終會給予學分的大學教育課程。

另一種應用社會學是福斯特在自己建立的獄中教學課程，教授社會學與女性研究，把米爾斯「社會學想像」的概念傳給獄中學生，讓她們能將坐牢這項「個人煩惱」，與種族、階級、性別不平等這些「公共議題」連結。福斯特期望藉此啟發受刑學生自行運用社會學，了解自身的處境，並知道一旦獲釋後，可如何增進自己的生活機會。

福斯特目前持續進行政策研究，探討全國監獄中，女受刑人高等教育計劃的狀況。她最近使用在新澤西州（New Jersey）的研究，成立「絕不回頭女受刑人聯盟」（NO GOING BACK Coalition for Incarcerated Women, NGBC）。該聯盟定期以應用社

會學研究結果，教育握有資源的各方人士，使他們了解高等教育及工作訓練計劃對女性或男性受刑人都很重要。若想得到更多訊息，你可以電子郵件與福斯特聯絡，信箱地址為：johanna.e.foster@gmail.com。

-39- 　　如你所見，我們能利用數字，連結政治與那些因錯誤決定而受苦之人的真實生活；然而，真正能涵蓋我們想探究的研究對象、他們的生活與所處情境之生活經驗的，是民族誌式田野調查。**民族誌**（ethnography）指的是對文化資訊層面的研究，像是價值觀與意義，而非關於結構、政治、經濟等層面的數據。例如里伯歐（Elliot Liebow）對於美國一個黑人區的經典研究：1967 年出版的《泰利的街角》（*Tally's Corner*），這本書一推出即受好評，因為作者在強調「這些『本地人』〔natives〕是其他美國人，他們的社會就是他的社會」的同時，成功「抓住了本地人的觀點」（Rainwater 1968）。最近，女性主義社會學者轉為運用民族誌，[7]以克服進行「文化偏見」的研究時，研究本身造成的文化偏見（Ribbons and Edwards 1997）。

練習 3.1 民族誌

1. 選擇一個可以坐下來至少記錄一小時的公共場所，而且必須是對所有人開放且社交互動活躍的場所，同時是個你非常不熟悉因此可用「局外人」（outsider）身分來感受它的地點。概略寫下對此場所的描述以開始你的觀察，有哪些人在此？他們在做什麼？有哪些活動在進行？

2. 描述你自己如何融入這個地方，是否有人注意到你在觀察他們？你認為這些人怎麼看你？

3. 用 15 分鐘時間，寫下你目睹發生的**每件事**。試著不要在觀察記錄中加入任何解讀，你的紀錄可能包括：「兩個成人（1WM, 1WF）[8] 推著一輛裡面有個娃娃的嬰兒車走進來，他們交談，男人走到櫃檯而女人找張桌子坐下，男人點餐並買了兩杯飲料帶回桌上。」紀錄中不可加進一堆解讀，例如：「一對夫妻帶著一個小孩進來，先生問太太要什麼，然後去買飲料。」你並不確知這些事情，你知道這是兩個成人，但並不知道他們的關係及交談的詳細內容，不要寫下對所見事情的假設——只寫眼睛確實看到的。

4. 紀錄完後，試著找出其中意義。

   （1）你看到哪些互動模式？

   （2）你認為這顯示了什麼？

   （3）為什麼你這麼認為？

   （4）你還想到哪些其他可能的解釋？

-40-

（5）你還需要觀察或知道什麼，以便了解哪個解釋最有可能？

5. 此類資料搜集方法的優缺點為何？

6. 你比較喜歡用這種模式來搜集資料嗎？為什麼？

理論的問題

本書作者最近看到一份參議員發給她選區所有選民的政治性調查問卷。大部分的問題要求受訪者從 5 分量表勾選對某些提案的看法：1 分代表「極不同意」、2 分代表「不同意」、3 分代表「沒意見」、4 分代表「同意」、5 分代表「極同意」（這稱為**李克特量表**〔Likert scale〕，是徵詢政治意見常用的方法）。但須注意的是問法，問題主要的形式是：**「你對聯邦政府舉債激增以便……有什麼感覺？」**[9]這種問法的毛病很明顯，太具引導性，以致唯一可接受的回答就是「不同意」；然而參議員卻完全有權在後來指出，她選區裡的選民不贊同舉債的比例呈現壓倒性的多數，不論她說的是哪項議題。雖然這是政治或市調研究上很常見的招數，但製造出自己想要的答案，既不科學，也不正確。

身為社會學家，需要從各方面防範這類資料濫用，尤其要使用兩種做法。第一是公開自己的研究方法，我們必須詳盡描述搜集資料的地點及方法，包括公開我們詢問受訪者的問題。第二個

防範誤導式資料詮釋的重要方法，是在搜集資料以前就定義與描述資料評估的標準，這些標準必定要明確一致、且跟著研究問題而來。

身為社會學家，亦需證明自己研究發現的信度及效度。我們 -41- 必須清楚說明資料搜集的方式，讓讀者知道，對資料能準確體現研究群體（效度）、能預期其他研究者使用同樣方法亦可有類似發現（信度），我們有多少把握。並且，這麼做時必須用誠實、分析及值得信賴的態度。雖然並非每個研究都可同時具有高效度及高信度（這端賴使用的研究方法而定，有時是不可能的），但仍應坦白呈現自己發現的正確性與可信度，若非如此，讀者及依賴我們呈現之發現的人，將無法準確判斷我們研究發現的正確性。

回到政策的例子，假設想判定一些政策是否受到選民歡迎，我們將先設計一套測量人們意見的程序，可能是藉由使用幾個李克特量表式問題（Likert-scale questions）（不過不是前述那種引導式問題）所作的問卷調查。記得我們曾說過這種 5 分量表的定義：1 分及 2 分代表不贊同，3 分代表沒意見，4 分及 5 分則代表贊同；這種情況下，很容易分析；平均所有受訪者對某個問題給分後，得分為 3 分以上則表示贊成。當然，真正的研究需用到更複雜的標準，並考慮不同情況下各變項間交互影響的狀況。不論如何，這過程一定包括：首先設定標準來規範可回答問題的資料，然後搜集資料，直到最後，才做出結論。

　　明確且一致的資料評估標準從何而來？怎麼能說我們有理由預期發現某特殊結果或行為模式，且若非如此會很奇怪？答案當然是：因為我們的研究是根據理論而來。社會學理論針對團體行為提出解釋，**理論**（theories）——是指針對人們為什麼及怎麼做之經過檢驗的見解——帶出關於特定類型的人如何或為什麼會做某些特別事情、經得起檢驗的命題。舉例來說，衝突理論告訴我們，統治群體通常會以一致且可預測的行為來維持其權勢，包括主張其他人生來就比較低劣。美國的性別及社會角色理論則告訴我們，男性期望自己在公共角色上佔統領地位，特別是關乎重大決策或利益時——保持及複製這種優勢的領域。性別角色理論家可能會預測，居領導地位的男性照例會主張，女性較缺乏擔負領導工作之能力。他們確實這麼主張嗎？這是個研究問題。

-42- ### 練習 3.2　性別與領導能力

1. 設計一份有關男性與女性差異的調查問卷，題目共十題，其中至少三題須涉及決策能力與領導能力；每個問題提供受訪者三個相同的回答選項：是、否、不確定。
2. 調查十位受訪者，然後將調查結果做個總結報告。描述這些結果說了什麼。
3. 訪談三個人，詢問他們上述有關領導能力的問題，針對他們的每個答案，進一步詢問為什麼他們這麼認為。不可用任何

方式引導回答，讓他們用自己喜歡的方式解釋，並且盡量詳細地寫下他們的回答。

4. 針對每個訪談，分析人們就自己信念所給你的理由。

（1）他們多常用個人信念或個人經驗作為自己答案的理由？

（2）他們多常引用奇聞軼事——曾聽聞過的一些認識或不認識人士的故事？

（3）他們多常引述由某個課堂學到的知識（如果受訪者是學生）或來源可信的新聞報導？

（4）人們還用哪些其他說法解釋其信念？

5. 你訪問樣本中的多數人是如何形成關於：（1）性別、（2）性別與領導能力有何關聯的信念，上述四個問題的答案告訴你哪些東西？

6. 比較問卷調查與訪談發現的結果，你從這兩種方法各獲得哪種資料？研究某主題時，同時使用質性及量化資料收集法，有哪些益處？

練習 3.3 仇恨言論與享有權利的自由

仇恨言論（hate speech）[1] 使得憲法賦予我們的兩項權利，產

---

[1] 譯註：仇恨言論是指針對個人或個別群體（基於種族、膚色、族群、身體失能狀況、性別、國籍、宗教、性取向、或其他特性）所作之有意去貶抑、恫嚇，或煽動的暴力及偏見性言論。

生一個有趣的交集，其一是言論自由，另一為**近用的自由**（freedom of access）——人們可免受威脅或歧視地享有憲法所賦予權利的資格。當某人或某團體在行使這兩權利之一時，卻侵犯到其他人或其他團體的權利，這時會發生什麼呢？仇恨犯罪在美國法律結構中有一個特別的位置，它同時是非法行為（犯罪）以及阻礙其他團體「近用的自由」的行為。

作此練習：

1. 聆聽美國國家公共廣播電台（National Public Radio, NPR）的三則故事：〈拉美人仇恨犯罪升高〉（Latino Hate Crimes on the Rise，網址：www. npr.org/templates/story/story. php?storyId=17563862），〈巴爾的摩毆人案點燃仇恨犯罪辯論〉（Baltimore Beating Sparks Hate Crime Debate，網址：www. npr.org/templates/story/story.php?storyId=17395257），〈反種族型犯罪：仇恨還是無知〉（Crimes Against Race: Hate or Ignorance，網址：www.npr.org/templates/story/story. php?storyId=14522720）。

2. 調查你們學校仇恨犯罪方面相關政策。（可由「學生手冊」或利用學校網站上鍵入關鍵字「仇恨犯罪政策」〔hate crime policy〕來查詢。）

3. 訪談五位學生，找出他們（1）對仇恨犯罪的了解，尤其是，是否知道仇恨犯罪的定義、（2）對仇恨犯罪與其他犯罪歸屬於不同法律範疇有什麼意見。

如果受訪者中有些（但非全部）來自長久以來為仇恨犯罪目標之「非我族類」（例如：非裔美國人、猶太人、男或女同性戀者、移民、拉丁美洲人），你的調查將會得出極為有趣的結果。

4. 撰寫一份兩頁報告，以 NPR 中的故事為背景，分析你的訪談結果。

練習 3.4　不同方法論之利弊

本章中介紹了多種**方法論**（搜集資料的方法），包括：典型的實驗法、田野調查法、訪談法、問卷調查法，每種均有其長處及弱點。

以 1~2 頁的篇幅，簡要回答下列問題：

1. 你認為本章介紹之各種方法論（典型的實驗法、田野調查法、訪談法、問卷調查法），其長處及弱點為何？

2. 你會如何運用各種研究方法來調查自己州內的失業狀況？研究此項議題時，這些方法各有哪些優缺點？

-44-

★問題討論

1. 政治性民意測驗時常詢問選民支持或反對某事物，但極少詢問他們對此主題是否非常（或有任何）了解。你認為對此主題所知甚少或一無所知的人，回答這些問題時支持或反對的立場從

何而來？

2. 基於本章的閱讀，你將如何判定某位政治人物提供的是可信的
   資訊，還是誤導的資訊？

3. 思考某項你及家人長久以來信以為真的看法，你將如何檢驗這
   個信念？若研究結果改變了你的看法，你將如何說服家人重新
   思考對此議題的看法？

4. 你會使用本章介紹的哪種方法來確認班上同學對阿富汗戰爭的
   態度？為什麼？

5. 對探討某項主題的研究者而言，若採用（1）衝突理論者、
   （2）功能論者、（3）符號互動論者之觀點，各應使用本章介
   紹的何種方法論最妥當？

★特定行動建議

1. 找尋一個倡議或抗議某事物之組織的網站，現今，這類組織大
   部分均有自己的網站。你可以先選定一個人們為之而戰的議題
   （例如：墮胎合法化、單一稅率、死刑），然後找出對此議題
   持有特定立場的團體。

-45-　　選擇其中一個團體的網站，找出網站上所提供來支持其立場的
   二或三項最重要主張，他們是否呈現真實證據作為這些主張的
   後盾？多翔實地提供資料來源？你可試著自己查證這些資料，
   同時試著找出對立的資訊。你認為他們是否誠實？你為什麼這
   樣認為？設立你自己的網站（或用其他呈現方式，像是關於此

議題的「事實概述」或投影片報告）更平衡地描述這項議題。

2. 探究你們學校或學院近期決定的某項政策，查明這政策如何設計出來，特別是，經過何種研究來確定必須訂定此項新政策。研究是以社會科學方法進行的嗎？基於所做的研究，你認為學校這項政策是否確實需要且規劃合宜？投書至你的校刊編輯，描述你所檢驗的政策及學校為此所做的研究，切記在投書中表達你對該研究的評估。

請由下列網址：www.pineforge.com/korgen3e 進入本書網站，找到更多公民參與的機會、資源以及經過同儕審查的文獻、與本章相關的網站連結最新資訊。

註釋

1. 對白取自網路電影資料庫（The Internet Movie Database），網址：www.imdb.com。

2. 然而，須謹記一個重點：人們的想法不一定隨著時間而變得更理性。僅僅三個世紀以前，麻州塞勒姆鎮（Salem）的「女巫」仍是會被處死的！

3. 同樣的，閱讀《消費者報告》（*Consumer Reports*）這種消費者指南，來「研究」最適合購買的汽車，也不是進行真正的社會科學研究。

4. 社會學就如同心理學、人類學、政治學，是一種社會科學；而

探討物質世界或自然的物理、化學、生物則為自然科學。

5. 若你認為自己對那個問題有答案，你的答案很可能不正確。有些人會以某種方式誇大其詞，其他人則會用另外的方式加油添醋。許多人會用猜的，但幾乎沒有任何人真正知道答案。你若詢問許多不同的人，總會有許多不同的答案。

6. 請注意，觀察研究就像所有以「人」為對象的研究，必須得到你們學校內部審查委員會（Internal Review Board）的許可。幾乎在所有情況下，你都需要得到受觀察者的書面同意，且保證不會因你的觀察使他們受到任何身心方面的傷害。至本書網站查看更多關於社會科學研究倫理方面的資訊。

-46- 7. 許多女性主義研究者視傳統的社會科學的量化研究方法，為男性所建構、且受男性主導看法的影響。民族誌或其他質性研究法則與之相反，傾向於提供與被觀察者有關的更完整圖像，更能讓他們發聲。

8. 此為「一位白人男性，一位白人女性」的簡寫。

9. 這並非真正的問卷題目，我們為了凸顯重點，刻意誇大。

參考書目

Eves, Howard. 1976. *An Introduction to the History of Mathematics*. 4th ed. New York: Holt, Rinehart & Winston.

Garfinkel, Harold. 1967. *Studies in Ethnomethodology*. Englewood Cliffs, NJ: Prentice Hall.

Institute on Women & Criminal Justice. 2009. "Quick Facts: Women & Criminal Justice—2009." Retrieved September 18, 2009 (http://www.wpaonline.org/pdf/Quick%20Facts%20Women%20and%20CJ%20 2009.pdf).

Liebow, Elliot. 1967. *Tally's Corner.* Boston: Little, Brown.

Rainwater, Lee. 1968. Review of *Tally's Corner: A Study of Negro Street-Corner Men* by Elliot Liebow. *Social Forces* 46(3): 431-32.

Ribbons, Jane and Rosalind Edwards. 1997. *Feminist Dilemmas in Qualitative Research: Public Knowledge and Private Lives.* Thousand Oaks, CA: Sage.

Sax, Leonard. 2002. "How Common Is Intersex? A Response to Anne Fausto-Sterling." *Journal of Sex Research* 39: 174-79.

第4章　培養入世或冷漠的公民

文化

　你看過卡通《海綿寶寶》（*SpongeBob SquarePants*）中海綿寶寶第一次到珊蒂家那一集嗎？如果看過，你會知道海綿寶寶是個水中生物（一塊海綿），而珊蒂則是來自德州的松鼠，住在海底一個灌滿空氣的建築裡。海綿寶寶直到踏進珊蒂灌滿空氣的住宅，感覺無法呼吸、身體變脆並開始碎裂，才領悟到自己需要依賴水才能生存。同樣地，大部分人直到置身他人文化中，才明白自己有多依賴本身的文化。

　　了悟與否，我們幾乎每件事都仰仗文化，所有決定──穿什麼、吃什麼（及怎麼吃）、跟誰住、如何生活，都是依據文化而做出。同理，使用的語言、信仰的宗教、為哪個運動隊伍加油、需達成哪些人生目標使生命「圓滿成功」，全都深受自己文化的影響。

　　通常，社會學家將文化方面的研究分為三個範疇：（1）價值觀（values）──社會成員認為重要的事物，（2）規範

（norms）──指引人們在社會中應如何舉止的規則與對行為的期待，（3）文物（artifacts）（物質文化）──特定文化中，人們創造及使用的物品。如果「價值觀」代表我們所相信的、想要的，以及認為生命應該如何，「規範」則是我們建構的一套規則，指導我們如何完成或贏得自己重視的事物。一個社會所建構的價值觀及規範，會進而影響其成員將開發何種「文物」，以及如何使用它們。 -48-

　　價值觀及規範是社會建構下的產物，是經過社會互動持續創造及再造出來的，而且這個過程通常未預先計畫、討論及決定。我們只是習慣性的，按著文化所形塑及教導的方式做事。價值觀常受到爭論，但卻沒有一個可就社會價值觀進行「表決」的公共論壇；價值觀隨時間改變，且因不同社會而異；儘管有些是許多社會共通的（例如：多數資本主義社會都看重努力工作、金錢、擁有的資產），卻無舉世皆然的價值觀。例如，我們認識的某位身材穠纖合宜的女士，到南亞某貧困國家擔任和平部隊（Peace Corps）成員，在她工作的一年間，村民一直鼓勵她多吃點以增加體重，因當地人將她的纖細外型視為貧窮所致，十分值得同情。而在同時期回到美國時，她身邊的人反應則完全相反，許多人表示羨慕並希望自己能有她那樣的體態。作者之一旅行到南非洲的小國賴索托（Lesotho）時，因受傷而使用拐杖；他發現在賴索托，走路使用拐杖的都是社會上最受尊敬的人士，這些人是因為有智慧而得到拐杖。因當地拐杖（及其他用品）數量有限，故優

先給予被視為最有智慧的人——年長者。但回到美國，他很快就意識到，用拐杖在美國代表受傷或身體虛弱——與賴索托因使用拐杖帶來欽羨及尊敬有著鮮明對比。

正如價值觀，社會規範亦隨時間及社會而異。例如，當代美國對男性或女性行為表現的期待，也持續隨著新的互動方式出現而改變。不過是十年前，一般人還認為只有最沒辦法的人才會利用網路約會，當時流行「單身酒吧」。如今，透過網路服務安排約會，則是社交上可接受或「正常的」。根據最近一項民調，三分之一的美國成年人，認識某位使用網路服務約會的人，15%說自己認識的人當中，有人是透過網路結識配偶／長期伴侶（Madden and Lenhart 2006）；本書其中一位作者的兄弟就是在網路結識妻子的！人們去何處約會也隨文化而異。作者之一記得，有一次在黃昏時漫步於墨西哥奎爾納瓦卡（Cuernavaca）的公園時，居然發現**每個**公園座椅上都有年輕情侶，因為當地多數的年輕人，沒錢到美國人通常會去的私密（或至少是室內的）地點約會。另一位作者到肯亞（Kenya）馬賽馬拉（Maasai Mara）旅行時，很訝異的發現，在該地區有些村落，婚事通常由叔伯安排，結婚的兩個年輕人婚前甚至未曾謀面。

不同文化中，男孩及女孩社會化的方式也迥異。例如，某文化可能訓練女孩遮住自己的身體，另一個文化卻教導她們炫耀自己的身材。撰寫本書時，作者之一由她位於新澤西州的家中望向窗外，看到數位女士正下車去看隔壁待售的房子。在炎熱的八月

天，她們卻穿著包住全身的黑袍，駕駛戴著長及手臂的黑皮手套，只露出雙眼。雖有許多人來此看房子，都未引起作者太多注意，但這群女子的穿著，卻讓她（短暫地）將焦點轉到這群可能的買主身上。這種衣著方式，顯示她們是某次文化的成員；亦即，她們既是美國這大社會的成員，但同時屬於一個擁有自己規範、價值觀及文物的小團體。

練習 4.1 學生生存指引

假裝你班上有位剛到美國（且是來自不同文化）的新同學。

1. 製作一張清單，列出他／她需要知道哪些跟美國主流文化相關的事，記得一定要包含：衣著、食物、音樂、電視，以及任何剛到美國的人可能必須知道才能在美國「生存」（make it）的事項。

2. 前述清單完成後，製作另一張清單，寫下前述清單所列事項代表的規範及價值觀。

3. 看看這份有關規範及價值觀的清單，思考這些關於美國社會的資料告訴了我們什麼，分析並撰寫一份一頁的論述。

4. 現在，重複上述練習，這次假設的對象，是位出生在美國但須適應你們校園次文化的轉學生或新鮮人。

次文化

-50-

次文化（subcultures）以不同程度存在於優勢文化（dominant culture，社會中最有權勢的團體所贊同的文化）中，是一群因文化模式（價值觀、規範、文物）而由優勢文化區分出來的人。大學生、消防隊員、擔任家管的父母、第一代牙買加裔美國人、環保運動人士、美國摩門教徒、半身不遂的運動員、積極反種族主義的白人、美國的工人階級，都是美國多種次文化中的一些例子。你可能也屬於一個或更多個次文化！次文化常起於人們共有的背景，一個大城市義大利人區的義裔美國人可能形成一個次文化，但較「融入」美國社會的義裔美國人則可能不屬於此群體，或進出於次文化與優勢文化間。從事同樣活動的人也可能生成次文化，衝浪族形成一個，單車族形成另一個，而騙子則可能形成第三個次文化。

然而，只是從事同種活動尚不足以確保次文化出現，尚須優勢文化的團體所沒有而僅此團體成員共享的時間、地點、活動或習慣，亦即須有足夠的互動以發展出共有的知識、習慣、儀式、意義及價值觀。舉例而言，身為一個團體，大學生趨於共有某些有別於他人的價值觀、規範及文物。他們可能重視高分而非高薪（高分也許是未來獲得高薪的工具），上床睡覺的時間（或睡眠時數）往往與多數美國人不同，做研究及撰寫報告而非處理或製造供人購買的物品。他們亦可能共享別處所未見的休閒活動或傢

俱擺設方式。

雖然想法及行為與優勢文化有明顯差異，次文化成員亦分享優勢文化的**指引性**（guiding）價值觀、規範及文物。將他們與主流文化區分開來的行為或想法，並不會威脅或對抗其所處社會的優勢文化。例如，你的足球隊同學與大學共和黨員同學可能學會用不同的方式來思考或行動，藉著這麼做，每個團體創造了自己的次文化；然而，這兩組人在多數情況下仍遵循優勢文化的規範，且擁有學校及大社會的主流價值觀。同樣的，牙買加裔第一代美國移民所喜好的食物可能與多數美國人不同，比起在美國優勢文化下社會化的人更重視家庭，這兩群人（儘管程度不同）仍抱持及遵循大部分的美國文化基本價值觀（諸如：物質上的成功、上進、自由、辛勤工作）。

次文化與優勢文化的成員同時相互影響。比如說，第二代的牙買加裔美國人就比他們的上一代，更加抱持並遵循美國主流價值觀與規範。同時，隨著移民與社會其他成員間互動，也多少改變了大環境的文化。越來越多的異國食物變成多數美國人的日常飲食，這正是規範（在此處，指的是大部分美國人吃些什麼）如何隨著美國人口組成變化而改變的良好例證。

反文化

文化屬性與優勢文化**相反**的人，被視為反文化團體的成員。

這樣的團體可以是和平愛好者，像 1960 年代的「花之子」（flower children）①，也可以是使用暴力的團體，例如三 K 黨（Ku Klux Klan, KKK）及新納粹份子（neo-Nazis）。反文化的成員通常會發現自己很難避免（有些則激起）暴力對抗，只因他們與優勢文化某些核心價值觀、規範及文物，站在直接對立的位置。1970 年代早期，美國印地安人運動（American Indian Movement）（由一個稱為 AIM 的團體領導）爆發之暴力事件，就清清楚楚顯示主流與反文化間價值觀與規範的對立如何導致激烈衝突。AIM 是個反文化團體，對美國許多主流價值觀及規範，像是個人財物所有權、相信美國司法與政治體系之誠信正直，有著完全相反的觀點。AIM 的目標包括：重新檢視美國政府與印地安人簽訂之超過 300 條的條約（AIM 的領袖認為，美國政府已毀壞了這些約定）、部族政府享有自治權、回歸美洲原住民傳統文化。

挑戰優勢文化規則、信念、價值觀的人，會面對支持優勢文化者強烈且嚴苛的反應。舉例來說，眾多美國主流價值觀及規範（個人財物所有權、對美國司法與政治體系的信念）受到 AIM 的正面挑戰時，政府對此威脅的回應是強力遏止，監禁 AIM 的領袖、以重裝包圍抗議的印地安人區，並引發數起槍戰。AIM 成員之一的美國原住民政治運動人士培爾提（Leonard Peltier），在三十

---

① 譯註：出現在美國 1960 年代之嬉皮認為花朵是愛與和平的象徵，許多嬉皮常在頭上戴花、穿著印有花朵圖案的衣服、或送花給路人，因而自稱及被稱為「花之子」（flower children）。

年前被判謀殺罪而入獄，但多數人相信他未犯此罪行，並認為這
是政治獄。[1]

　　其他的反文化包括宗教狂熱組織、異教徒、其他信仰或目標 -52-
使自身處於與國家法律對立位置的團體。這些反文化含括的範
圍，從相信一夫多妻制的摩門教基本教義派（fundamentalist
Mormons）[2]，到使用武力來推廣其信仰的蓋達組織（Al Qaeda）這
類激進伊斯蘭團體，到極右派的基督教基本教義派（Christian
fundamentalists）[3]。所有的反文化團體均抵制主流價值觀、規範、
文物，並試著找出不同的生活方式。某些情況下，他們也試圖罔
顧他人意願，強將自己文化加諸其他社會成員身上。

辨識文化模式

　　既已了解文化由什麼組成，我們可開始找尋文化模式，以協
助辨識不同文化、次文化、反文化的主要規範、價值觀及文物。
幾乎所有定期聚會的團體，其成員都會創造出自己的次文化。想
想你的朋友圈，你們可能有自己的對話方式、圈內人才能領會的
笑話、甚至衣著款式，這些多少將你們與社會或至少身邊的優勢
文化區隔出來。同樣情形也發生在你們學校所有的學生身上，每
個大學院校都有自己的次文化。你可能聽過人們談論「校園文
化」，指的就是你們校園中多數人共有的價值觀、規範及文物，
且常與其他學校或你們學校所在城鎮中發現到的大不相同。

　　每所大學院校的名聲都有部分來自其校園文化。例如，作者之一就讀的大學就以堅強的博雅教育、天主教信仰、學生喝酒喝得凶、堅持社會正義、結合富有天主教徒有效改善社會及其網絡而聞名。正如你所見，雖然我們常論及某社群之「文化」，但一個文化或次文化中會存有規範及價值觀的矛盾，卻是無庸質疑。

　　這位作者母校的校園文化包括：重視運動、競爭、學業成績、友誼、實踐天主教信念、致力於社會正義、開派對（優先順序不一定如此排列）。一些主要規範包括：研習課業、參與體育活動、擔任志工協助窮困者、望彌撒、跟朋友出去玩、與人勾搭（而非約會）、喝大量啤酒、穿 J. Crew 的衣服（優先順序不一定按此排列）。校園中文物則包括：精心修剪的草坪（事實上，得過獎的）、一個財源充裕且受歡迎的宗教輔導室、完美維護的古老建築（包括數間小禮拜堂）供研討及祈禱，狹小的校內宿舍、讓學生可在學校附近開派對的校外破舊公寓，及幾乎每位學生都穿著的 J. Crew 服飾。這些文物不只是物件，它們也彰顯出學校與校內社群的價值觀（有些相互矛盾）。精心修剪的草坪反映出的價值觀是：將錢花在美化校園而非其他事項，比方說，提供更多獎學金給來自貧困家庭的學生。另一方面，宗教輔導室則顯示學校著重天主教的社會訓導與致力於社會正義。

練習 4.2 校園文化：看看我們身邊有些什麼

撰寫大約三頁的報告，回答下列問題。

1. 想想自己的學校，列出校園中五項主流價值觀，接著，再列出可反映或與之相矛盾的主流規範及文物各五項。

2. 相較於大部分大學院校，你認為自己學校的校園文化很典型還是很獨特？你怎麼知道這答案？或為什麼你所知不足以回答這個問題？

3. 辨認校園中一些顯而易見的次文化，是什麼使這些人形成一個次文化而非只是一群有某些共同點的人？

4. 你是否覺得自己屬於校園優勢文化、某次文化或某反文化的一份子？全都是？還是只屬於某些？請解釋。

5. 校園文化為何很重要？它如何影響你分配自己在校的時間及精力？

6. 你認為這校園文化是否激發你成為更積極的公民？你是否積極參與學校的活動？校外的呢？為什麼？若否，你們的校園文化是否有不利你成為積極公民的因素？若確實有，是什麼？你認為有什麼可助於改變這種文化？

-54- **練習 4.3 消費文化？**

1. 列一份內容廣泛的清單，寫下你希望能在 30 歲前實現的物質目標（擁有一輛或數輛汽車、房子、衣櫥內容物、生活方式⋯⋯等）。或者，若你是較年長的學生，你希望在十年後能擁有哪些東西？

2. 收聽全國公共廣播電台（National Public Radio, NPR）兩則報導：〈過度花費〉（Overspent）網址：www.npr.org/templates/story/story.php?storyId=1007060 及〈行動主義者問：「耶穌會買些什麼？」〉（Activist Asks: 'What Would Jesus Buy?'）網址：www.npr.org/templates/story/story.php?storyId=11272527。

3. 概述前兩則報導中受訪專家提出的重點。

4. 現在，依照前面這兩個 NPR 節目裡的主張，分析你自己的消費主義目標。你覺得自己為何會有這樣的目標？美國文化中哪些面向趨使你追求物質方面的成功？擁有這種消費主義目標的缺點為何？在不似我們這般強調消費主義的文化中，你發現有哪些（如果有的話）值得羨慕的事物？

5. 始於 2008 年的經濟不景氣，對你的物質目標造成什麼影響（如果有的話）？請詳述。

加分題：若你的結論是美國人深陷於消費主義文化中，那麼發起一項運動，在校內就此議題推行教育活動，利用這兩個網站：http://www.newdream.org/ 及 www.adbusters.org/其他網路上可用資源找到的資料，製作出一份「事實清單」來支持你的主張。

練習 4.4 不景氣下的消費者文化

　　由下列網址：http://www.npr.org/templates/player/mediaPlayer.
html?action=1&t=1&islist=false& id=101951259&m=101951254 收聽
〈報紙專欄：「節儉流風」不該吹向所有人〉（Op-Ed: 'Frugal
Chic' Shouldn't Be For Everyone），然後回答下列問題。

1. 訪談的主要觀點為何？

2. 你是否經歷過訪談所提及情況的類似經驗？

3. 你認為不景氣是否對你的物質主義程度已造成影響？為什
　　麼？

4. 你認為不景氣是否已經或將會影響美國社會整體文化？為什
　　麼？如果是，你認為不景氣結束後這影響是否仍會持續？為
　　什麼？

5. 你認為自己的社會階級如何影響你對問題 2-4 的回答？

-55-

校園文化與公民參與

　　對美國政治文化的研究顯示：大部分人並不積極參與政治
（Pew Research Center 2007; Skocpol 2003）。多數選舉的投票率遠低
於五成（McDonald 2007）。鮮有人知道候選人的主張，許多人甚
至不知道當選者的姓名。作者之一任教的大學最近一項調查發
現，知道美國副總統是誰的學生少於半數；數百位受訪學生中，

只有一小撮人可說出他們州其中一位參議員的姓名；說得出自己州議員名字的人更少。政治方面的知識看來不受重視，政治參與則不在此校園的規範裡。

社會學家艾里索夫（Nina Eliasoph），也是《逃避政治：美國人如何於日常生活製造政治冷感》（*Avoiding Politics: How Americans Produce Apathy in Everyday Life*, 1998）一書的作者，她在這本書提出一些線索，以說明為何眾多美國人逃避公民參與、為何連志願花時間做善事的人也避談政治話題。對數個志工及行動主義組織的深度參與式觀察，讓她確認：我們的文化**教導我們**討論政治及政治性運動是引發分裂、徒勞無功、負向的行動，應該儘量迴避。在此研究，她由數個公民及休閒性組織的志工中，找出他們行為及對話模式，以判定這些團體的主流價值觀及規範。無論這些團體是多麼「公民性」（civic），卻都沒有培養成員討論或爭辯重要政治議題的文化。少數成員確曾在「公開的」談話場合（在團體中，而非私人談話）提起政治話題，或建議採取政治行動（但不是這些行動主義團體會為訴求議題採行的「正規」〔normal〕行動），卻均遭受勸止。看來美國文化中一項規範是誇示大家的共識，而非將可能有反對看法的重要題目拿出來討論。

-56-　　好消息是，大學生的公民參與程度看來的確在上升。2008 年總統大選時，歐巴馬的競選活動吸引了較多年輕人投入政治，並使 30 歲以下選民投票率增加 4-5%（CIRCLE 2009）。如今，全美大學中都可發現為社會與環境正義發起的學生運動。舉例來說，

2009 年 4 月 1 日，北卡羅萊納大學阿什維爾校區（University of North Carolina, Asheville）、肯塔基大學（University of Kentucky）等校學生就參與了化石愚人節（Fossil Fools Day）活動，這是個環保示威活動日，美國、加拿大、英國及南非都有公民抗議行動，鼓吹以替代能源取代石化燃料（National Student News Service 2009；亦見於 www.fossilfoolsdayofaction.org/2009/category/front-page）。2008 年 2 月，美國各地大學及中學生參與「全國校園能源挑戰」（National Campus Energy Challenge）活動，以求在校園建立永續能源政策。[4] 每年三月，成千上萬的學生發下一個為時 24 小時的「靜默誓願」（Vow of Silence），為全世界因缺乏人權而無法為自己權益發聲的青少年募款，並喚起人們的關注（見 Free the Children 網站，網址：http://www.freethechildren.com/vowofsilence/）。

　　時至 2005 年，「踢掉鐘」活動（"Boot the Bell"campaign）已有超過 300 所大學院校參加並贏得勝利；此活動要求「塔可鐘」（Taco Bell）及其母公司「百勝」（Yum）停止施行苦役契約[②]，並增加番茄採摘工人的薪資。而到 2009 年，有 250 所中學及大學院校加入由「反血汗工廠學生聯盟」（Students Against Sweatshops）發起的「勞工權利協會」（WRC）。這是個獨立組

---

② 譯註：苦役契約（indentured servitude），通常是指受雇者工作條件及報酬近似奴隸般之工作契約。

織，負責監督學校簽訂之「產品製造工作規範」（code of conduct）的執行，以確保有該校標誌的衣服均非血汗工廠製造。正如第一章所述，已有多所學校學生（例如：韋恩州立大學〔Wayne State University〕、佛羅里達州立大學〔Florida State University〕、賓州大學〔University of Pennsylvania〕、紐約州立大學〔State University of New York〕、亞利桑那大學〔University of Arizona〕、波士頓學院〔Boston College〕、杜克大學〔Duke University〕、及喬治城大學〔Georgetown University〕）說服學校行政人員停止購買血汗工廠製造的衣服，並由 WRC 監督自己學校服裝供應商的工廠作業（防止工廠壓榨工人）。全國許多學生同時已使自己學校**撤資**（撤回對某公司的投資），停止投資那些跟在蘇丹達佛（Darfur）地區行種族屠殺政權作生意的公司。將學生組織起來反對達佛、緬甸、剛果民主共和國或世界任何地區種族屠殺行動的 STAND 組織，到 2009 年初已有 800 個以上的分會設在中學及大學院校。

各大學的行政主管也體會到教導學生有效履行公民義務的重要性。現在，有 231 所州立大學院校參與「美國民主計畫」（American Democracy Project），聚焦於提供學生服務學習機會；此外，565 位以上的大學院校校長簽下「校園盟約誓言」（Campus Compact pledge）要「教育公民」。超過 600 個美國高等教育機構簽定「全美大學院校校長氣候承諾」（American College and University Presidents' Climate Commitment），允諾減少全球暖化並

-57-

「綠化」自己校園。社會學的學生可使用本學科的工具，站在這些努力前鋒，並確保它們進行的方式有效且公正。

行動中的社會學家：麥亞當（DOUG McADAMS）

麥亞當為史丹佛大學（Stanford University）社會學教授，他用社會學研究看出，是什麼因素使這麼多美國北方大學院校的學生（主要是白人及中產階級）覺得必須在 1964 年那個著名的「自由之夏」（Freedom Summer）到密西西比州去幫助黑人做選民登記。961 位學生應徵加入「學生非暴力協調委員會」（Student Nonviolent Coordination Committee）的這項活動；麥亞當研究這些學生的驅動力後發現，確實到密西西比完成這項工作的 720 位學生（與 241 位未這麼做的學生相比），與下列兩項因素顯著相關：曾參與過民權活動及行動主義組織（許多與教會有關）、與其他自由之夏的參加者有關係。這些結果顯示，願意在當時冒著生命危險為黑人做選民登記的人，屬於一個次文化團體，其規範為支持社會運動及為促進民權努力。

練習 4.5 收集住校生的政治文化資料

使用參與式觀察來檢視你們宿舍的政治文化。

1. 查看宿舍所公告的有組織活動（社交活動、演講……等），以及沒組織的自發活動，並在一個月的期間盡量參與各項活動。

2. 在同一個月中，盡可能的參與宿舍同學的非正式討論。

3. 在每個聚會中，仔細注意下列情況：（1）這是什麼類型的聚會（朋友間的讀書會、電影觀賞會、人際間的八卦閒聊，或者，如果是宿舍的活動，活動的主題為何……等），（2）有幾次提到政治話題（如果有的話），（3）適合談及政治性議題但卻未被提出來的談話有幾次，（4）提出政治話題時其他人的反應為何（提出此話題的人受到正面還是負面回應／認可？），以及（若提出政治話題時）（5）是否有人提議用參與政治行動的方式解決問題，及（6）對這項建議的反應？

4. 你的發現顯示宿舍有什麼政治文化？

加分題：設計一個計劃，使你的宿舍成為一個更歡迎甚至鼓勵討論政治話題的地方。要考慮周詳、具策略性且明確。

練習 4.6 政治抗爭或其他政治性活動的參與式觀察

對校園中某項政治活動進行參與觀察。

1. 與學生、教授或校園活動辦公室職員等人士交談，找出校園中現有的學生行動主義者團體（正式的或針對某主題臨時成立的）。

2. 選擇前述組織之一，它的目標是你願意支持的。不要歪曲自己的看法以「滲入」（infiltrate）這團體。

3. 參與此組織並執行至少一項校園活動（抗爭也算）。

4. 你跟這團體在一起的期間，記錄團體內如何討論政治議題。他們是否呈現了優勢文化、次文化或反文化的價值觀及規範？請詳述。

5. 在此團體中，哪些談話主題是被鼓勵的？哪些則否（受抵制）？

6. 校園中同學、教授、專職員工及行政人員對這團體所作努力有什麼樣反應？

7. 你對上列問題的答案，在（1）你參與的團體及（2）你們校園，這兩文化的價值觀及規範方面，告訴了你什麼？

練習 4.7　環境價值觀與美國政策

美國在環境方面的主流**價值觀**與環境**政策**是否相符？

1. 至 www.publicagenda.org 網站，點選 "Issue Guides"，進入後點選 "Environment"。

2. 在「環境議題指南」（Environment Issue Guides）找出一項你認為與美國優勢文化中某個價值觀相關的議題。

3. 細讀這網站提供的資料，然後寫一份報告回答下列問題：

（1）你選的議題為何？此議題與該項美國主流價值觀有何關聯？

（2）未閱讀此網站資料前，你自己對此議題有什麼看法，而你是如何形成這些觀點的（你的觀點受到自身文化中哪些方面的影響）？

（3）閱讀網站資料後，你對此議題的看法是否改變了？為什麼？

（4）提出數個處理這項環境議題的實際可行建議。包括你們校園中的人及你個人可以做哪些事來改善這問題。

加分題：基於你在問題 3（4）所做建議，組織一個學生團體來開始這些改善工作。

練習 4.8 全球化：文化的重大分裂者？

由下列網址：http://query.nytimes.com/gst/fullpage.html?res=990CE2DA143EF932A2575 BC0A9639C8B63 觀看布魯克斯（David Brooks）的專欄文章：〈文化並非一律平等〉（"All Cultures Are Not Equal"）然後回答下列問題：

1. 你是否贊成布魯克斯的觀點，認為美國人民越來越分隔成不同且各自孤立的次文化？你認為這種趨勢可否（或已經）導致美國產生更多反文化？

2. 撰寫一頁的概述，說明你將如何進行研究，檢驗布魯克斯前述文章的某項（或更多）說法。

-60-

★問題討論

1. 就記憶所及，某人要你加入政治談話時，自己曾否給予負向回應？如果沒有，為什麼你不這麼做？如果有，為什麼你會阻止那個人？

2. 就你記得，自己曾否於談論政治話題時遭勸阻？如果有，你認為那個人為什麼阻止你？這讓你感覺如何？你想自己可用什麼方式進行這樣的談話，以使那人願意談論政治議題？

3. 你認為談論政治議題是否重要？為什麼？若重要，要跟誰一起談？

4. 你多常與人談及政治議題？通常會跟誰談？通常會避免跟誰談

及為什麼？你是否願意或能夠在公共場合討論政治，還是這會讓你覺得不舒服？解釋你的回答。

5. 你認為自己校園是否重視政治知識？舉出一些例證支持你的答案。

6. 思考一下美國優勢文化，有哪些主流規範、價值觀及文物（1）鼓勵，或（2）不鼓勵美國人參與政治？

7. 你如何知道自己身為公民的義務？有哪些？誰告訴你的？如何教導的？何時教導的？

8. 你認為資源回收是否是你們校園中的一項規範？你為什麼這麼認為？若是，你認為是什麼促使回收成為校園文化規範？若回收不是你校園中規範，你認為原因為何？你可怎麼做以促進校園中回收狀況？

9. 你會用哪種方法論找出代表你們校園次文化的規範、價值觀及文物？為什麼？你會用哪種理論觀引導自己研究及解釋研究發現？為什麼？

★特定行動建議

-61- 1. 跟兩、三位同學一起腦力激盪，思索如何在現存校園文化下，促進校園中公民參與。若你們認為不可能在現存校園文化下做到，那麼可怎麼做來改善這文化？將此想法付諸行動。

2. 舉辦校園辯論會，主題為某個影響校園中學生生活機會（改善個人社會階級與生活品質的機會）的公民議題。分析你們校園

文化並想出如何最有效地推廣這個活動（然後實際去做）。

3. 進行三個焦點團體訪談（但須先經過學校裡內部審查委員會的許可），探討（1）你的同學如何定義你們的校園文化，（2）你們校園文化的真正主流規範及價值觀。由這三個團體招募一些有興趣加入者，共同想出一項行動計畫，來宣傳你的研究發現及採取行動。

　　請由下列網址：www.pineforge.com/korgen3e 進入本書網站，找到更多公民參與的機會、資源以及經過同儕審查的文獻、與本章相關的網站連結最新資訊。

註釋

1. 提供關於培爾提（Peltier）案例資料最著名的兩本著作為：梅塞施密特（Jim Messerschmidt）所著《培爾提的審判》（*The Trial of Leonard Peltier*, 1983），及馬修森（Peter Matthiessen）所著《瘋馬的精神》（*In the Spirit of Crazy Horse*, 1983 / 1992）。

2. 耶穌基督後期聖徒教會（the Church of Jesus Christ of Latter-Day Saints）於 1890 年禁止一夫多妻制。

3. 舉例來說，白人至上主義的基督徒身分認同運動（Christian Identity movement）成員魯道夫（Eric Robert Rudolph），策畫及執行了 1996 年的「百年奧林匹克公園爆炸案」（Centennial Olympic Park bombing），及其他數起以美國男、女同性戀者或

施行墮胎的診所為目標的爆炸案。

4. 想得到更多「全國校園能源挑戰」（National Campus Energy Challenge）活動資料，可至其網站，網址：http://www. climatechallenge.org/ncec。

參考書目

Brooks, David. 2005, August 11. "All Cultures Are Not Equal." *New York Times*. Retrieved May 19, 2009 (http://query.nytimes.com/gst/fullpage.html?res=990CE2DA143EF932A2575BC0A9639C8B63).

CIRCLE. 2009. "Youth Voting." Retrieved February 13, 2009 (http://www.civicyouth.org/?page_id=241).

Eliasoph, Nina. 1998. *Avoiding Politics: How Americans Produce Apathy in Everyday Life*. Cambridge, UK: Cambridge University Press.

Madden, Mary and Amanda Lenhart. 2006, March 5. "Online Dating." Pew Internet and American Life Project. Retrieved May 14, 2009 (http://www.pewinternet.org/ Reports/2006/Online-Dating.aspx).

Matthiessen, Peter. [1983] 1992. *In the Spirit of Crazy Horse*. New York: Viking Press.

McAdams, Doug. 1988. *Freedom Summer*. New York: Oxford University Press.

McDonald, Moira. 2007, March. "Getting Out the Vote." *State Legislatures* 33(3): 5.

Messerschmidt, Jim. 1983. *The Trial of Leonard Peltier.* Boston: South End Press.

National Student News Service. 2009. "Campuses Take on International Fossil Fools Day." Retrieved May 14, 2009 (http://www.nsns.org/news/campuses-take-on-international-fossil-fools-day).

Pew Research Center. 2007, April 15. "Public Knowledge of Current Affairs Little Changed by News and Information Revolutions—What Americans Know: 1989-2007." Retrieved April 29,2008 (http://people-press.org/reports/display.php3?ReportID=319).

Skocpol, Theda. 2003. *Diminished Democracy: From Membership to Management in American Civic Life.* Norman: University of Oklahoma Press.

第 5 章　學習在社會中該怎麼做？

社會化

你希望讓某人展開笑顏嗎？那就先對著這個人笑！有人以笑臉相對時，你很難不以笑臉回應。笑容是我們最先學會跟人溝通的符號之一。

照顧嬰兒的人（經常）會在跟他們玩、換尿布、餵食的時候對著他們笑，嬰兒藉由這樣的互動學會了笑（參見 Messinger 2005; Venezia et al. 2004），他們很快學到笑容可使父母開心（而且，會更喜歡他們）。作者的女兒在小嬰兒時就學會這招，並用得極好，她能讓精疲力竭的父母清晨三點起身幫她換尿布時仍面帶笑容。當他們摸摸索索走到小床後往下一看，就會看到她張開嘴露出燦爛的笑容，就算是**非常**睏，他們也忍不住要對這個打擾自己清夢的寶貝笑臉相對。怎麼能不笑呢？她看起來這麼高興見到他們！

你聽過伊莎貝爾（Isabelle）的故事嗎？這個女孩 6 歲前都被鎖在衣櫥裡（Davis 1947），是個行為學習上令人心情沉重的紀

錄。最終獲得釋放後，她的舉動就像頭未經馴養的動物；不會說話，不會用餐具進食，不會用廁所，甚至不會笑。缺乏與人互動使她無法經歷**社會化**（socialization）這個人們學習如何在社會上有效地跟人交往的過程。伊莎貝爾（與被剝奪社會互動的其他孩童）的經驗，顯示與人接觸及社會互動對於適當的人類發展有多重要。

鏡我

-64-

我們的自我感受及行為或多或少會受周遭每個人所影響。早期的符號互動學家顧里（Charles Horton Cooley, 1902）用**鏡我**（looking-glass self）這個詞，描述他人如何影響我們的自我形像。他的意思是，我們對自己的認知，基於我們**認為**別人怎麼看我們。例如本書的兩位作者，就經常發現自己在課堂上有鏡我的經驗。教授的工作之一，是持續察知學生是否了解並專注於授課內容；看到學生表情空洞，我們常會假設他們沒聽懂，於是可能把概念再解釋一次，或試著換個方法來解釋。但若學生這種表情只是因為概念很簡單，而教授已花費太多時間在此概念上呢？（或這就是他們看電視時的表情，而他們沒弄清楚錄製的節目與活生生現場互動的差別？）顧里的鏡我所顯現的是：我們的反應與行為，是我們對所碰到的人、物、情境所做之**詮釋**的回應。

上述場景的重點**不是**學生真正在想什麼，而是教授**認為**他們

在想什麼。教授的詮釋導致後續的行為，這情況下，就是再說一遍學生已聽懂的概念！顧里的理論可以這樣總結：「我不是自己想的樣子，也不是你想的那個樣子，而是我覺得你怎麼想我的那個樣子。」

概化的他人

米德（George Herbert Mead）建立的社會行為理論，呈現了個人的人格如何由社會經驗發展而成。根據他的理論（1913），**自我**（self）（人格中結合自我形像與自我意識這部分）的發展是經由（1）使用符號與他人互動，及（2）能由他人觀點看待自己。「人類社會就是透過這樣的行為及意識而成長」（Mead 1918: 578）。

經由社會互動，藉著發展出一種別人（**概化的他人**〔the generalized other〕，亦即那些信守社會規範與價值觀的人）如何看待我的感覺，我們逐漸創造出「社會的我」，並發現就算是身旁沒有別人在，也會透過概化他人的眼睛觀看及評斷自己的行為舉止。最後，再將自己行為**看起來**有多世道的知覺加以內化；因此，我們的身分認同包括意識到自己在社會裡是什麼人，如果沒有社會互動就不可能發展出自我。

-65-

本我、超我與自我

佛洛伊德（Sigmund Freud）於 1900 年代早期發展的人格理論（theory of personality），幾乎影響這方面的所有研究。他研究的一個重點就是探討**潛意識**在人類認同及行為上的角色。他將潛意識分成三個部分：本我、超我、自我。佛洛依德（Freud and Strachey 1949/1989）認為：**本我**（id）係由人的天生慾望及衝動組成（重點在得到立即的滿足，特別是透過性及暴力）。**超我**（superego）是我們潛意識中將主流價值觀及規範內化而成的部分（特別是判別什麼是「對的」及「錯的」行為），代表我們察覺到他人，尤其是他們對我們的反應。**自我**（ego）的工作為平衡本我的慾望及超我的道德驅力，是選擇要不要依照自己慾望行動之「我」。對佛洛依德而言，自我持續用我們感知到的他人期待，來檢驗自己的慾望。佛洛依德（2005）相信：「文明建立在壓抑人性本能，其影響程度令人無法忽視。」藉由與他人互動的社會化過程，我們學習到社會主流規範，及如何在自己本能慾望與這些規範間取得平衡。

主要的社會化媒介

當然，有些人對我們特別有影響力，他們多半組成（或來自）社會某個或多個主要的社會化媒介。時至今日，美國有五個

主要的社會化媒介：家庭、同儕、教育、媒體及宗教。

家庭

我們無法選擇父母，但他們確實對我們會成為什麼樣的人有極大影響。對大多數人而言，自出生那一刻起，家人——特別是雙親——就是最先且與我們互動時間最多的人。不論父母一直說我們有多卑劣及愚蠢、或說我們多有愛心及優秀，都會深深影響我們怎麼看自己（蠢笨或聰穎）及我們的行為（鄙劣或和善）。同樣的，遇到困難時會受鼓勵堅持並努力直至成功，或者因未能很快做好某件事就受到嘲笑，也會影響我們未來如何面對挑戰。這些社會化課程能影響我們成為什麼樣的人。例如，若相信自己聰穎又有能力，也相信堅持可帶來成功，而不是認為若自己沒在第一時間做「對」就是既不聰明又無專業能力，我們將更可能投注時間及精力在工作上。

社會化同時教我們該要什麼（價值觀）及給我們路徑引導圖來幫我們成就這些事情（規範）。我們不是**生來**就是作者、穆斯林、領導者、共和黨人，或者某某某（自己填入）。我們是因家庭及其他社會化媒介社會化之後而**成為**的人。來自不同社會（有不同價值觀及規範）的父母，社會化子女的方式也不同。舉例而言，美國父母教導子女該期望自己要什麼，很可能與其他社會，像是阿富汗、薩爾瓦多甚至加拿大父母不同。

家庭同時影響我們如何做個公民。例如，父母常跟他們討論

政治議題的年輕人，選舉時比較會去投票（McIntosh, Hart, and Youniss 2007）。積極參與公共事務的父母，也常栽培出積極參與公共事務的美國青年。年輕的行動主義者及「解放兒童」（Free the Children）組織創始人魁格‧柯柏格（Craig Kielburger）及馬克‧柯柏格（Marc Kielburger）在新書《世界需要你的孩子：如何養育出有愛心及願貢獻的小孩》（*The World Needs Your Kid: How to Raise Children Who Care and Contribute*）（Kielburger, Kielburger, and Page 2009）中，討論父母如何鼓勵他們成為世界公民，並對如何培育積極參與公共事務的年輕人，提出了極佳的見解。

練習 5.1　家庭的影響與公民參與

想想家庭對你公民參與程度造成的影響。

1. 父母或其他家人在你身旁時（晚餐桌上、喝咖啡時……等），彼此有沒有討論政治議題？

2. 成長過程中，父母或其他家人有沒有跟你討論過政治議題？你現在會不會跟他們討論這方面的議題？為什麼？

3. 如果上個問題的回答為「會」，他們曾否要求你一起參與政治活動？你參加了嗎？如果有，用什麼方式？這經驗如何影響你理解公民參與的重要性？

4. 若父母或其他家人不是積極參與公共事務的公民，你認為原因何在？你覺得可如何激發他們變得積極？

5. 總而言之，你覺得父母或其他家人的公民參與程度，如何影

-67-

響你的公民參與程度？

6. 花點時間確實評估這件事的含意後，描述你對自己公民參與程度的看法。

7. 如果你有小孩，會如何影響自己孩子的政治參與？

同儕

同儕也影響我們對自己的看法、如何與他人互動、會成為什麼樣的人。誰不想讓朋友留下深刻印象？誰不曾在某個時刻，就算違背自己家裡的價值觀，也要表現出同儕團體的某些價值觀與規範？我們一旦可以跟家庭以外的人互動，就開始受到同儕（年齡、社會階級……等與我們類似的人）的影響。

成長階段中，那些在鄰里、學校、運動隊伍及其他環境中跟你玩在一起的人，就是你的同儕團體。同儕影響我們自我感受與行為舉止的方式與家庭相同，只是程度不同。透過結交「跟我們一樣」的人，也就是我們的**同儕團體**（peer reference group），我們學到「跟我們一樣」的人是什麼樣子。

有個夏令營網站引用了一位學員的話：「在學校我是笨蛋，但在這裡我很酷。」你可能還聽過在兩個相異的同儕團體成長的人的故事（比如，一個是學校同學組成，另一個是夏令營隊友或是一起過暑假的小孩）。作者就認識一位年輕人，記得自己在夏令營的時候是他人眼中（他自己也覺得）的酷哥及運動健將，但

跟同學在一起卻是個沒人理睬的魯蛇。結果，他發現自己會照這兩個團體把他歸類的角色，表現不同的行為舉止。跟同學一起時，他不與人交往、相當害羞、跟大家疏遠；但發現自己會帶領暑期朋友去荒野探險，這是跟同學在一起時絕不會夢想去做的事。他的自我感受成了自我應驗的預言，使他在不同環境轉換出不同的行為舉止，他覺得同儕怎麼看他，就想辦法做出那個樣子。這個年輕人的故事是「鏡我」的極佳例證。他的自我感受與行為舉止，深受他想像同儕如何看他的影響。

-68-

作者之一曾為以前的著作，針對父母一位是白人另一位是黑人的受訪者進行訪問，她發現種族認同也受到人們覺得別人怎麼看自己所影響。菲利浦的父母分屬兩個種族，他的身體外型無法點出他的種族屬性。成長階段居住在治安不佳的地區時，他會調整自己的種族身分來避免被毆。他描述居住在一個以波多黎各人及黑人為主的內城貧民區時，自己的種族認同如何受到居住經驗所影響，他是這麼說的：

> 我因為是半個白人而被〔一些〕黑人小孩揍。我開始說：
> 「不，不，不。我是波多黎各人。我是波多黎各人。我是波
> 多黎各人。」然後，接下來我知道，這是個很酷的事實，因
> 為我叔叔跟一個波多黎各女人結婚，我其中一位舅舅娶的也
> 是波多黎各人。所以那是兩個不同種族及家庭的混種，波多

黎各人，黑人，直到全是波多黎各人…我是波多黎各人。

　　菲利浦不只改變自己公開的種族身分，他確實開始相信自己是波多黎各人而非黑白混血。藉由波多黎各親戚及他自身種族特徵模稜兩可這兩項證據，菲利浦變成了波多黎各人（Korgen 1999: 73）。

練習 5.2　多重自我

　　每個人在不同的團體裡表現會（至少有點）不一樣。撰寫一頁的報告，論述自己在生活中因所處情境不同而表現不同的情形。為什麼你會在這些不同的情境表現不一樣？你認為「概化他人」（米德）及「鏡我」（顧里）在你被社會化成這些不同身分上，扮演了什麼角色？分析時要明確並深入。

練習 5.3　同儕與公民參與

　　想想同儕對你公民參與（civic engagement）程度造成的影響。

1. 同儕在你身邊時，彼此是否討論政治議題？
2. 成長過程中，有沒有同儕跟你討論過政治議題？你現在會不會跟他們討論這方面議題？為什麼？
3. 你的同儕會去投票嗎？你曾否跟某位同儕去過投票所？若

有，感覺如何？

4. 你的同儕是不是積極主動的公民？如果是，他們做了些什麼？曾否要求你一起參與政治活動？你參加了嗎？如果有，你做了些什麼？這經驗是否影響你如何看待公民參與的重要性？如果他們要求你一起參與政治活動而你不去，原因為何？你可能因此有什麼損失？若你的同儕不是積極主動的公民，你認為原因何在？你覺得可怎麼激勵他們變得積極主動？

5. 總而言之，你覺得同儕的公民參與程度，如何影響你的公民參與程度？

加分題：由「搖滾投票」組織（Rock the Vote）網站：http://www.rockthevote.com/act-out/field-kit/young-voter-facts.pdf 閱讀〈青年選票：年輕且有力〉（The Youth Vote: Young and Powerful）。閱讀後，是否改變你對下列事項的感覺（1）選舉的重要性，（2）將來選舉會不會去投票，（3）你跟同儕討論（或不討論）政治的方式？

教育

　　制度具有多重角色。接受教育的經驗，在我們社會化過程中扮演著主要卻常隱而不顯的角色。學校的功用是教授我們將來在社會上會用到的工具，及讓我們社會化以適應並遵循社會視為最重要的那些價值觀。學校的目標之一是給美國人上「隱性課程」

（hidden curriculum）：尊重社會運作的規則、不挑戰現況、行動必須不具破壞性（不會分裂或瓦解社會主流規範）。舉例而言，我們在學校最先學習的項目包括：如何舉手、排隊、靜靜坐著、遵從指令。這些習慣，許多都是孩子與人互動時需要學會的技巧。但這些作法同樣也顯示了學校的需求：為了管理為數眾多孩子，必須讓他們遵守紀律才行。

　　學校同時教導我們優勢文化的基本價值與信念（如第四章所勾畫）。由學校及教科書學到關於不同種族、族群、性別、社會階級團體的知識（或因為設限且精心選擇的課程與教科書，而使我們未學到的知識），影響我們畢生對這些團體的感受與判斷，並助我們了解自己的社會地位與角色。

　　主流（或普遍的）價值觀與信念在所有時代都大大影響當時學校的教學內容。我們需謹記：歷史是透過社會優勢團體的觀點所傳授，檢視美國歷史的描繪如何隨時間（隨著不同的種族／族群團體在美國取得權勢）而變化，即可顯露這項事實。

練習 5.4　隱性課程：歷史、價值觀、社會化

　　找一本目前本地公立文法學校或中學使用的歷史課本。

1. 注意此書的標題，它傳達了什麼意象？封面有無照片或圖畫？如果有，這照片或圖畫又傳達了什麼意象？
2. 查看本書的目錄，含括哪些主題？想出五項你認為可以或應

該增加的主題。為什麼你認為可以或應該增加這五項主題？以社會學角度研究這本課本，你發現學校課程中顯示的最重要價值觀為何？除了因課本不能太厚之外，你認為還有什麼原因使某些主題未包含進來？

3. 比較此書對不同種族、族群、性別、社會階級團體是如何討論（或未論及）。

4. 比較這本歷史課本與津恩（Howard Zinn）所著《美國人民的歷史，1492 到現在》（*A People's History of the United States, 1492–Present* 〔2003〕——可在學校圖書館借閱或由網路 http://libcom.org/a-peoples-history-of-the-united-states-howard-zinn/10-the-other-civil-war 閱讀），兩書中關於「內戰」（civil war）章節的內容有何異同之處？你認為這些差異與美國公立學校「隱性課程」有什麼關聯？

5. 你認為不同種族及族群、性別、社會階級的人，在閱讀前述兩書中有關「內戰」的章節後，會如何看待自己的社會地位及角色？他們可能會說內容少了些什麼？可能希望增加什麼內容？

-71-

練習 5.5 大學與（再）社會化

回想你剛接到大學入學許可的時候，一旦得知將進入那所大學院校，你很可能就著手進行**預期性社會化**（anticipatory socialization），開始練習大學生這個新角色。大學通常是個**再社會化**（resocialization）的時期，學生學習適應新的次文化，並建立新的社會身分。正如第四章提到的，大學生活，不論是廣義的一般大學或特定的高等教育機構，都有自己的次文化。每所大學自有一套獨特的規範、價值及物質文化，學生必須熟悉並適應這套特有文化，才能很快在校園中與人打成一片。

大學，尤其是同學裡幾乎沒有同鄉的學校，提供一個建立全新自我的機會。例如，一位害羞、獨來獨往的高中生，可能在大學校園的新環境中變成外向且受歡迎的大學生（或可能是一位受歡迎的高中生變成害羞的大學生）。身邊的人對自己沒有成見，給學生機會建立一個新的「自我」。通常，就拿前述那個在學校與夏令營表現得幾乎判若兩人的男孩來說，大學就像夏令營。

需要多少再社會化受到環境差異所影響。例如，一位通勤的大學新生經歷之再社會化，會較一位住校生少，因為他或她只跟校園文化的某些方面有關係。同樣的，一位每週有兩天活躍於某公民組織的青年（像是在護理之家擔任志工，或成為以改善社會為使命的學生團體幹部）會學習到一些新的規範、價值觀，並熟知一些新的物質文化，但是這些不一定會完全改變他

或她的自我。然而，對那些進入像軍隊或監獄這樣**全控機構**（total institution，個人在生活各方面均受機構管控的環境）的人而言，則會經歷較完全的再社會化歷程，因為他們須學習適應一個非常不一樣且完全置身於其中的環境。適應這樣的新環境時，他們對自己是誰及別人如何看自己的感受，有了徹底的改變。

1. 描述你在剛進入大學時，是如何被再社會化？描述時一定要回答下列問題。

2. 你必須熟悉哪些規範、價值觀與物質文化？

3. 你認為住校或通勤，對你的再社會化程度有何影響？

4. 你認為自己的種族、社會階級及性別怎樣影響你的再社會化程度？

5. 大學的再社會化過程對你所感受到的自我有什麼影響？

媒體

媒體指的是所有能將訊息廣為傳播的器具或「媒介物」（medium）。當今各式媒體通路中，電視可說是最重要的社會化媒介。美國家庭平均每日打開電視 8 小時又 14 分鐘（Holmes 2007），在這些時間裡，孩子暴露在充斥著各大廠商廣告的節目中。因而，這些（節目中或廣告中）精心選擇出來增進廣告主業績的影像，相當影響孩子的世界觀。不論傳播的訊息正確與否，電視節目是許多美國人觀看周遭世界的主要窗口之一。

在這個種族、族群、社會階級分隔日趨嚴重的國家，電視節目也常是一些美國人接觸社會中其他團體的唯一方法。我們對不同年齡、性別、種族、族群或其他團體的認知，還有我們的自我形象（還記得「鏡我」嗎？），都受到媒體如何描繪這些團體的影響。

-73-

練習 5.6　電視新聞節目中社會行動主義的報導

此項作業，需要你對十個新聞節目進行內容分析（content analysis），焦點則為這些節目如何報導社會行動主義。複印十張「內容編碼單」（圖 5.1 上半部），在觀看這些節目時將資料填入此表單。下面為填入資料時的一些規則：

1. 你必須在相同的時段（例如：清晨、上午、下午、黃金時段、深夜）、同一個電視頻道（ABC、NBC、Fox News、CBS、PBS、BBC）觀看這些新聞節目。

2. 所有節目都應為同類型電視台新聞節目：地方台或者是全國/國際台。

3. 填完「內容編碼單」後，再填寫「資料一覽表」（圖 5.1 下半部），這表單可提供你一些整體性的數字及百分比。

4. 完成資料收集後，跟班上另外三位同學一起分析收集到的資料（要注意你們分析的新聞節目不可完全相同）。關於所檢視的新聞節目如何描繪社會行動主義，你們的結果顯現了什麼？關於我們如何被社會化來看待社會行動主義者及社會行動主義，這些結果又告訴了你們什麼？

圖 5.1 內容編碼單及資料一覽表

內容編碼單

　　社會行動主義類型：＿＿＿＿＿＿＿＿＿＿＿＿＿＿＿＿＿

　　新聞節目名稱：＿＿＿＿＿＿＿＿＿＿＿＿＿＿＿＿＿＿＿

　　觀看之電視台（頻道及新聞網）：＿＿＿＿＿＿＿＿＿＿＿

　　地方台或全國／國際台：＿＿＿＿＿＿＿＿＿＿＿＿＿＿＿

　　觀看時段（上午或下午）：＿＿＿＿＿＿＿＿＿＿＿＿＿＿

　　勾選所報導之社會行動主義事件的數目及類型：例如（1）暴力型或和平型、（2）引發社會分裂型或非引發社會分裂型，以及事件被如何描繪（正向的或負向的）。

社會行動主義事例	暴力型	和平型	引發社會分裂型	非引發社會分裂型	正向的	負向的
1						
2						
3						
4						
5						

資料一覽表

　　新聞節目：＿＿＿＿＿＿＿＿＿＿＿＿＿＿＿＿＿＿＿＿＿

　　電視台／新聞網：＿＿＿＿＿＿＿＿＿＿＿＿＿＿＿＿＿＿

　　地方台或全國／國際台：＿＿＿＿＿＿＿＿＿＿＿＿＿＿＿

觀看時段：_____

行動主義類型	描繪方式數目	
	正向的	負向的
暴力型		
和平型		
引發社會分裂型		
非引發社會分裂型		
總計		

資料來源：版權©2006 Sage Publications, Inc。取自 K. O. Korgen and J. M. White, *The Engaged Sociologist*。僅授權購買此書之學生進行研究報告時使用。

宗教

　　整體來說，美國人較其他富裕國家的公民更看重宗教。美國人會說宗教信仰對他們「非常重要」的比率，是加拿大人的兩倍，是日本及西歐人的兩倍以上（Pew Research Center 2002）。根據 2009 年一項蓋洛普民意調查（Gallup poll），42%的美國人說他們「每週或幾乎每週做禮拜」（Newport 2009）。然而，每週上教堂的法國及德國居民不到 10%，比利時人、荷蘭人、盧森堡人、英國人則為 10%到 15%（Manchin 2004）。

　　做禮拜及閱讀宗教作品的人會接觸一些教誨，教他們在世上應採取哪些特定觀點及行為舉止，進而影響他們如何看待自己及

與他人互動。例如，在爭取民權的時代參加「自由之夏」
（Freedom Summer）的許多學生行動主義者，是從做禮拜及參與
宗教組織中學到了友愛眾人的基督教倫理，而被激發起參與動機
（McAdam 1988）。同樣的，在「自由之夏」的暴力事件中被殺害
的古德曼（Andrew Goodman）和施沃納（Michael Schwerner），也
是受到他們猶太教教養的價值觀所驅使，而走向創造社會正義之
路。

　　就公民行動主義而言，從宗教領袖處接受到的訊息可能如同
他們在宗教社群中與人互動一樣重要。歸屬於一個宗教團體，可
增加朋友數及參與公民活動的機會和誘因。有種獨特的道德壓
力，會讓你加入自己的信仰社群一起努力。就如普特南（Robert
Putnam）所說：「被你同教會的一位會友要求做某事，跟被你保
齡球隊的一位隊友要求做某事是不同的」（引用自 Burke 2009）。

　　然而，過去數年間，未加入宗教團體的美國人明顯增多。現
今，16％的美國人未加入任何宗教團體。不過，這並不表示他們
反對宗教信仰。在天主教或基督新教教養中成長的人，約三分之
一堅稱自己只是沒有找到「對的」宗教團體（Pew Forum on
Religion & Public Life 2009）。正如普特南所指出的，未加入宗教組
織同時表示沒機會接觸有組織的公民參與，因為這個機會通常來
自加入有組織的宗教團體（引用自 Burke 2009）。

練習 5.7 年輕選民有影響

由 www.npr.org/templates/story/story.php?storyId=17931655 聆聽〈年輕選民學到自己有影響力〉（Young Voters Learn They Matter），然後回答下列問題：

1. 如果你在 2008 年美國總統大選已經有投票權，你有沒有在（1）初選、（2）大選時去投票？為什麼？

2. 你通常多注意選舉？為何？你有多了解每位候選人在主要議題（如：伊拉克戰爭、健康照顧、全球暖化、經濟）上所持的立場？你為什麼會這樣？你從哪裡得到這些訊息？

3. 你是否考慮特地遠行到其他城鎮去和某位總統候選人會面？為什麼？

4. 你是否會考慮或曾為某位競選公職的候選人工作？為什麼？

5. 你自己是否考慮競選公職？為什麼？如果會的話，是哪一種？為什麼？

6. 基於你的經驗及由前述 NPR 訪談節目所學，若要幫某位總統候選人想個催出年輕選票的主意，你會建議他／她怎麼做？

-76-

行動中的社會學家：邁爾斯一利普頓（SCOTT MYERS - LIPTON）

下面文章中，社會學家邁爾斯一利普頓描述自己與修習他課程的學生，如何發動一項行動，解決路易斯安那州（Louisiana）的貧困問題。

透過政策導向之服務學習改變社會

由 40 位聖荷西州立大學（San José State University）的學生與教師組成的一個團體，2006 年 11 月於校園中舉辦了「星空下的貧窮」（Poverty Under the Stars）露宿活動，聲援居住在世界上最富裕的社區之一的矽谷（Silicon Valley）中超過 7600 位的遊民。讓這些學生團結在一起的因素，就是對窮人的關切及對社會行動的承諾。

這些學生中多數正在或曾經修習過我的「社會學：社會行動」（Sociology Social Action）課程，這是個以行動導向、解決方案為基礎的社區行動主義課程。學生實際選擇並試著去落實一項社會政策，而非只是閱讀別人如何做這些事的文章。重要的是，他們得以整合經由行動得到的知識與社會學概念，像是「階層化」、「制度化的種族主義」（institutionalized racism）、「內部殖民主義」（internal colonialism）、「貧窮女性化」（feminization of poverty）等。

「星空下的貧窮」活動的一部分，是學生們聚在校園中心，觀看史派克‧李（Spike Lee）的紀錄片《潰堤時分：四幕安魂曲》（*When the Levees Broke: A Requiem in Four Acts*）。學生每看完一幕後，一起談論影片中卡崔娜颶風（Hurricane Katrina）及堤防系統設計不良造成的社會災難。討論卡崔娜災難中種族及社會階級層面相關現象的話題一直持續到深夜。

第二天上午，我在「財富、貧窮與特權」（Wealth, Poverty, and Privilege）課程中的主題，是經濟大蕭條（Great Depression）時

-77-

期「新政」（New Deal）之公共工程計畫。我們都被卡崔娜受難者的境遇所感動，也被經濟大蕭條時期市政工程署（Civil Works Administration）所做努力啟發，學生及教師在課堂上決定進行「墨西哥灣沿岸市政工程計畫」（Gulf Coast Civic Works Project, GCCWP），並呼籲基於這計畫制定聯邦法令，以處理路易斯安那州的貧窮與苦難問題。

自從三年前的那堂課，已有超過 50 所大學的學生參與 GCCWP 的大型活動，像是（1）「路易斯安那州之冬」（Louisiana Winter），這個受到「自由之夏」啟發的活動，聚集了來自 15 所大學近 100 位學生，傾聽來自墨西哥灣沿岸的居民，表達他們希望列在聯邦法案中的事項，（2）43 所大學參與的全國性「後卡崔娜高峰會」（Post-Katrina Summit），（3）在全國 6 所大學校園舉辦的露宿活動及（4）最近的活動是在國會山莊（Capitol Hill）進行之「倡議日」（Advocacy Day）。所有的活動均受到全國各地的服務學習課程所支持，並使 2009 年之「墨西哥灣沿岸市政工程法案」（Gulf Coast Civic Works 〔GCCW〕Act）得以進入國會的立法程序中審議。

若能完成立法，「墨西哥灣沿岸市政工程法案」（GCCW Act）將可創造並提供（1）至少十萬個適當的工作及訓練機會給當地及流離失所的工人，來重建醫院、道路、學校、公園、警局、消防局、供水與汙水排放系統、勞工住宅，（2）一個公民保育團，讓十七到二十四歲青年聚焦於溼地復育、造林、及都市綠化工作，（3）提供十二到十九歲青少年暑期與課後工作

及訓練機會，（4）透過當地的顧問團來監督及使作業透明化，
（5）提供金錢贊助藝術計畫，由這些作品來凸顯墨西哥灣沿岸
之文化與歷史，及紀錄此次颱風中發生的故事。這個計畫自始
就是按一個先導計畫來構思，所寄望的是，若此計畫能在墨西
哥灣沿岸地區執行成功，這種藉由創造工作機會及重建國家殘
破之公共建設的方法，可以成為解決經濟危機的模式。

這項 GCCW 運動，目前已獲得超過 130 個墨西哥灣沿岸地區
及全國性組織的支持，同時證明，在與社區組織的協同合作
下，一個服務學習方案也可能帶來重大的社會變革。並且，加
深參與學生的社會學想像，跟米爾一樣，瞭解：「個人煩惱無
法僅以自已煩惱的角度來解決，必須由公共議題方面來理
解。」這樣的轉變，在個人層面也在社會層面，正是服務學習
運動的創導者想達成的。

註：經 Paradigm 出版社許可翻印。此段文章摘錄自邁爾斯—利普頓所著《重
建美國：經市政工程解決經濟危機》（*Rebuild America: Solving the Economic
Crisis Through Civic Works*）（2009, Boulder, CO: Paradigm Publishers）。

★問題討論

-78- 1. 如要創造公民是被社會化成知識豐富且有效之公共事務參與者
的社會，你認為我們可以怎麼做？

2. 五個主要的媒介（家庭、同儕、教育、媒體、及宗教），各在
社會化的歷程中如何激發你成為一位積極參與公共事務的社會
成員？又各是如何阻礙你成為一位積極參與公共事務的社會成
員？

3. 思考顧里之「鏡我」概念，你是否將自己視為能對社會造成正
面影響的人？為什麼？你的鏡我體驗對此有怎樣的影響？

4. 若我們社會化的主要媒介在促進公民參與上做得更多，你認為
世界可能會有什麼不一樣？

5. 哪種社會化主要媒介在促進整個美國的公民參與上最有效？為
什麼？

6. 哪種全球性社會化媒介在激發全球的公民參與上最有效？

7. 若要進行一項關於美國政治參與的研究，你認為社會學理論之
衝突論、功能論及符號互動論三者中，哪種最有助益？為什
麼？

8. 最近幾年，關於「資源回收」或「全球暖化」等環境議題，你
的規範及價值觀（或是某位你親近人士的看法）是否有所改
變？如果有，導致這種再社會化過程的是哪些社會力？

9. 你認為自己在大學畢業後是否會經歷再社會化過程？為什麼？

10. 在剛進入大學經歷再社會化過程時，你的政治行動主義是增

加、減少或維持不變？你們校園文化在你對這個問題的回答上
有何影響？

★特定行動建議

1. 確認學校對「教育公民」運動是否做出承諾，或是否已採取措
   施教導學生成為知識豐富且有效能的公民。要確定這問題答案
   的一個方法，是找出你們大學的校長（或學院的院長）是否已
   簽署「校園盟約誓言」（the Campus Compact pledge）（可由
   http://www.compact.org/resources-for-presidents/presidents-
   declaration-on-the-civic- responsibility-of-higher-education/查到）、
   是否加入「美國民主計畫」（American Democracy Project）（可
   由 http://www.aascu.org/programs/adp/查到）、有沒有簽署在高 -79-
   等教育中促進公民參與的其他倡議行動。如果他／她已經這麼
   做了，那麼將你在校園中觀察到的結果與這些倡議行動的目標
   做比較。再寫封信給校長（或院長）及學校的報紙陳述你的發
   現。若學校尚未著手這項使命，寫信給校長（或院長），說明
   什麼是「教育公民」運動（在你上「校園盟約」及「美國民主
   計畫」網站查閱資料後），並詢問學校在激發出知識豐富且有
   效能公民上已採取哪些措施。

2. 探索你們學校與周邊社區已建立的機構性連結（例如：服務學
   習課程、學校贊助的社區中心、學校贊助的家教計畫、教授與
   社區成員共同進行的研究……等），然後寫信給本地報紙，概

述你的主要發現（以告知學校及社區這些事情）。

3. 加入一項學校與本地社區連結的活動（贊助一項社區市集、到慈善食堂或本地學校擔任志工……等）。運用你的社會學之眼，檢視學校與社區在共同進行這些活動或計畫時背後的運作。舉例而言，計畫是由誰來設計（學校、社區、一起）？誰負責協調計劃的進行？誰掌控？誰出資？你認為這種協同合作方式對計畫整體而言有何影響？

4. 訪談學校協調新生訓練的人員，詢問下列事項：（1）新生訓練如何社會化學生，使他們成功學習及適應學校的規則、規範及價值觀，（2）環境介紹過程中使用哪些機制，將新生社會化成有知識又積極參與公共事務的公民。若未使用這類機制（或使用的機制不合適），向這位協調人員提供一些實用的建議。

　　請由下列網址 www.pineforge.com/korgen3e 進入本書網站，以找到更多公民參與的機會、資源以及經過同儕審查的文獻、與本章相關的網站連結最新資訊。

參考書目

Burke, Daniel. 2009, May 13. "Religious People Make Better Citizens, Study Says." The Pew Forum on Religion & Public Life. Retrieved May 21, 2009 (http://pewforum.org/news/display. php?NewsID=l 8088).

Cooley, Charles Horton. 1902. *Human Nature and the Social Order.* New York: Schocken Books.

Davis, Kingsley. 1947, March. "Final Note on a Case of Extreme Isolation." *American Journal of Sociology* 52(5): 432-37.

Freud, Sigmund. 2005. *Civilization and Its Discontents*. New York: Norton.

Freud, Sigmund and James Strachey, eds. [1949] 1989. *The Ego and the Id*. Translated by Joan Riviere. New York: Norton.

Holmes, Gary. 2007, October 17. "Nielsen Reports Television Tuning Remains at Record Levels." Nielsen Media Research. Retrieved September 23, 2009 (http://en-us.nielsen.com/main/news/news_releases/2007/october/Nielsen_Reports_Television_Tuning_Remains_at_Record_Levels).

Kielburger, Craig, Marc Kielburger, and Shelley Page. 2009. *The World Needs Your Kid: How to Raise Children Who Care and Contribute*. Vancouver, B.C., Canada: Greystone Books.

Korgen, Kathleen Odell. 1999. *From Black to Biracial: Transforming Racial Identity Among Americans*. Westport, CT: Praeger.

Manchin, Robert. 2004, September 21. "Religion in Europe: Trust Not Filling the Pews." Gallup.com. Retrieved June 3, 2009 (http://www.gallup.com/poll/13117/Religion-Europe-Trust-Filling-Pews.aspx).

McAdam, Doug. 1988. *Freedom Summer*. New York: Oxford University Press.

McIntosh, Hugh, Daniel Hart, and James Youniss. 2007. "The Influence of Family Political Discussion on Youth Civic Development: Which

Parent Qualities Matter?" *Political Science & Politics* 40(3): 495-99.

Mead, George Herbert. 1913. "The Social Self." *Journal of Philosophy, Psychology, and Scientific Methods* 10: 374-80.

Mead, George Herbert. 1918. "The Psychology of Punitive Justice." *American Journal of Sociology* 23: 577-602.

Messinger, Daniel. 2005. "A Measure of Early Joy? Afterword to the Republication of 'All Smiles Are Positive, But Some Smiles Are More Positive Than Others.'" Pp. 350-53 in *What the Face Reveals: Studies of Spontaneous Facial Expression Using the Facial Action Coding System (FACS)*. 2nd ed. Edited by Paul Ekman and Erika Rosenberg. New York: Oxford University Press.

Newport, Frank. 2009, March 23. "Despite Recession, No Uptick in Americans' Religiosity." Gallup.com. Retrieved June 3, 2009 (http://www.gallup.com/poll/117040/Despite-Recession-No-Uptick-Americans-Religiosity.aspx).

Pew Forum on Religion & Public Life. 2009, April 19. "Faith in Flux: Changes in Religious Affiliation in the U.S." Retrieved May 21, 2009 (http://pewforum.org/docs/?DocID=409).

Pew Research Center. 2002. "Among Wealthy Nations . . . U.S. Stands Alone in Its Embrace of Religion." Retrieved May 23, 2006 (http://people-press.org/reports/display.php3 ?ReportID=1 67).

Venezia, Meaghan, Daniel S. Messinger, Danielle Thorp, and Peter Mundy.

2004. "The Development of Anticipatory Smiling." *Infancy* 6(3): 397-406.

Zinn, Howard. 2003. *A People's History of the United States, 1492-Present.* New York: HarperCollins.

第6章　偏差行為與社會運動

　　如果看到一個人，身穿及膝褲裝、頭戴假髮、吸著鼻菸，你會有什麼反應？會不會認為他行為有偏差？可能會！不過，吸鼻菸、戴假髮、穿著像馬褲般的及膝長褲，一度被認為是正常的。事實上，在殖民時期的美國，這麼做代表高社會地位。我們對偏差行為（deviant behavior）的認識，是由社會所建構，因此，也會隨著時間及社會而改變。

　　雖然像亂倫或濫殺無辜這類舉動，幾乎在所有社會都被視作偏差行為，但除此以外，多數被認作偏差的行為，卻因文化或時代而有所不同。什麼舉動構成偏差行為，也有情境因素；一些在正常時空下絕不可接受的行動，包括許多殘忍的暴力行動，在某些狀況下卻可視為正常且恰當。舉例來說，軍人在報告或回憶錄中常記載的一些行動，戰爭結束後看來毫無道理或不符公義，而戰時卻是可接受甚至必要的。本章將討論（1）如何定義偏差、（2）社會學三個主要理論及其他理論觀點如何看待偏差、（3）為什麼有些社會團體會被貼上偏差的標籤、（4）一些社會運動如何藉著「正常化」（normalizing）某種偏差行為而改變社會。

回想第四章的討論，文化規範是社會所建構出來對人們行為 -82-
的期待。社會規範包括：基本的行為舉止、規矩及禮節、各種法
律與條文、該社會獨特的文化與做事方法。身為社會成員，我們
經由社會化學到了什麼是合宜的行為。而指引我們行動的則包
括：觀察別人怎麼做、社會化媒介的教導、互動時他人對我們的
反應。

習俗（folkways）是經由**非正式的獎賞**（informal rewards）及**認
可**（sanctions）（像是他人的批准或不准）來執行的規範。例如，
我們會遵循習俗，幫忙隨自己身後進門的人扶住門，跟別人說話
時會等他說完而不插嘴，以及，與派對中碰到的陌生人交談。如
果違反這些習俗，可能會遭受別人厭惡的眼色，或被認為粗魯、
拙於交際、行徑怪異。不過，這類偏差行為極少造成嚴重的社交
後果，也絕不會違法。

民德（mores）則是與行為相關的另一層面的規範，它們反映
社會最珍惜的價值觀。良好的運動精神、遵守社會及法律的約
定、堅持只可做某些性行為，這些都是民德。違反這些規範，會
招致相當強烈的反應，且可能被控違法（許多民德是有法律支持
的）。例如，同事有困難時拒絕伸出援手、對男友或女友不忠、
公開宣稱自己為雙性戀，通常會受到強烈的負面反應（如在工作
環境被貼上「沒有團隊精神」的標籤、被朋友歸類為不值得信賴
又自私的人、被某些人視為性異常）。

禁忌（taboos）是最強而有力且不得違背的民德，代表最深植

我們心底的價值觀（不與血親發生性關係、只吃其他動物而不吃人肉）。亂倫（血親間發生性關係）幾乎在所有社會都是禁忌。同種相食（吃人肉）也廣被視為禁忌。做出這些行為的人，會被厭惡，也會受到社會上絕大多數人（即使不是所有人）的譴責。

法律（laws）是由立法人員制定的正式行為規範，並由刑事或民事司法系統正式認可與執行。法律指引人們該做什麼事（如駕駛在看到停止的手勢或標誌時要停車、國民要繳稅、父母須送子女去學校受教育），以及**不該**做什麼事（如強暴、搶劫、保險詐欺、持有及使用某些藥物）。違法者會被判處罰鍰、入獄、甚至死刑。

-83-

練習 6.1　非語言的認可

下次看到有人以非語言的方式表達不認可時（如露出厭惡的眼神、搖頭、其他代表不贊成的表情或動作），問自己下列問題：

1. 什麼規範被違犯了（也就是說，是怎樣的行為導致這人做出非語言的不認可反應）？
2. 違反規範的人對這個不認可有何反應？
3. 目睹打破規範的人與不認可這行為的人之間的互動，你自己有何反應？
4. 你認為自己為什麼有此反應？你的社會化過程對此有何影響？

練習 6.2 破壞習俗

我們常習慣性的遵循社會規範，而忘記自己**可以**有不同作法。社會學家葛芬柯（Garfinkel 1967）最負盛名的就是「破壞性」實驗（breaching experiments），亦即藉打破習俗以使它由習而不察中顯露出來。他曾要求學生像個寄宿者般住在父母家中、買東西時殺價與抬價、交談時對他人的每句話都提出問題。這些實驗讓學生透過挑戰社會互動的規範而使它們顯露出來。

按照下列步驟，在校園進行你自己的破壞性實驗：

1. 下次有人跟你打招呼、問候你好不好時，告訴他們你**真正的**狀況。切切實實花幾分鐘，完整描述你那段時間的感受。
2. 跟四個不同的人重複上列舉動。
3. 用 1–2 頁的報告描述：（1）這四個人對你的實驗有何反應？（2）進行實驗時你自己感覺如何？（3）你跟他們的關係，如何影響你們各自的反應？（4）透過這個實驗，你對互動的規範學到了什麼？

功能論與偏差

-84-

涂爾幹（1895/1982）建立了功能論對偏差的觀點。他主張：偏差行為及偏差行為者對社會其實有數種目的或功能。偏差的人

及行為，使社會中大多數人對規範更清楚、可以把社會中無偏差行為的人團結起來，甚至可能改變社會。

有時我們很難知道社會有那些規範，除非看見某人因違犯它們而受到懲罰。某些人因偏差行為而受罰時，這些規則對社會中的每個人都更明確且強化了。舉例來說，看到某人因超速被警察攔到路邊，會讓其他駕駛慢下來；觀察到同學因抄襲而受罰，也讓學生察覺剽竊他人文字或想法是不被接受且應受罰的行為。我們已知超速及抄襲是不對的，然而看到有人違背這些民德，提醒了我們遵循這些規則的重要性，且時常使我們（只因害怕受罰）會按照社會期望行動。

涂爾幹（1895/1982）認為，偏差也能讓社會成員團結在一起，當人們把偏差視為威脅，就會聚集起來懲罰及除掉有偏差的成員。人們經由團結創造出**社會資本**（social capital），也就是可彼此依賴以共同達成目標且彼此關聯的一群人。例如，1990 年代中葉，麻薩諸塞州布羅克頓（Brockton）聖派翠克（St. Patrick's）教區的居民，就緊密團結並組織起來，共同對抗教堂對街廢棄建築中的賣淫及販毒總部。以這些廢棄建築為中心的犯罪行動，讓教區居民上教堂時心生恐懼，並感到厭倦，而當教會神父至教堂做彌撒途中遭到一位妓女挑逗時，他們知道自己真該起身行動了。於是大家一起合作，強迫市府接收這些廢棄建築（以此來償還欠繳的稅款）、將之剷平、趕走那些在此從事偏差行為而使居民不敢上教堂的人。這個將偏差者及偏差行為驅離教堂附近地區的經

驗，使教區居民學習到團結起來則可互相依賴並形成強大的力量，因而緊密地結合在一起。

橋接型與凝聚型社會資本

聖派翠克教區的居民也與整個布羅克頓市的居民形成連結，並跟不同宗教組織的人一起，解決全布羅克頓市所面對的安全問題。藉此，他們呈現了所謂**橋接型**社會資本的力量。讓布羅克頓市各個不同宗教團體形成連結（橋樑），認識彼此並有效地一起工作（社會資本）。 -85-

社會資本常被看作好事，但當它的作用並非形成跨越不同團體間的橋樑，而是使某特定團體成員凝聚在一起，卻將非此團體的人區隔開來，這時就會造成負面影響。舉例而言，拜爾萊恩（Kraig Beyerlein）及希普（John Hipp）發現（2005），居民與「福音派新教」（evangelical Protestant）教會較有關聯的郡縣犯罪率高於居民與「主流派新教」（mainline Protestant）及天主教較有關聯的郡縣。福音派教會傾向製造**凝聚型**社會網絡，將成員團結起來，但使他們與大環境發生隔離；而主流派新教徒與天主教徒則傾向促成橋接型社會網絡，將自己與大環境中其他團體連結起來。這些橋接型網絡促使不同團體的成員團結在一起，發展出有效能的組織結構來對抗及預防犯罪行為。

偏差行為正面功能與社會資本重要性的另一個例證，就是美國人民對於 2005 年卡崔娜颶風重創所產生的反應。幾乎所有美國

人，對卡崔娜颶風風災的**立即**反應，就是有錢出錢、有力出力地
救災。個人，甚至整個城市（像是休士頓市），都張開雙臂接納
因颶風或潰堤而被迫遷離的同胞。然而，紐奧良地區（New
Orleans）以黑人為主的貧困者，與聯邦政府或有力遊說團體的連
結卻相當微弱，結果卡崔娜颶風的襲擊已經過數年，紐奧良的重
建工作仍未完成，並在未來面對颶風時仍岌岌可危。

社會控制與犯罪

　　紐奧良地區目前的狀況，清楚地說明社會控制影響了犯罪
率。根據**理性選擇**理論專家的觀點，人們是基於察覺到自己行為
的代價及利益，而決定是否要犯罪。若犯罪的懲罰相當明確且嚴
厲，而良好行為的獎勵卻是相對可靠又誘人，那麼犯罪率應該相
當低。但是因為給予好行為的獎勵極少，使得紐奧良的犯罪率極
高。學校系統殘敗不全，返回或留在災區的多是未受教育且無一
技之長的人，因此他們很難找到工作。同時，警察士氣低落（許
多仍住在拖車裡），並似乎無法有效遏止該市不斷攀升的犯罪及
謀殺率（Callebs and Marrapodi 2008）。由於經費欠缺，走進刑事司
法體系就有如走進一個「旋轉門」①，使得確實逮捕到案的罪犯通

-86-

---

① 譯註：「刑事司法體系」包括：警察、檢察、法院及監獄等四類機關。紐奧良因
　此系統功能不足，警察逮捕之嫌犯常未能及時起訴及定罪，故嫌犯進入司法體系
　時就如經過旋轉門般又重回社區。

常很快獲釋。因此，缺乏足夠的社會控制以降低犯罪率（Franks 2007）。

練習 6.3 種族、貧窮與卡崔娜

由 www.npr.org/templates/story/story.php?storyId=4829446 聆聽〈種族、貧窮與卡崔娜〉（Race, Poverty, and Katrina），然後以 2-3 頁的報告回答下列問題：

1. 為什麼在紐奧良是水「從錢流走」（water "flow away from money"）[②]？

2. 這麼多紐奧良的黑人居民住在受卡崔娜及潰堤摧毀最嚴重的地區，為什麼？

3. 思考第二章中韋伯對階級、地位、黨派關聯的論述。這些如何反映：（1）誰遭受卡崔娜災害最深、（2）聯邦政府為何缺乏保護及重建紐奧良的意願？

[②] 譯註：在此段訪談中，受訪之 Colten 教授提及有種說法是「水流向錢」（water flows towards money，意思是在缺水的地方，水不是往低處流而是流向有錢的地方），而在紐奧良則是洪水從有錢地區流走。

練習 6.4 你如何解釋作弊？

1. 你個人認為，為什麼你們學校有的學生會作弊？
2. 如何用理性選擇理論解釋校園中的作弊行為？你覺得理性選擇理論可否提供很好的解釋？為什麼？
3. 理性選擇理論是否忽略了某些重要的作弊因素？ 如果有，是什麼？你認為這些因素為何被忽略？
4. 基於問題 1 及 2 的回答，你建議如何消除你們校園中作弊情形？提供至少五個實際可行的建議。

衝突理論與偏差

-87-

　　回想第二章討論過的馬克思及其他衝突理論專家的主張：社會是由彼此爭權奪利的團體所構成。因此，規範及法律多是由社會中最有權勢者所制定，且是為了他們的權益而設計創造。馬克思堅稱，統治階級的成員（擁有物質生產工具者）盡其所能操控所有工具，包括形塑規範及法律，以保護自身的利益。因而，相較於有錢人或大企業，貧困者的行動更可能被貼上偏差及違法的標籤。

　　在《富者越富而貧者入獄》（*The Rich Get Richer and the Poor Get Prison*）一書中，芮曼（Jeffrey Reiman）用衝突理論觀點為論據，主張刑事司法體系有利於富者及大企業，卻對貧困者有負面成見。

他認為：企業所做的一些事，雖然在官方眼中並不「違法」，實際上卻較個人的違法行動對社會危害更深。舉例來說，工作場所不安全造成的傷害或死亡（如黑肺症、石棉引發之癌症、重複性動作傷害、煤礦坑坍塌）、不安全的醫療行為（如非必要的手術、不足的醫療照顧、藥物交互作用）、環境汙染（如香菸、化學及工業工廠排放的汙染）、對消費者安全方面監管不周（如有問題的輪胎、汙染的肉品）。這些作為所引發之傷害遠超過個人的違法行為，但司法體系卻較不重視，而那些大多由窮人或弱勢者犯下的罪行，則受到不成比例的嚴重懲處。

符號互動論與偏差

符號互動論者主張：人們經由與他人互動，學到究竟要遵照或偏離社會規範。並強調偏差是由社會建構，偏差行為是學來的。符號互動論觀點大傘下最著名的兩個偏差理論是差別接觸理論與標籤理論。

薩若蘭（Edwin Sutherland, 1947）提出的**差別接觸理論**（differential association theory）主張，偏差行為是因接觸並學習有此行為的人。人們往往把互動對象的行為當作自身行為的基礎。所以，成長於違反社會規範的家庭或長時間與破壞社會規範的朋友在一起，將更可能做出偏差行為。比方說，本書作者之一加入的「良師益友改變計畫」（Friends and Mentors for Change），針對

-88-

的是極可能無法完成高中學業的市中心青少年。作者初步研究結
果顯示，這些孩子在學校或家中面對不良環境，被負面的外力所
包圍，比投入「良師益友改變計畫」而身邊多是正面的楷模，做
出偏差行動的機率高出許多。

　　標籤理論（labeling theory）則是另一個關於偏差之符號互動論
觀點，關注的是「將人歸類為偏差者」這個現象。標籤理論奠基
者貝克（Howard Becker, 1963）主張，行為及個人只在被握有某些
社會權勢的人**標示**為偏差的時候，才會**變成**偏差。一旦被標示的
人接受了這樣的歸類，就會開始視自己為偏差者並做出與此相符
的行動。舉例而言，一位年輕女子被別人視為有藥癮時，就會受
到不濫用藥物的人排斥，並被貼上「毒蟲」（druggie）標籤，她
於是變得越來越向著「毒蟲」社會化，並做出人們認為她應該會
有的「毒蟲」行為。我們可在高中校園看到同樣的影響，被貼上
那些標籤使孩子成為校園中受排斥的人（如魯蛇、書呆子、腦
殘），他們就開始表現出這些標籤的特質，有時更造成暴力行
為。

給某些社會團體貼上偏差的標籤

　　如前面所述，偏差是項**社會建構**（social construction），也就
是說行為本身並無「正常」或「偏差」的分別，唯有社會把它定
義為「偏差」才是「偏差」的行為。不幸的是，將整個團體而非
特定行為定義或視作「偏差」，是很容易且常見的情形。比如

說，**種族貌相**（racial profiling）③，就是由人的外貌特徵認定其種族身分，再基於對這種族的刻板印象或偏見所作出具爭議性的執法方式，包括更仔細的盤查某些種族的人，或視某些種族的人有潛在危險。

　　新澤西州在 1990 年代成為全國種族貌相辯論的焦點。黑人駕駛抱怨自己被攔下來臨檢甚至搜查的機率，遠比其他種族或族群更高，且經常沒有任何理由，而一項獨立的調查亦証實這現象（Lamberth 1994）。甚至有個全新的用語：**黑人駕車**（Driving While Black）進入我們的通用辭彙，來描述這種不公平待遇。一系列的檢討行動隨之而來，包括在新澤西州參議會舉行的數場聽證會，最後建立了執法官員作業要點，其中指出：「任何執法人員均可能在判斷誰更有犯罪嫌疑時，無意識或下意識的成為種族或族群刻板印象的獵物」，並命令官員執法時，要針對人們的行為表現而非他們的種族或族群外觀，以努力改善這個現象（New Jersey Division of Criminal Justice 2009）。 -89-

　　警察及其他執法人員有許多可用來研判犯案者特徵的方法，大部分是針對行為方面。蘭德公司（Rand Corporation）在〈種族貌相：由毒品戰爭學到的教訓〉（Racial Profiling: Lessons From the Drug War）（Riley 2002）這份評論中，就批判種族貌相是無效的。

---

③ 譯註：亦有譯為「種族側寫」、「種族偵防」、「種族歸類」等，通常是指警察在執行臨檢、偵訊、逮捕、搜查等勤務時，以膚色及面貌為判定因素，亦即把種族因素（對種族之刻板印象或偏見）列入考量的做法。

這份報告倡議「策略側寫」（tactic profiling），針對行為而非身分。使用「策略側寫」的執法人員，會在執行隨機路邊臨檢或搜查時去找不懷疑某人有罪的理由，而非強調以某些人為特定目標。

偏差與組織起來達成變革

建構規範及區辨出偏差行為，有益於社會安康與維繫。否則我們必須於進入每個情境時，重新摸索該情境的基本規則。這會多沒效率及混亂！不過，社會規範的力量，通常會增強支配團體（有權勢者）的世界觀及利益，卻常壓制弱勢者、選擇偏離（即使是用無害的方式偏離）主流文化者的世界觀及利益。某個觀點一旦被飾以「事實」、「真理」或「正途」的美名，就很難去改變它了。通常，只有組織起來的協同努力，才能有效對抗這種社會力。而美國歷史上充滿這麼做的人——團結起來創造他們所要的社會變革。

除了指出偏差者可把非偏差者凝聚在一起，涂爾幹（1895/1982）同時主張偏差者能促成社會變革。他相信社會若不改變將停滯不前，而所有的社會變革均起於偏差。對社會弊多於利的法律一定要打破，且社會需要願意為此犯法的人。美國及世界歷史裡充滿了偏差者的事例，像是爭取權利平等的婦女、美國的革命者（在獨立戰爭勝利前）、民權領袖，抗爭結束及顛覆不

公正的法律或政府後，這些人成為英雄。舉例而言，黑人女子潔
特（Mildred Jeter）與白人男子羅文（Richard Loving）1958 年結婚
時，因為違反所在地維吉尼亞州（Virginia）禁止不同種族通婚的
法律而被認為是罪犯。但他們與不公正法律抗爭的結果，使最高
法院做出 1967 年羅文控訴維吉尼亞州案（Loving v. Virginia）之裁
決，宣布該法違憲，並造成美國不同種族通婚數量劇增。

-90-

　　人們組織起來以偏差行為進行社會改革的事例中，最著名的
可能就是美國民權運動。在此運動前，全美許多地區的種族隔離
法（segregation laws），禁止黑人與白人使用同樣的設施、喝相同
水源的水。「隔離但平等」法的施行，使黑人被分配到較差的學
校就讀；南方的「吉姆·克勞」法（"Jim Crow" laws）④ 之下，黑
人投票時備受騷擾，有些人遭到暴力傷害，其他人則遭到驅離而
不准他們投票。吉姆·克勞法同時設下各式各樣的規定，限制黑
人在工作場所、學校、住家、運輸系統、公園、公共游泳池及各
種商業機構的權益。任何違反這些法律的人都被視為偏差者，且
應受法律的懲處。經過數十年的奮鬥，民權運動在 1950 到 1960 年
代達到高峰，使反種族主義成為社會贊同的行動，而非偏差行
為。

　　拒絕讓座給白人而出名的帕克斯（Rosa Parks）並非違犯種族
隔離法而於 1955 年被捕的唯一黑人，但卻是將此類案件帶進最高

---

④ 譯註：泛指美國南方各州所實行之針對有色人種的種族隔離法律。

法院完美的「測試案例」（test case）。她為人沉著、值得尊敬，且完全準備好來面對罵名。帕克斯（1992）寫到：「人們總是說我是因為疲倦而不讓座，不對，我唯一感到疲倦的，就是厭倦於讓步。」她是「全美有色人種民權促進會」（National Association for the Advancement of Colored People, NAACP）蒙哥馬利分所選出的幹部，這個行動主義團體希望擬定最佳策略以挑戰法庭上以及民眾意識裡的種族隔離法。當天被捕完全是場意外，當有人要求她讓座時，她看到了機會，藉著讓自己被警察帶下車，她給這個已經開始的運動提供火種，挑戰使美國黑人淪為次等公民的法律。

「蒙哥馬利民權改進協會」（Montgomery Improvement Association）是由行動主義者組成的地方團體聯盟，包括數個教會組織在內，目標是用非激進或非威脅性的方式廢除公車的種族隔離制度。金恩博士（Dr. Martin Luther King, Jr.）這位與人為善且不具個人野心的年輕牧師，被選為這場運動的領袖。儘管面臨每天上班沒有公共交通工具可搭乘、走在路上遭汽車駕駛的威脅、受警告若每日不能準時上班要被解雇等艱困情況，蒙哥馬利市的貧苦黑人市民仍有效地組織起來，罷乘公車一年多。他們在法庭中贏得勝利之前，就已經促成全美重新檢驗黑人所受待遇。雖然非裔美國人仍照例面對實際上（de facto，意思是並非法律上而是現實環境中）的隔離、歧視、污辱，在破除那些支持或「正常化」這類行為的法律方面，蒙哥馬利公車罷乘事件仍有一筆功勞。

-91-

組織起來達成環境變革

今日，社會規範正面臨阻止全球暖化這個目標的挑戰。全美城鎮及校園中，盡全力節能及回收取代了啟動暖氣或空調以及丟棄垃圾的規範。而在得知自行駕車上下班比共乘及少開車對大氣層的傷害更嚴重時，人們開始關注社會對更多及更進步大眾運輸的需求。

雖然我們長期依賴燃煤，但因日益認識到燃煤副產物的毀滅性，使得吐出黑煙「典型的」燃煤工廠，成為企業與「美國環境保護署」（U.S. Environmental Protection Agency, EPA）犯了疏失罪的象徵，現在有許多人認為環保署失職，未善盡保護環境的責任。因聯邦政府之不作為而倍感受挫的十二個州，於 2008 年控告環保署違反「清淨空氣法」（Clean Air Act），因為該署未能設立標準限制新車排放溫室氣體。[1] 最高法院指示環保署必須管控溫室氣體排放。歐巴馬政府的環保署同意照辦，並宣布此種氣體排放「威脅現今及後世的公共健康與福利」（Woodside 2009）。

前副總統高爾（Al Gore）與聯合國「跨政府氣候變遷專家小組」（Intergovernmental Panel on Climate Change）成功透過努力，使世人注意到全球暖化將會帶來之環境、社會及政治上的災難，而得到 2007 年諾貝爾和平獎。藉由高爾及無數環境行動主義者、科學家的努力，愈來愈多美國人察覺到中國或印度這類新興國家的汙染影響不斷成長，而要求美國政府必須開始帶頭示範。美國

人民及政策制定者也更清楚美國「一定要更積極參與全球的努
-92- 力，並採行強而有效的全國政策」，以應付這個對美國及地球日
益加劇的威脅（Pew Center on Global Climate Change and the Pew
Center on the States 2009）。

練習 6.5 組織起來遏止氣候變遷

行動主義者（不論目標為何）若要讓自己的行動達成最佳效
果，重點是要能引發——而非打消——人們對這目標的興趣，
而這需要技巧。由下列網址：www.npr.org/ templates/player/
mediaPlayer.html?action=1&t=1&islist=false&id=17319623
&m=17319617 聆聽一段民意：〈不環保的罪惡感無法激發個人
的改變〉（Green Guilt Trips Won't Inspire Personal Change）。

這段談話讓你對下列問題有何了解：（1）為何有些人會對遏
止全球氣候變遷的社會運動失去興趣、（2）你可怎麼做來「引
發」人們對這運動的興趣、（3）如何處理全球氣候變遷最有
效？

練習 6.6 全球氣候變遷與汙染

全球氣候變遷是我們今日面對的一項主要社會問題。近來中國超越美國，成為領先的溫室氣體製造者（Oster 2009）。由www.nytimes.com/2007/08/26/world/asia/26china.html?pagewanted=print 閱讀卡恩（Joseph Kahn）與雅德利（Jim Yardley）所撰〈隨著中國崛起，汙染到了要命的程度〉（As China Roars, Pollution Reaches Deadly Extremes）。

現在，至 http://visibleearth.nasa.gov/view_rec.php?id=19687 觀看有關中國製造的污染如何往東擴散到全球的照片（點選照片右側之 JPEG 連結以放大圖示）。

完成上列事項後，回答以下問題。

1. 根據卡恩及雅德利的文章，中國汙染劇增背後作用的是哪些社會力？

2. 為什麼有些中國領導人會害怕強調「環保的重要性高於經濟發展」？

3. 至目前為止，美國及其他西方國家在（1）全球暖化、（2）來自中國的汙染這兩方面，扮演了什麼角色？

4. 如果你是美國總統，會採取哪些步驟解決來自中國的汙染與全球暖化問題？

練習 6.7 你的生態足跡為何？

　　至下列網站：http://www.myfootprint.org/計算你的生態足跡及你對全球氣候變遷有多大影響。

1. 描述你的生態足跡。

2. 你是否對自己的發現感到驚訝？為什麼？

3. 上「守望地球」（Earthwatch）網站：www.earthwatch.org，點選你所在的地區，再點選「get involved」。你將如何與他人共同努力運用社會資本，連結（1）你們校園中不同團體、（2）學校周圍社區中不同團體、（3）你們校園與社區，以共同應付全球氣候變遷問題？

練習 6.8 午餐櫃檯靜坐及其他非暴力抗爭

　　在民權運動時，「霸佔午餐櫃檯」是一種較激烈的抗爭。行動過程中，黑人坐在白人專用的餐檯座位並拒絕離開。他們在許多這樣的靜坐過程中，受到白人顧客的嘲笑、拿食物丟他們、威脅他們，直到警察到來並將這些抗爭者拖離餐檯。

　　使用圖書館之電子資料庫（例如 JSTOR 或綜合學科電子期刊全文及摘要資料庫〔Academic Search Premier database〕），找出三份關注民權運動時期午餐櫃檯靜坐行動的文章。同時觀看《專注於理想》（*Eyes on the Prize*）這部紀錄片的第一段，其中有靜坐行動的報導（你們學校圖書館應該有此紀錄片）。然後，

用 2–3 頁的報告，論述下列問題：

1. 既然知道餐廳不可能接受他們點餐，這些抗爭者的目的是希望得到什麼？想改變法律？民意？還是商家的營業方針？

2. 你認為他們的策略成功了嗎？非暴力抗爭的好處及優點為何？有什麼缺點及限制呢？

3. 想想當今大眾對美國黑人的觀點及你學到的社會運動知識，（1）現在的美國黑人可用哪些公共行動，使人們注意到他們遭受的歧視？（2）你自己可採取哪些行動來幫助消除種族歧視？繳交此份書面報告時一併附上你的完整參考書目。

-94-

練習 6.9　研究社會運動

過去五十年來，美國已有許多社會運動（為達成社會、文化及法律變革等目標的組織型活動），並獲得不同程度的勝利。文化上被稱為「六〇年代」的時期（大概是 1963–1973 年間）所興起的社會運動有第二波女權運動（women's movement）[2]、美國印第安人運動（American Indian Movement）、「霸佔午餐櫃檯」（lunch counter sit-in）、褐色權力（Brown Power）運動（拉美裔）、反戰（越戰）運動、紓解貧窮及公平住宅作業運動、同志權利、環境權利、動物權益、國際學生／青年運動等。

選擇一項前述運動，利用關鍵字詞，比方「美國印第安人運動」、或「組織、成功、失敗、媒體報導」及「目標」等，於

圖書館的資料庫中找到文獻，然後回答下列問題：

1. 你選擇的那場運動以何為目標？

2. 這個運動如何組織而成？如何運作？媒體如何看待它？你認為他們的組織方式及媒體所作的描繪如何影響它的目標達成能力？

3. 想像你受聘為推廣這運動及提供建議的顧問，你會如何做或給予什麼建議助它達成目標？你提議的計劃必需扼要、具體且具策略性。

-95-

練習 6.10 校園行動主義之今昔

1960 年代最著名的是學生行動主義及學生組織。這些學生是誰？他們倡議些什麼？當時的新聞媒體如何描繪他們？今日的媒體及歷史教科書又如何描繪他們？撰寫 3–4 頁的文章，回答這些問題並描述你由下列步驟閱讀資料後的反應：

1. 查閱圖書館的報紙資料庫。

2. 選擇一份可提供 1963–1973 年間報導的本地或全國性報紙。

3. 瀏覽 1963–1973 年間的報導，直到你找到（並複印）至少十則校園中學生行動主義的相關報導。

4. 注意每則報導（1）是否提及學生的訴求？（2）是否報導學生為什麼有這樣的訴求？（3）對學生的行動是站在支持、中

性或反對的立場？（4）每項你確知其目標的學生行動，目標達成了嗎？改變社會了嗎？

5. 能想像六〇年代那種學生行動主義發生在你目前校園嗎？如果會，他們與你所閱讀到的六〇年代抗爭者目標會類似還是不同？如果你認為這些不會發生在今日校園中，解釋為什麼不會？是否有其他形態的抗爭取代它們？學生是否變得較不可能進行抗爭了，如果是，為什麼？

練習 6.11　組織起來對付飢餓

1. 聆聽 NPR 報導〈飢餓在美國〉（Hunger in America，網址：www.npr.org/templates/story/story.php?storyId=5023829）（一定要聽完這三段的所有報導）。

2. 瀏覽下列網站之一：「終止飢餓」（End Hunger Network，www.endhunger.com）、「為什麼」（WHY，http://www.whyhunger.org/）、「餵養美國」（Feeding America，http://feedingamerica.org/default.aspx?SHOW_SHOV=1）。找出 5–10 項關於美國國內飢餓狀況的實情，然後利用這些資料，製作一份可在你們學校自助餐廳發放的宣傳單。

3. 在用餐時間帶著這份宣傳單到學校的自助餐廳。

4. 跟你不認識的學生坐在一起，發送宣傳單給他們，並讓他們共同談論美國的飢餓狀況。然後，詢問他們是否願意加入你

-96-

的行列，共同尋求一個方法，協助你們周遭還在挨餓的人。
切記要在宣傳單上列出你的聯絡方法及報名表，有興趣的人
才可給你他們姓名及聯絡方法等資料。

5. 安排一場會議，並由電子郵件發出會議通知，然後，與參加
者在會議中擬定一項計畫來協助本地處於飢餓狀況的人。若
需要知道如何進行會議的秘訣，可由網路資料 http://assets.
filemobile.com/15/get-involved/resources/Campus%20in%
20Action%20Toolkit.pdf 第四頁中找到。

6. 一旦計劃擬好後，付諸行動。

7. 寫封信或文章給你們校園報紙的編輯，呈現（1）你如何組成
這團體、（2）你們努力的成果、（3）一般來說，學生可做
哪些事情以協助處理「飢餓」問題（基於你由這些「飢餓」
相關網站學到的知識）。

行動中的學生社會學家：摩倫（ANTHONY MORAN）及里克特（MIKE RICHTER）

下面的敘述中，摩倫及里克特描述他們如何利用社會學工
具，組成一個社會運動組織，造成自己學校及周圍社區的正向
衝擊。

房客也是人

我們於 2008 年秋季開始修習南伊利諾大學（Southern Illinois

University）班福德（Robert Benford）教授之「社會運動」課程。這項課程要求我們找出自己可實際改善的社會不公。我們最後決定，學校所在地伊利諾州卡本戴爾（Carbondale）地區最不公不義的事，是房客遭受的不良住宿品質及不公平待遇。為此，我們組成「房客也是人」（Tenants Are People Too, TAPT）這個社會運動組織，使命為：「教育房客，並讓他們有能力為改善住宿狀況與獲得及時修繕努力。」

班上同學把自己分成五個小組，包括：歷史、教育、人員招募、公關／媒體、政策／申訴組。歷史組研究以前國內曾發生的房客運動，且格外注意發生於南伊利諾州地區的運動。教育組聚焦在當地社區及 TAPT 成員，教育他們房客有哪些權益。這項教育過程包含：研究卡本戴爾市現行法律及住宅法規、設計及進行房客問卷調查、製作手冊教導社區民眾有關卡本戴爾市住宅問題相關資訊。

人員招募組的工作，包括招募學生加入 TAPT、招募其他正式登記的學生組織及校外組織組成聯盟。我們與「學生法律服務處」（Students' Legal Assistance Office, SLAO），及其律師結成聯盟，這位律師處理房客／房東爭議的經驗超過十八年。公關／媒體組在本地報紙上得到一個專欄版面，並接受本地廣播節目多次訪談。這小組並為 TAPA 建立電子園地，讓人們可加入這團體並參與此運動的計劃及推動。最後，政策組負責找出確實做法，以處理房客與房東間的問題及相關議題。我們發現，經由將工作區分成小部分，更能有效進行各項必要的基礎步驟，

-97-

以解決我們試圖遏止的不公正現象。

所有的社會運動都會遭到挑戰及困難，TAPT 也不例外。舉例來說，動員現有成員及學生共同達成某個目標，一直是我們最大的挑戰。我們尚不了解，為什麼激發委託人來讓房東為自己疏失負責這件事，會比組成這項運動當時想像的還要吃力。我們認為，由於學生房客的漠然態度，有時會使某些策略的推動倍加艱難。這讓我們了解到，能有更多成員及委託人加入的首要工作，是讓房客知道自己應有的權利。

雖然這運動遭遇到困難，我們仍設法讓工作有進展。在這一學期的課程中，TAPA 登記為正式學生組織並定期開會，且組成一個公開論壇讓社區有發聲機會，以表達自己與那些惡房東的故事。同時，TAPT 與 SLAO 合作，共同向準房客解釋租約簽訂前需考慮的事項。TAPT 也與市府官員互動，關注卡本戴爾未來住宅狀況並給予意見。TAPT 雖然只活動不到一學年，但我們已達成相當的進展。

TAPT 的未來讓人鼓舞。雖然因為畢業而失去幾位成員，我們仍設法使它成為一個永續性組織。未來展望包括加強與 SLAO 的合作，以教導學生了解租約內容之重要性，還有哪些房東在出租房子時會偷雞摸狗。我們也繼續與市府合作，確保殘破及閒置的房屋受到妥善處理，且學生、房東及市府均需為卡本戴爾健康的生活環境負責。直接行動亦將成為焦點，因為我們已花費整年時間，對於像是哪個房東最有問題或最疏於負責這類最常見的事情，有了充分認識。

TAPT 的成員在彼此凝聚及同樂時，也一直設法讓自己活躍在社區裡的社交活動。我們舉辦募款活動，參加烹飪比賽，並繼續社交聚會以維持關係。卡本戴爾由 TAPT 的續存及工作獲益良多，如果我們能完成目標，將會有更大的改善。我們有信心，那些處境最艱困的民眾，例如低收入者或有色人種，將會擁抱這個對抗制度不公的機會。成立 TAPT 同時教導我們，可以運用社會學工具對社會造成正面影響。TAPT 顯示，發動一場社會運動，是將社會學付諸行動的絕佳例證。

★問題討論

1. 你最近一次違背的規範為何？回想一下你最近違反習俗（而非民德）的時候。當時旁邊的人有何反應？你對這些反應的感覺為何？這些反應是否影響你將來違反這項習俗的意願？

2. 理性選擇理論家會如何解釋你違反這習俗的原因？你同意嗎？為什麼？

3. 你曾違犯某個你認為不公正的規定或法律嗎？你為什麼這麼做？是跟別人共同組織起來做這個「偏差」行為，還是自己單獨做？造成什麼回應？你的行動是否造成任何長遠的社會改變？為什麼？

4. 指引你課堂行為的規範有哪些？你認為哪些是學生在課堂所作的偏差行為？學生違反課堂規範時會受到何種懲處？

-99-　5. 你認為哪些是美國社會中威脅最大的犯罪？你覺得刑事司法體系是否有效解決這些犯罪？為什麼？

6. 你是否發現任何法律條文不符合公平正義，或者有哪些法律的制裁太重、太嚴苛或過時？如果沒有，為什麼？若有，是哪些？你認為這些不符公平正義的法律／制裁為什麼會存在？它們反映什麼（或誰的）價值觀？關於美國社會的權力關係，這些法律／制裁教了你些什麼？

7. 你認為生活中若沒了規範會如何？這情形可能發生嗎？為什麼？

8. 涂爾幹認為偏差對社會有正面的功能，想一些支持他觀點的事例。再想想偏差可能對社會造成的負面影響，哪些情況下偏差最可能對社會造成（1）正面或（2）負面影響？

9. 想想你的社會資本，是凝聚型還是橋接型——將你與社會中其他團體隔離出來還是連結起來。在你校園中有哪些形成（1）凝聚型或（2）橋接型社會資本團體的例子？

10. 你是否盡可能地節約能源及資源回收？如果是，為什麼？如果不是，如何可說服你這麼做？

11. 回想顧里的**鏡我**。你認為你的大學同學會覺得你是個會（1）參與、（2）領導校園中某個抗爭行動的人嗎？你的高中同學對這問題會有相同答案嗎？為什麼？

★特定行動建議

1. 閱讀吉利斯（Ed Gillis）替「歐德莎綠色專案」（Otesha
   Project）組織所撰〈讓世界更永續的 101 種方法〉（101 Ways for
   a More Sustainable World），網址：http://www.otesha.ca/resources/
   issues/101+ways。然後由 http://seac.org/進入「學生環境行動聯
   盟」（Student Environmental Action Coalition）網站。利用這些資
   料引導你於校園中組織一項團體行動。開始這項方案前，一定
   要先取得指導教師的同意。可以是項地方性或全國性、教育性
   或政治性行動。要針對你的方案寫日誌，記錄方案進行的結
   果、他人的反應、你從中學到的事項。

2. 找出某項你支持的議題（可考慮下列運動：促進公平交易產
   品、降低墮胎數目、為美國同性戀者爭得平等權利、創造全面
   性健康照顧計畫……等）。再找到一個為此議題努力的校園組
   織或地方組織。

   （1）參加這個組織的會議及活動。

   （2）寫封信給學校報紙，對同學說明這個團體所關注的議題、
        此議題對學生有何影響、這團體用什麼方法來改變人們對
        此項議題的意見及感受、同學為什麼該加入這個組織。

   　　請由下列網址 www.pineforge.com/korgen3e 進入本書網站，以
   找到更多公民參與的機會、資源以及經過同儕審查的文獻、與本
   章相關的網站連結最新資訊。

註釋

1. 你可由 http://www.pewclimate.org/docUploads/Mass-v-EPA-Petition. pdf 閱讀到這些州提出之訴狀。

2. 第一波女權運動起於 1848 年，而止於 1920 年第十九號憲法修正 案通過時。

參考書目

Becker, Howard. 1963. *Outsiders: Studies in the Sociology of Deviance.* New York: Free Press.

Beyerlein, Kraig and John R. Hipp. 2005. "Social Capital: Too Much of a Good Thing?" *Social Forces* 84, 2: 993-1013.

Callebs, Sean and Eric Marrapodi. 2008, January 30. "New Orleans Cop Shot to Death With Her Own Gun." CNN.com. Retrieved March 26, 2009 (http://www.cnn.com/2008/CRIME/01/29/cop.shot/index. html#cnnSTCText).

Durkheim, Émile. [1895] 1982. *The Rules of the Sociological Method.* Edited by Steven Lukes; translated by W. D. Halls. New York: Free Press.

Franks, Jeff. 2007. "Crime Turning New Orleans Into Big Uneasy." Reuters AlertNet. Retrieved February 19, 2008 (http://www.alertnet.org/ thenews/newsdesk/N19404375.htm).

Garfinkel, Harold. 1967. *Studies in Ethnomethodology.* Englewood Cliffs, NJ: Prentice Hall.

Lamberth, John. 1994. *Revised Statistical Analysis of the Incidence of Police Stops and Arrests of Black Drivers/Travelers on the New Jersey Turnpike Between Interchanges 1 and 3 From the Years 1988 Through 1991.* Unpublished manuscript. Department of Psychology, Temple University, Philadelphia. Retrieved January 11, 2006 (http://www.lamberthconsulting.com/downloads/new_jersey_ study_report.pdf).

New Jersey Division of Criminal Justice. 2009. "Eradicating Racial Profiling Companion Guide." Retrieved September 23, 2009 (http://www.state.nj.us/lps/dcj/agguide/directives/racial-profiling/pdfs/ripcompanion-guide.pdf).

Oster, Shai. 2009, April 21. "Group Urges Beijing to Cut Coal Emissions." *The Wall Street Journal.* Retrieved May 27, 2009 (http://online.wsj.com/article/SB124021811385234435.html).

Parks, Rosa (with Jim Haskins). 1992. *Rosa Parks: My Story.* New York: Dial Books.

Pew Center on Global Climate Change and the Pew Center on the States. 2009. "Climate Change 101: Understanding and Responding to Global Climate Change." Retrieved March 26, 2009 (http://www.pewclimate.org/global-warming-basics/climate_change_101).

Reiman, Jeffrey. 2003. *The Rich Get Richer and the Poor Get Prison: Ideology, Class, and Criminal Justice.* 7th ed. Boston: Allyn & Bacon.

Riley, K. Jack. 2002, Summer. "Racial Profiling: Lessons From the Drug

War." *Rand Review* 26(2). Retrieved January 11, 2006 (http://www.
rand.org/publications/randreview/issues/rr.08.02/profiling.html).

Sutherland, Edwin H. 1947. *Principles of Criminology*. 4th ed. Philadelphia: J. B.
Lippincott.

Woodside, Christine. (2009, May 19). "Was an 'Historic' EPA Ruling on
GHGs Reflected by Historically Good Coverage?" The Yale Forum
on Climate Change and the Media. Retrieved May 26, 2009 (http://
www.yaleclimatemediaforum .org/2009/05/epa-ruling-on-ghgs).

第7章　有錢未必獲勝

階層化與社會階級

　錢、錢、錢……這是個有錢人的世界。[1]

　　你是否贊同 ABBA 合唱團這首歌的歌詞？是否認為「這是個有錢人的世界」？本章將要檢驗**社會階層化**（social stratification）──社會如何分配大眾覺得有價值的東西、如何按照人取得這些有價值事物的能力來歸類他們地位的高低。雖然有些社會可能較其他社會更珍視某些東西（例如：隱私、茶或咖啡、某些香料……等），但幾乎全世界的人都賦予金錢很高的價值。

　　美國人對金錢的慾望，加上政府疏於金融監管，導致 2008 年秋天開始嚴重的不景氣，造成國內及全球市場危機。當屋主無法負擔房貸而不得不違約時，數千億與房屋抵押貸款有關的投資出現問題。這些所謂次級房貸的債權人，因為可以從中獲利的高層施壓而承接這些貸款，並迅即將這些房貸分割成一個個小單位，

再出售給其他公司。保險公司（如 AIG）為發行次級房貸債券的
公司（如貝爾斯登及雷曼兄弟）提供貸款擔保，但當這些貸款成
為壞帳時，手上沒有足夠現金付款給這些高槓桿操作的投資公司
（也就是說他們開出之借據金額，遠高於手中可支付之現金）。 -103-
同一時間，像穆迪（Moody）及標準普爾（Standard and Poor's）等
信用評等機構，卻給這些證券公司很高的信用分數（這些證券發
行公司付錢給信評機構做出信評），而未能警告投資者這些證券
公司可能失敗的真正機率。結果，當金融體系開始瓦解，投資人
手中只剩下幾乎一文不值的股票，金融機構則宣布破產（如貝爾
斯登及雷曼兄弟）或需要政府鉅額紓困才免於倒閉。

　　由於上述事件，股市遭逢經濟大蕭條以來最嚴重的跌幅。退
休人員失去賴以維持生計的金錢。許多依賴利息及投資孳生股息
維持營運的機構（如國家退休基金、慈善機構、大學、美術館、
獎助金基金會），因為收入驟減，只得停止服務或解雇員工。此
外，許多借貸機構因為不知自己帳上還有多少呆帳，拒絕再放
款，依賴貸款維持營運的公司只好裁員。2008 年 4 月到 2009 年 8
月，美國的失業率由 5%上升到 9.7%（Bureau of Labor Statistics
[BLS] 2009b, 2009c）。當私人機構的工作開始流失，國家稅收跟著
直線下降，政府的服務（及工作）也隨之減少。那些有工作時可
輕易繳交房屋貸款的屋主，也因失業而開始違約。截至 2009 年第
一季，估計有 12%屋主拖欠房貸，或被迫放棄贖回抵押之房屋的
權利（foreclosure）（Associated Press 2009）。這影響整個市場，消

費者失去信心，停止消費或大幅減少支出；結果，製造商及零售業銷售慘淡，2008 年聖誕季所公布的零售銷售數目，是 30 年來最糟的一次（"Credit Crisis – The Essentials" 2009）。

美國的信貸危機迅速擴及全球：歐洲及亞洲市場猛跌，冰島宣布破產且政府換人，其他許多國家亦面臨失業率上升、飢餓、政治動盪等問題。西班牙的失業率在 2009 年 4 月高達 17.4%（Burnett 2009）！同個月，國際貨幣基金（International Monetary Fund, IMF）宣稱，全球經濟陷入 1945 年二次世界大戰末以來最糟的境地（Knowlton 2009）。

撰寫本文時，歐巴馬政府及其他國家領袖努力刺激全球經濟似乎產生一些正面效果。然而，大部分經濟學家預測，失業率仍會持續上升數個月，經濟復甦將很緩慢。未來幾年，甚至幾個世代，我們將為最近這次放縱的資本主義事件付出代價。

-104-　　但是從美國目前階層化體系形塑的方式來看，這波不景氣並非例外；事實上，這情形是過去數十年趨勢的延伸。此次經濟不景氣前，美國最有錢的 1%家庭所擁有財富，較財產位於財富比 90%以下所有家庭的財富**全部**加起來還多！從 1929 年經濟大蕭條發生前至今，收入及財富從未如此不平等。富人（最有錢的那 1%）分配到的收入巨幅增加，由 1980 年的 8%上升到 2006 年的 22.1%。但同一時間，這些有錢家庭的聯邦稅款負擔，則由 1980 年的 44.4%**下降**到撰寫本文時的 30.4%。最終結果是收入最高的 1%，稅後所得為 1980 年的兩倍，而窮人的實際收入則讓他們變得

更窮（Piketty and Saez 2007; Prante 2009）。現在，由於股價下跌造成收入最高者的財富隨之縮水，美國最有錢與最貧窮者之間的差異減少了一些；但因所有階級均受不景氣的影響，階級之間的不平等程度仍高。

雖然手上的錢較股市下跌前少很多，收入前 1%的人還是十分富有。大部分中產階級不是薪水凍結或減薪，就是擔心這種狀況即將發生或自己將被解雇。（本書作者之一左右兩邊的鄰居，就已因不景氣而失業；而她也被迫放七天的無薪假。）然而，受不景氣打擊最重的人，是最弱勢的勞工；這些「貧窮的工作者」（working poor）是遭到裁員及工作時數削減最多的人。就如東北大學（Northeastern University）勞動力市場研究中心（Center for Labor Market Studies）主任安德魯‧森（Andrew M. Sum）所言：「經濟下滑的大輸家是低收入者」（引自 Eckholm 2008）。別說是遭到解雇，就是每週減少幾小時的工時，對這些靠低薪勉強維持生計的勞工來說，都是無法承受的災難。

社會階層化理論

古典理論

社會學家公認，本書所討論到的三個社會學主要理論（功能論、衝突論及符號互動論），衝突論最適用於檢驗社會階層化。馬克思及韋伯這兩位衝突論的奠基者，為階層化提供了兩個最重

要的古典理論。馬克思的所有著作及韋伯大部分的著作，都聚焦在檢驗及解釋社會不平等。

-105- 你可能記得前面章節討論過，馬克思盡其一生都在檢驗權力分配如何不公，還有我們可以怎麼改變社會而擁有公平的分配過程。他在大部分著作裡主張，社會中只有兩個階級：擁有生產工具的人（資產所有人，或「資產階級」〔bourgeoisie〕），以及為他們工作的人（工人，或「無產階級」〔proletariat〕）。馬克思相信，工人會逐漸體認到他們與資產階級的利益對立（在此過程中，所有工人均會形成一個「階級意識」），而最後工人終將打倒資產階級。

比馬克思約晚一個世代的韋伯，將馬克思的思想再加以擴展（見 Weber 1968）。馬克思主張，「社會權力」與「生產工具所有權」（那些擁有產業的人）之間有直接的關係；韋伯則認為，具備有用技能而非生產工具的人，同樣也能擁有某些權力。他在馬克思的雙層階級體系中加入第三個階級，亦即把非資產所有人這個階級再細分，成為「中產階級」（middle class）（那些因知識而有技能的人）及「勞工階級」（working class）（那些勞力工作者）。韋伯所預測的事實是，社會變得更複雜、技術更進步時，會更需要中產階級的智能而非勞工階級的勞力；因此，相較於勞工階級，中產階級將會得到更高薪酬且有更多管道得到社會所重視的事物（更好的學校、鄰里、住宅）。但韋伯不像馬克思，他並不展望有一個階級會團結起來消滅資產階級。

當代理論

今日，由古典衝突理論觀點衍生出來的**權力菁英理論**（power elite theories），成為研究經濟及政治權力方面的主流觀點。這類理論主張，許多人因為感到與政治脫節而不願參與政治事務。權力菁英理論家，像米爾斯（Mills 1956/1970）及多姆霍夫（Domhoff 1983, 1967/2005）指出，一小群有組織的人把持著社會中主要機構的關鍵位置，並持續（且完全成功地）努力維護自身權力。米爾斯認為，軍方、企業（供給軍方軍需用品，及協助提供公職候選人競選經費）、政府（選擇由哪些企業供應軍方軍需品）這三方，重要人物之間存在著關聯。多姆霍夫則更進一步主張，有一個「統治階級」（ruling class），由企業、政治及政策規劃這個網絡中相互關聯的領導者組成，是他們在「統治」美國。

練習 7.1 經濟不景氣及美國之階層化

-106-

由 http://topics.nytimes.com/top/reference/timestopics/subjects/c/credit_crisis/index.html? scp=1-spot&sq=credit%20crisis&st=cse 進入《紐約時報》（*New York Times*）之「信用危機——基本資訊」（Credit Crisis-The Essentials）網站。

閱讀「最新發展」（Latest Developments）項目下三篇文章，並將其內容與本章知識相連結。一定要描述這些文章的資訊如何助你更了解（1）經濟不景氣、（2）美國之階層化。

社會階級

你屬於哪個社會階級？先別急著回答，我們可以猜到你的答案（並有 95%以上的把握猜對）！美國人被調查到這個題目，幾乎所有人都會說自己是中產階級。不過，大部分人並不了解社會階級在社會科學的真諦。

根據社會科學家（那些專業地測量「階級」的人）的看法，同一社會階級的人，有相當均等的管道取得自己社會所重視的東西（如金錢、權力、好的學校、優質的鄰里……等），並有相同的生活方式。一旦理解，人們通常就可辨識出，美國這個幾乎人人給自己貼上「中產階級」標籤的社會中，其實隱藏著許多差異。舉例來說，當高階經理人及銷售人員都說自己是中產階級，我們就能馬上清楚看出，這兩種人並沒有類似的生活方式，也沒有相同管道來取得美國社會所重視的東西。前面所提甚至尚未觸及你對這個問題的答案，「你屬於哪個社會階級？」這問題的答案，很可能代表你覺得自己**在美國**所屬的階級，而非在全球經濟體系中的階級。然而在全球經濟體系中，美國人有一半以上被視為「上層階級」。

因為社會學家知道美國人被問到階級屬性時，就會直接填入「中產階級」，大部分社會科學家在測量研究對象的社會階級時，都改為調查他們的收入、教育程度、職業。不過，這樣還是保有一些錯誤的空間[2]。一般而言，真正的美國中產階級大多數是

受過大學教育、從事固定薪資的專業工作（而非按時數計酬的工作）、收入在薪資百分比中位數上下一定範圍內。有時，社會科學家會將中產階級再分成兩群：「中產階級」（白領工作者）、「勞工階級」（藍領勞工及粉領勞工[3]）。藍領及粉領階級的工作，通常不需那麼高的學歷，同時薪酬也較白領階級低[4]。白領工作往往要求大學畢業。 -107-

大學學歷的重要性絕非誇大。希望擠身中產階級以上的人，至少須符合下列一項條件：（1）教育程度高、（2）跟有權有勢者有關係、（3）得到豐厚的家族遺產。一個人必須生來好命，才可滿足第三項條件（有家傳的財富）；而第二項條件（跟當權者有關係）也需要一定程度的好運，你需要有管道接觸到有權有勢者，才能跟他們建立關係；擁有高學歷，雖然越來越貴，且只開放給有相當聰明才智的人，但對大多數美國人來說，仍是通往中產階級最好走的路。根據勞動統計局（Bureau of Labor Statistics）的資料（2009c），2007 年時只有 1.3%具大學學位者屬於「貧窮的工作者」，而學歷在高中畢業以下的人有 16.5%的人工作所得無法讓他們脫離貧困。

性別及種族也與社會階級有關。簡單來說，男性及白人最有利。女性為戶長的家庭生活貧困的機率是男性為戶長家庭的兩倍以上（U.S. Bureau of the Census 2009a）。2007 年，估計有 12.5%美國人生活於貧困中（U.S. Bureau of the Census 2009b）。貧窮也因種族而有很大的差異，2007 年生活貧困的人數比例，白種人中有

8.2%、黑人中有 24.5%、亞裔美國人中有 10.2%、而西班牙裔美國人中則為 21.5%（U.S. Bureau of the Census 2009b）。近來的次級房貸危機，對最可能背房貸的弱勢族群，產生更嚴重的衝擊，且加大了美國男性白人，與黑人、女性、西班牙裔 / 拉美裔美國人間的財富差距。我們將於第 8 章及第 9 章討論更多性別及種族與階級的關係。

練習 7.2　誰是有錢人

回答以下問題：

1. 你需要賺多少錢才能變有錢人？你為什麼這麼想？

2. 現在，由 www.ctj.org/pdf/whosrich.pdf 網頁閱讀〈誰是有錢人〉（Who's Rich?）一文。由此文中學得的資訊，是否改變了你對「需要賺多少錢才能變有錢人」的想法？為什麼有或沒有？基於此文，你認為人們為什麼往往高估美國有錢人的人數？

練習 7.3　社會階級與你

本章進行至此，你可能正在思考自己屬於何種社會階層，以及如何成為這階層的人。想想家庭、教育、職業這些社會制度如何相互關聯，然後回答下列問題：

1. 你雙親的最高學歷各是什麼？

2. 你是否是由雙親共同扶養長大？若不是，誰扶養你成人？

3. 在你成長階段，家中經濟支柱的職業為何？

4. 在你一生中，曾否歸屬於不同社會階級？如果有，為什麼？
   如果沒有，是什麼原因？

5. 你認為問題 1–3 的情況，對你現在的社會階級有何影響？

社會階級與政治上的代表性

投票率亦與社會階級強烈相關。簡單來說，窮人與勞工階級較中產階級與富人的投票率低很多。雖然階級差距是美國選舉一向呈現的特色，但現在這階級差距成了深淵；收入級階底層的人，投票率是頂層者的一半（Patterson 2004a: 14）；儘管 2008 年總統大選時，拉美裔美國人投票率確實增加了些，且美國黑人與白人種族間投票率差距變小，這項趨勢仍未改變（McDonald 2009）。許多窮困的美國人，因未見到政治人物論及自己關注的議題，而覺得去做選民登記及投票沒有用，不需自找麻煩；有些則是為了設法賺錢繳房租及買食物已焦頭爛額，沒有多餘的時間與精力顧及當前議題或去投票。至於具有美國國民身分的遊民（homeless Americans），因為缺乏居住地點證明，行使投票權時則面臨更多困難。

練習 7.4　環境上的種族歧視與階級歧視

窮苦公民缺乏政治力量，使他們成為吸引環境廢棄物及汙染的標的。在美國，弱勢者聚集的窮困地區，受環境汙染的程度往往比繁榮地區高很多。

-109-

閱讀〈空氣中的正義〉（Justice in the Air）網址：http://www.peri.umass.edu/fileadmin/pdf/dpe/ctip/justice_in_the_air.pdf，及〈南部各州廢物傾倒狀況：田納西河谷管理局將有毒煤灰送到喬治亞州及阿拉巴馬州的窮困黑人社區〉（Dumping in Dixie: TVA Sends Toxic Coal Ash to Poor Black Communities in Georgia and Alabama）網址：http: //www.southernstudies.org/2009/05/dumping-in-dixie-tva-sends-toxic-coal-ash-to-poor- black-communities-in-georgia-and-alabama.h。

運用這兩篇文章的資訊，用 2–3 頁的報告描述你將如何說服同學：環境上的種族歧視與階級歧視（1）正在發生、（2）他們應該關心、（3）是組織健全的學生團體可以成功處理的一項議題。

練習 7.5　救濟站與美國的飢餓問題

至某個本地救濟站，擔任一次供餐時段的志工。你們學校的校園活動組（Campus Activities office）應可助你完成此活動，甚至可介紹你到一個定期至某救濟站擔任志工的學生團體，或者

你可利用「為什麼飢餓」這個網站的「草根組織資源指南」
（WHY Grassroots Resources Directory, www.whyhunger.org/
resources/grassroots- resources- directory.html）找到一間所在地的
救濟站。

1. 安排救濟站經理方便的時段，跟他請教這些客人到此用餐的
   原因（尤其要請教的是，造成他們需要救濟站服務的因
   素）。

2. 在救濟站服務時，把注意力放在來此用餐的人身上（同時仍
   舊花時間與他們互動，提供服務，並享受這個志工經驗）；
   此外，注意下列情形：（1）他們大部分是一個人還是一家人
   來？（2）他們的種族／族群組成為何？（3）這些人的年齡
   範圍？（4）大多數人看起來是滿懷希望、消沉、憤怒、快
   樂、或憂鬱嗎？（5）他們對你的出現有何反應？用什麼方式
   與你互動？

3. 接下來，撰寫 2–3 頁的報告，描述（1）這間救濟站所提供服
   務，（2）來此用餐者的人口統計學與態度方面的資料，
   （3）他們需到此用餐之原因，（4）這項經驗帶給你的感
   受，（5）你是否可想像自己會需要一個救濟站的服務（以及
   為什麼會或不會）。

   加分題：由 http://feedingamerica.org/default.aspx?SHOW_
   SHOV=1 進入「餵養美國」（Feeding America）組織網站，接著
   點選「飢餓的面貌」（faces of Hunger），然後閱讀「飢餓
   101」（Hunger 101）選項下「飢餓事實」（Hunger fact
   Sheets）。將事實中所得資訊加入你的報告。

-110-

愈來愈多勞工階級也開始遠離政治。正如《消失中的選民》
（*The Vanishing Voter*, 2003）作者湯派特森（Thomas Patterson）所指
出：

> 收入級距底層者的投票率，只有頂層者的一半。〔二十世紀
> 前半段〕，美國勞工階級居於政治辯論與黨派衝突的中心。
> 在現今這個金錢與中產階級關注事項居優勢的政治世界中，
> 他們則處於邊緣位置。（2004b: n.p.）[5,6]

這種看法的反映是收入微薄的美國人政治參與較低。舉例說來，
2004 年總統大選，總投票率為 64%；但家庭收入超過 50,000 美元
的人投票率為 77%；而家庭收入低於 20,000 美元者的投票率只有
48%。因此，富有的美國人，在政治上有更高的代表性，而窮苦的
美國人，則相對無人代表其意見（U.S. Bureau of the Census
2009c）。這趨勢持續到 2008 年之總統大選，該年投票的選民中，
68%為收入在 50,000 美元以上（"President: National Exit Poll"
2008），而 2007 年美國人平均所得為 38,611 美元（U.S. Bureau of
the Census 2008）。這再次印證，高收入的美國人對投票箱展現更
大的影響力。

工會勢力的下降同時削弱美國勞工階級在選舉過程中的影響
力。根據勞動統計局的資料（2006, 2009a），工會會員人數比在

1983 年是 20.1%，而 2007 年下降至 12.1%，但 2008 年小漲至 12.4%
（也許因為非工會成員的勞工在不景氣時期較易被裁員）。政府
員工約 37%是工會成員，而私人機構的員工只有 7.6%加入工會
（1983 年為 16%）。2008 年時，全職工作者的週薪中位數，加入
工會者為 886 美元，而未加入者則為 691 美元（BLS 2009a）。除 -111-
了確保會員可得到相對良好的薪資，對候選人（通常是民主黨）
而言，傳統上工會是一股非常強的「催票」力量。然而，隨著工
會力量下滑，勞工階級讓政治人物照顧其經濟利益的能力亦跟著
減弱。

練習 7.6 美國：誰在投票？

1. 由 http://www.census.gov/hhes/www/socdemo/voting/index.html
   進入「2008 年選舉投票及選民登記」（Voting and Registration
   in the Election of 2008）網頁。
2. 比較不同種族、收入、就業狀況、教育程度選民的投票率。
3. 基於本章所學，你認為使某類群體較其他美國人投票率高或
   低的原因為何？這狀況在財富與權力間的關聯（至少是所意
   識到的），告訴了你什麼？
4. 你認為應該採取哪些步驟，可使那些不投票的美國人將來願
   意去做選民登記及投票？

即使投票的美國人也了解，只有極少比例的人，有辦法競選高的職位。合法競選必須籌募的經費，阻礙絕大多數人的參選之路。舉例而言，2008 年國會選舉時，眾議員或參議員候選人，每人平均花費分別為 682,416 及 2,491,410 美元（OpenSecrets.org 2009a）；而總統大選的競選費用更是驚人：2008 年總統大選時，馬侃（John McCain）募集了 368,000,000 美元，而歐巴馬（Barack Obama）則是 745,000,000 美元（OpenSecrets.org 2009b）。

美國現行選舉制度[7]造成的整體結果，是使多數窮苦及勞工階級的美國人，既不投票也不參選公職。因此，這些人基本上被選上公職的政治人物所忽視，因為這些政治人物為了取得及保有其職務，必須回應會去投票的選民，以及那些協助他們籌募到巨額資金的人。

-112-

練習 7.7　選舉經費改革

每隔幾年，政治貪腐醜聞又登上頭條新聞，改革選舉的努力就又得到一股衝力。毫無疑問，你的議員也會在不久後針對「選舉經費改革」（campaign finance reform）的相關法案進行投票。

瀏覽下列三個網站：http://www.publicagenda.org/citizen 、www.opensecrets.org 及 www.citizen.org/congress/campaign/index.cfm。

然後回答下列問題：

1. 哪件政治醜聞，引發最近這次「選舉經費改革」修法的提
   案？
2. 你認為「選舉經費改革」是否必要？為什麼？
3. 最近通過的「選舉經費改革」（不論是聯邦或州的）修法結
   果為何？
4. 若想讓選舉公平競爭，你認為怎麼做最有效？要促成這些改
   變，你可以怎麼做？
5. 讀到的提議中，你認為哪個最有道理？你可否提供進一步建
   議？

群眾組織的力量

上述情況可能使誓言讓美國走向真正民主的人感到洩氣。不
過這些並非全貌。公民組織的規模及數量也許不如從前（Skocpol
2003），但仍有許多草根性政治組織代表美國低收入的人。雖然
我們通常不會在晚間新聞聽到他們付出的努力，歐巴馬曾經擔任
社區組織者，已經讓更多人察覺類似組織的存在，他們正在為窮
人及勞工階級發聲。

會員來源廣泛的協會（亦即「組織的組織」，包括教會、猶
太教堂、清真寺、非營利組織、家長協會、工會），教導人們運
用「社會學之眼」及「社會學的想像」，以訓練他們成為有效的

公民。這些公民團體訓練美國人質疑現況，將個人問題與公共議題連結，讓政治人物與企業領袖負起對人民的責任。這樣的組織為數眾多（像是「工業區基金會」〔the Industrial Area Foundation〕，「皮可全民網」〔PICO National Network〕、「直接行動與研究訓練中心」〔Direct Action and Research Training〕、「組織及領導訓練中心」〔Organizing and Leadership Training Center〕、及「加馬利亞」〔Gamaliel〕等，就是一些例子），他們都是為了「力量」組織起來，他們的組織能力使他們能勝任窮人、勞工階級、中產階級的媒介機構，替這些人跟有權及有錢的人進行有效的談判。

-113-

「工業區基金會」網站（http://www.industrialar/easfoundation.org）上這段描述，使人深刻瞭解這類型組織所做的努力。

> IAF 無意識形態且絕無黨派，但卻相當自豪地、公開地並始終說自己是一個政治組織。IAF 在一個豐富且複雜的第三部門建立政治基礎，這個第三部門為志願性服務的機構，包括宗教性會眾團體、勞工支會、屋主團體、求償團體、家長協會、睦鄰組織、移民會社、學校、神學院、男性或女性修道會、及其他志工團體。然後這部門中的各領導人利用此基礎，與公部門或私部門的領導人，有時競爭、有時對抗、有時互相合作。（n.p.）

　　南布朗克斯教會（South Bronx Churches, SBC）也清楚地呈現什麼是群眾組織的力量。這是個 IAF 的關係組織，由 8 個天主教及 19 個基督新教教會組成。1970 年代和 1980 年代初期，紐約市的南布朗克斯社區水深火熱；政府及企業領導人對該地近乎棄之不顧，毒品氾濫，槍擊司空見慣，縱火案層出不窮。但當 SBC 成員開始彼此傾訴對鄰里的恐懼、挫敗、希望時，轉捩點出現了。他們知道，若是單打獨鬥不會有什麼作為；但聚集起來，就有改善社區的力量。「尼希米家園專案」（Nehemiah Homes project）是他們振興地方的多元計劃之一，打算建造 1000 間房屋給窮人及勞工階級居住。[8] SBC 為拯救南布朗克斯所做的努力是場漫長的奮戰，包括公開對抗紐約市強勢的市長丁肯斯（David Dinkins）、柯奇（Ed Koch）、朱利安尼（Rudolph Giuliani），並耗費極大心力向企業領袖募款。最後，SBC 贏了。成功籌募到數百萬美元，並說服紐約市捐出土地。現在，紐約 1000 位低收入勞工階級有了自己的家，而這些地方一度只剩歷經大火及破落的建築物。

　　更重要的是，這項成就激勵參與努力的人，並使更多專案受益者成為更積極的公民。2004 年的訪談中，SBC 一位參與「尼希米家園專案」的主要成員桑提亞哥（Felix Santiago），這麼描述這項經驗對他的影響：

　　　這社區現在是我們的了！當我們跟著警察在廂型車中四處巡　　　視〔找尋 1980 年代間經常進行毒品交易的地點〕的時候，是

有那麼點恐懼，擔心可能會被毒販看見。但是在一起，我們就不怕了。

-114-　　　每到一個地方，從紐約到奧爾巴尼（Albany），再從奧爾巴尼到華盛頓，我們都會帶著簽名連署單，並把它攤出來說：「這十萬人贊成我們所訴求的改變。」這讓我們的生活有了很大的不同，我們逐漸擁有這個社區。這是你從南布朗克斯教會學到的，你不怕任何人；你可以站在美國總統面前，就像我們這樣跟他談話。你有力量。1986 年，我會害怕坐在這裡跟你談話；我會說，不行，不行，你不會想跟我談的。但當你被挑選出來做爲一位領導者並有這份連署單，你有權代表社區。

桑提亞哥不只得到一個新家及重生的鄰里，他成為一位有能力、知識及效能的公民。這種轉變正在全美國發生。

　　今日，新澤西州林伍德（Ringwood）地區有一個 IAF 組織，「新澤西團結起來」（New Jersey Together, NJT）。這個組織正要求福特汽車公司（Ford Motor Company）及美國環境保護署（EPA）重啟過早宣布完成的「超級基金」汙染整治（superfund cleanup）工作。這裡是拉瑪波山地部族（Ramapough Mountain Tribe）的故鄉，許多人仍住在鄰近地區。

1990 年代早期，EPA 未能成功地讓福特公司清理它傾倒在上林伍德附近地區（現在是林伍德國家公園所在地）及一些廢棄礦坑的有毒廢棄物。反而接受福特公司所做出會妥善清理的保證，將這地區由「超級基金」的整治地點名單中去除。（Williams 2009）

受到 NJT 及一些社區領袖的壓力，一位 EPA 主管在 2009 年三月一個公開會議中承認：「我們搞砸了」（Williams 2009），並承諾要試著讓 EPA 加快超級基金整治工作的漫長審核過程。

福特公司有義務清理它傾倒於林伍德的有毒廢棄物，但該公司已設法逃避了數十載。福特現在可能真的要去清理這爛攤子，這是有組織的群眾面對處處可見的環境種族歧視所獲得的一大勝利。儘管柯林頓總統在 1994 年的一項行政命令，要求聯邦政府機構「將達成環境正義列為〔他們的〕使命之一」（Clinton 1994），然而現在在「自 1994 年行政命令發布以來，弱勢及貧困地區發現的有問題地點，更不可能被列入超級基金整治地點的名單」（O'Neil 2007）。通常，需要民間組織來敦促政府執法，讓企業清理他們的有毒廢棄物。

2009 年，IAF 在美國 21 個州、加拿大、德國及英國，共有 59 個關係組織。他們協助通過「生活基本薪資」法案（例如在德州、亞利桑那州及紐約市），提供資金為低收入勞工建造數千間新屋（在紐約市、費城、巴爾地摩、華盛頓特區），在西部與西

-115- 南部一帶成功建立「學校聯盟體系」（Alliance School System），並說服立法人員制定法律進行大規模的都市更新計畫（紐約市）。[9] 如前面所述，有許多以社區為基礎的組織會把力量賦予組織起來的民眾，IAF 僅是其中之一。

歐巴馬在芝加哥擔任社區組織者的經驗，顯然有助於他 2008 年的總統選舉。他組織並動員那些早被公認在選舉中不可靠且基本上遭到忽略的公民團體——年輕人！這幫助他贏得愛荷華州民主黨黨團會議的提名。該州 2008 黨團初選時，25 歲以下的年輕人投票率較 2004 年高出 135%，且他們熱切回應參議員歐巴馬所喊出之「希望與改變的政治」。愛荷華州的年輕選民投給歐巴馬 20,000 張票，這是投給他對手的 4 倍。他只以 17,000 票之差打敗參議員愛德華茲（John Edwards），並得到後來勝利所需的動力（Drehle 2008）。

練習 7.8 組織社區

找出當地以社區為基礎組織起來的協會或其他民間團體。你可由全國性組織（IAF、Gamaliel、PICO 等）的網站，找到這些團體在你們州裡的關係組織。

參加一個地方性社區組織的會議，然後以 4 頁的報告討論：（1）這組織目前的焦點議題，（2）他們如何決定要進行這些議題，及（3）這組織處理這些議題時使用的策略。討論前列這

三項與（a）「社會學之眼」（b）「社會學想像」的關聯，並
提出能使這組織在完成使命時更有力量、更成功的建議。

行動中的社會學家：皮文（FRANCES FOX PIVEN）

社會學家皮文一直在用她的社會學研究來影響社會。2003
年，當她得到美國社會學會（American Sociological Association）
的「增進公眾認知社會學獎」（Award for the Public
Understanding of Sociology）時，這位紐約市立大學研究中心及
政治學與社會學的特聘教授被描述為：「一位在大學及政治世
界中同樣游刃有餘的學者」（"ASA Award Recipients Honored"
2003）。她寫過多本知名的社會學著作探討「貧困美國人被剝
奪的公民權利及政治力量」（例如：《管控窮人》〔*Regulating the
Poor*, 1972/1993〕、《窮人的社會運動》〔*Poor People's Movements*,
1977〕、《新的階級戰爭》〔*The New Class War*, 1982/1985〕、
《美國人為什麼不投票》〔*Why Americans Don't Vote*, 1988〕、《美
國人為什麼還是不投票》〔*Why Americans Still Don't Vote*, 2000〕）
擔任作者或共同作者，並將自己的知識實踐在政治領域中。舉
例來說，1960 年代，她用自己的研究來擴大社會福利；她在賦
予窮人公民權上所作努力，有助於制定 1993 年「全國選民登記
法」（National Voter Registration Act）（也就是俗稱的「機動選
民法」〔Motor Voter Act〕）；[10] 她並對始於 1996 年的「社會福

利改革」進行一場永不退讓的奮戰，還一直擁護破壞性政治活動及大規模的抗議行動。

最近一篇文章中，皮文（2005）如此描述她對今日民主改革運動的建議：「是的，我們應該致力於民主改革的議題，包括全民投票的權利、全國選名登記制度、施行『全國選民登記法』、將選舉日訂為假日、選舉工作人員須為無黨籍……等。我們必須做得更多……進行大規模抗爭的時代將會來臨，我們應該準備好且願意接受，頑強而無畏。年輕的嘻哈選民登記活動有個口號『投票或死掉』（vote or die），這就對了。」她是當今最有膽識的社會學家之一，重要的是她不僅是個熱忱的社會科學家，也是行動主義者；同時，她執行的優秀社會科學研究，亦經得起客觀的檢驗及批判。

雖然並非所有人，甚至不是全部社會學家，均同意皮文的政治行動策略；然而，她努力使我們成為一個所有階級均被平等代表的民主社會，而這已激發許多人。

行動中的社會學家：薛維霍菲茲修（ADRIAN CHEVRAUZ-FITZHUGH）

你是否知道，根據美國憲法第一修正案（First Amendment），企業在法律上有發起及參與選舉活動的權利？薛維霍菲茲修運用洪堡州立大學（Humboldt State University）社會學碩士班學得的社會學工具，檢驗人們對「企業人格地位」

（corporate personhood）的了解，以及對企業涉入選舉所持的態度。他為「洪堡郡民主無限」組織（Democracy Unlimited of Humboldt County, DUHC）設計一項全郡的電話問卷調查（DUHC 2005），結果顯示：「只有 35%的受訪者熟悉『企業人格地位』的概念，這是允許『企業』宣稱與『人』同樣擁有憲法權力的法律原則……〔此外〕顯著多數的受訪者反對企業涉入地方選舉。」

　　DUHC 將這結果，運用於他們教育公民有關「企業與民主之關係」的持續努力上。若你想更瞭解企業人格地位，以判定自己認為它存在民主體制中是否合理，可至下列網頁：www.pbs.org/now/politics/corprights.html。

-117-

練習 7.9　文化與人權

1. 至「聯合國人口基金會」（United Nations Population Fund）網站。然後閱讀〈2008 年世界人口狀況〉的結論，網址：www.unfpa.org/swp。（若你願意閱讀整份報告，請不要客氣！）
2. 使用前述報告的資訊，撰寫 1-2 頁的報告，描述「文化的熟悉度及文化政治跟解決人權壓制或剝奪的根本原因有何關連」。

練習 7.10　公平貿易產品是否值得比較高的價格

1. 收聽 NPR 下列兩則關於「公平貿易」（Fair Trade）產品的報導：〈公平貿易咖啡值得多付點錢嗎？〉（Is Fair Trade Coffee Worth the Extra Cash?）網址：www.npr.org/templates/story/story.php?storyId=6380988 及〈自由貿易與公平貿易〉（Free Trade vs. Fair Trade）網址：http://onpoint.wbur.org/2003/09/09/free- trade-vs-fair-trade。

2. 然後，由 www.coopamerica.org/programs/fairtrade/whattoknow/index.cfm 進入「美國公誼服務委員會」（The American Friends Service Committee, AFSC）網站，閱讀關於公平貿易的描述。

3. 基於上述來源與其他至少兩個你自己找到的資料來源所得資訊，撰寫 2 頁的報告，分析公平貿易運動的功過。可由下列網站找到資料來源：www.fairtraderesource.org 及 www.globalexchange.org/campaigns/fairtrade。

　　加分題：加入一頁策略計劃，規劃如何跟學校自助餐廳共同努力，讓學生可選用公平交易咖啡或其他公平交易產品。

-118-
練習 7.11　宗教、教育與社會權力

　　請收聽 NPR 兩則報導：〈公共宗教在政治中的復甦〉（The Revival of Public Religion in Politics）網址：http://onpoint.wbur.org/2002/01/08/the-revival-of-public-religion-in-politics 及〈教育經

費〉（Education Funding）網址：www.npr.org/templates/story/
story.php?story Id=1063915，這兩則報導討論的議題，都是由受
訪者在訪問時所點出，美國社會中有關權力跟社會階層化方面
需要得到解決的問題。要進行這個練習，你應該：

1. 從「教育經費補助不平等」或「美國政治中宗教觀點日益加
   重」兩議題擇一。

2. 就你所選的議題做些研究，若選的是公立教育不平等議題，
   可由下列網站 http://www.aclu.org/racial-justice/still-looking-
   future-voluntary-k-12-school-integra tion-manual-parents-educators-
   and-a 開始你的研究；若選的是美國政治中宗教觀點日益增加
   的現象，則可由 http://pewforum.org/religion-politics 開始你的
   研究。

3. 針對如何處理你所選的議題，研擬出 3 頁的「政策提案」
   （Policy Proposal）；提案中須包括：（1）2 頁的事實，以條
   列方式勾勒出主要議題、事實狀況、及針對此議題的各方面
   論點；（2）一頁的政策建議單，概述①你相信在處理這議題
   時必須達到的目標、②達成此目標你建議要採行的具體（可
   行）步驟。

★問題討論

1. 你是不是位知識豐富、積極又有效能的公民？為什麼？如果
   是，你如何做到的？如果不是，又是什麼原因？你認為怎麼做

可以讓自己成為這樣的公民呢？

2. 你**當下**有什麼機會可影響自己的（1）學校、（2）社區、（3）國家以及（4）全球社群的運作方式？這些機會你現在用了多少？為什麼呢？

3. 重新閱讀第二章涂爾幹關於「外在」及「內在」不平等的看法。美國今日的外在不平等，如何影響誰可能勝選擔任公職？

-119- 4. 想出一項你希望得到處理的議題，並對此議題進行權力分析，找出決策控制權在誰手中，你如何來影響他們？例如，假設希望學校販賣公平交易咖啡（若學校目前尚未這麼做），那麼誰決定學校要販售何種咖啡？你可怎麼說服他／她將此改為公平貿易咖啡？

5. 你曾否做過（或現在正在做）給付相當低的時薪工作？為什麼有或沒有？

6. 當你想到最低薪資或低薪勞工，當下的反應為何？為什麼會有這樣反應？

7. 你認為低薪勞工是否需要工會？為什麼？

8. 假設你餘生都從事低薪的時薪工作，你覺得自己生活將會是什麼樣貌？這是否影響你可能跟誰結婚，有怎樣的家庭，住什麼樣的房子，做何消遣？

9. 如果真的取得你計畫要拿的大學學位，你認為這學位將如何影響你的社會階級？為什麼？

10. 你的社會階級如何影響你決定（1）要不要讀大學？（2）進入

哪所學校就讀？

11. 對企業來說，「做環保」（go green）有什麼經濟上的好處？若你是某個大企業的執行長，可能促使你投入資金來減少企業「環境足跡」（environmental footprint）的原因為何？你認為是否有更多公司會很快這麼做？如果是，是哪些公司（在哪裡及為什麼）？

★特定行動建議

1. 在你所在地區，找一個以社區為基礎組織的協會或其他民間團體。（你可由全國性的組織，如 IAF、PICO、ACORN……等網站，進入「友站」（affiliated organizations），找到這些團體在你們州裡的關係組織）。聯絡該組織的負責人，並跟他／她約時間碰面，了解這組織目前正在努力的議題。主動提議要用你在大學學到的知識為這團體進行一些基本研究，幫助他們對這些議題有更深入的認識。

2. 由 www.rockthevote.com/home.php 進入「搖滾投票」（Rock the Vote）這個組織的網站，並遵循網站上關於如何在校園中進行選民登記的指示。

3. 由 http://www.faireconomy.org/進入「團結追求經濟公平組織」（United for a Fair Economy）網站，然後點選"take Action"連結，瀏覽此組織正在進行的活動列表，加入其中之一；或者在自己 -120- 家或學校裡舉辦一場座談會，針對某項最近所發生與「社會階

級」、「階層化」、「經濟不景氣」相關的議題進行討論。

　　請由下列網址 www.pineforge.com/korgen3e 進入本書網站，以找到更多公民參與的機會、資源以及經過同儕審查的文獻、及與本章相關之最新網站連結資訊。

註釋

1. ABBA 合唱團 "Money, Money, Money" 這首歌的歌詞，2009 年 9 月 24 日取自 www. metrolyrics.com/money-money-money-lyrics-abba. html。

2. 舉例來說，這些情況就未考慮到研究對象是否有就學貸款要還、是否有個在外工作的配偶、或是否有小孩要扶養……等狀況。

3. 「白領工作者」是坐辦公室型的上班族，包括經理、專業人員、其他受過教育而有固定薪資的受薪人員。「藍領勞工」指的是從事不需特殊技能、只須半技術性技能勞力工作的人，像是操縱機械的工人、水電工、工廠的工人。「粉領勞工」則是指從事的工作不需特殊技能或只須半技術性技能，傳統上由女性擔任，例如服務生、事務員、秘書、花藝工作者。

4. 一般來說，需要特殊技能的工作薪資較不需技能的藍領勞工高，有些甚至較白領階級還高。例如，2004 年勞心工作者（白領）的薪資中位數是 36,630 美元，而電工（藍領）的薪資中位

數則是 45,200 美元。

5. 你可至「歷史新聞網」（History News Network）中派特森所撰〈選民哪裡去了？〉（Where Have All the Voters Gone?）系列文章，在網上閱讀到更多的內容，網址：http://hnn.us/articles/1104.html。

6. 正如特謝拉（Ruy Teixeira）及羅傑斯（Joel Rogers）在《為什麼白種勞工階級仍然重要》（*Why the White Working Class Still Matters*, 2000）一書中所指出，勞工階級構成過半數的潛在選民，因此足以左右選舉（正如他們在 2004 年總統大選的表現），然而，他們卻未能給民選官員壓力，讓這些官員在任內優先處理勞工階級的議題。

7. 事實上，我們缺乏一致的選舉制度，選務是由州及郡縣層級處理，而選民登記、選票的設計、投票機的類型……等，均是由地方官員而非聯邦政府決定。

8. 凡對紐約市（及全國）平價住宅方面的巨大需求有任何認識的人，都會特別感謝這個故事。

9. 見 IAF 網站，網址：http://www.industrialareasfoundation.org/。

10. 這是一項妥協行動，允許申請駕照的人同時做選民登記；也應鼓勵窮人在申請政府補助時順道做選民登記。雖然非常多美國人在取得駕照時做了選民登記，然而，相當少的政府官員完全遵照「機動選民法」（Motor Voter Act）的要求去幫窮人做選民登記。

參考書目

"ASA Award Recipients Honored in Atlanta." 2003, September/October. *Footnotes*. Retrieved December 5, 2005 (http://www.asanet.org/footnotes/septoct03/fn4.html).

Associated Press. 2009, May 28. "Mortgage Delinquencies Hit Record High in Q1." Retrieved September 23, 2009 (http://www.kolotv.com/business/headlines/46400477.html).

Bureau of Labor Statistics, U.S. Department of Labor. 2006. "Working Poor and Education in 2004." Retrieved February 1, 2008 (http://www.bls.gov/opub/ted/ 2006/jun/wk3/art03.htm).

Bureau of Labor Statistics, U.S. Department of Labor. 2009a. "Union Members in 2008." Retrieved September 24, 2009 (http://www.bls.gov/news.release/union2.nr0.htm).

——. 2009b, September 4. "Employment Situation Summary." *Economic News Release*. Retrieved September 24, 2009 (http://www.bls.gov/news.release/pdf/empsit.pdf).

——. 2009c, March. "A Profile of the Working Poor, 2007." Retrieved May 27, 2009 (http://www.bls.gov/cps/cpswp2007.pdf).

Burnett, Victoria. 2009, April 24. "Unemployment in Spain Hits 17.4%." *New York Times*. Retrieved May 27, 2009 (http://www.nytimes.com/2009/04/25/busi ness/global/25euecon.html).

Clinton, William Jefferson. 1994, February 16. "Federal Actions to Address

Environmental Justice in Minority Populations and Low-Income Populations: Executive Order 12898 of February 11,1994." *Federal Register Presidential Documents* 59: 32. Retrieved June 9, 2009 (http://www.epa.gov/fedreg/eo/eol2898.pdf).

"Credit Crisis-The Essentials." 2009, May 26. *New York Times*. Retrieved May 27, 2009 (http://topics.nytimes.eom/top/reference/timestopics/subjects/c/credit_crisis/ index.html?inline=nyt-classifier).

Democracy Unlimited of Humboldt County. 2005, March 30. "Survey Says: Yes to Local Democracy, No to Corporate Campaign Contributions." Retrieved March 28, 2008 (http://www.duhc.org/images/Poll%20Results%20PR.doc).

Domhoff, G. W. 1983. *Who Rules America Now?* New York: Simon & Schuster.

Domhoff, G. W. [1967] 2005. *Who Rules America? Power, Politics, and Social Change.* 5th ed. New York: McGraw-Hill.

Drehle, David Von. 2008, January 4. "Obama's Youth Vote Triumph." *Time*. Retrieved February 19, 2008 (http://www.time.com/time/politics/article/ 0,8599,1700525,00.html).

Eckholm, Erik. 2008. "Working Poor and Young Hit Hard in Downturn." *New York Times*. Retrieved May 27, 2009 (http://www.nytimes.com/2008/ll/09/us/09young .html?scp=l&sq=working%20poor%20and%20recession&st=cse).

Knowlton, Brian. 2009, April 22. "Global Economy Worst Since 1945." *New York Times*. Retrieved June 3, 2009 (http://www.nytimes. com/2009/04/23/business/ economy/23outlook.html).

Korgen, Jeffry. 2006. *My Lord and My God*. Mahwah, NJ: Paulist Press.

McDonald, Michael. 2009. "2008 Current Population Survey Voting and Registration Supplement." United States Election Project. Retrieved May 27, 2009 (http://elections.gmu.edu/CPS_2008.html).

Mills, C. Wright. [1956] 1970. *The Power Elite*. New York: Oxford University Press.

Morgenson, Gretchen. 2008, October 22. "Credit Rating Agency Heads Grilled by Lawmakers." *New York Times*. Retrieved May 29, 2009 (http://www.nytimes.com/2008/10/23/business/economy/23rating. html?_r=1).

O'Neil, Sandra George. 2007. "Superfund: Evaluating the Impact of Executive Order 12898." *Environmental Health Perspectives* 115(7): 1087-93. Retrieved June 10, 2009 (http://www.ehponline.org/ members/2007/9903/9903.pdf).

OpenSecrets.org. 2009a. "2008 Overview: Stats at a Glance." Retrieved May 27, 2009 (http://www.opensecrets.org/overview/index.php?cycle=20 08&Type=A&Display=A).

OpenSecrets.org. 2009b. "Banking on Becoming President." Retrieved June 4, 2009 (http://www.opensecrets.org/pres08/index.php).

Patterson, Thomas E. 2003. *The Vanishing Voter: Public Involvement in an Age of Uncertainty.* New York: Vintage.

Patterson, Thomas E. 2004a, Winter. "Where Did All the Voters Go?" *Phi Kappa Phi Forum* 84(1): 11-14.

Patterson, Thomas E. 2004b. "Where Have All the Voters Gone?" *History News Network.* Retrieved May 2, 2006 (http://hnn.us/articles/1104.html).

Piketty, Thomas and Emmanuel Saez. 2007. "Thomas Piketty and Emmanuel Saez Respond to Alan Reynolds." *Economist's View.* Retrieved February 1, 2008 (http://economistsview.typepad.com/economistsview/2007/01/thomas_piketty_.html).

Piven, Frances Fox. 2005, Winter. "Voting and Voters." *Logos.* Retrieved December 5, 2005 (http://www.logosjournal.eom/issue_4.l/piven.htm).

Prante, Frank. 2009, July 30. "Summary of Latest Federal Individual Income Tax Data. *Fiscal Facts* No. 183." Retrieved September 24, 2009 (http://www.taxfoundation.org/news/show/250.html).

"President: National Exit Poll." 2008, November 4. *CNN.com.* Retrieved June 9, 2009 (http://www.cnn.eom/ELECTION/2008/results/polls/#USP00pl).

Skocpol, Theda. 2003. *Diminished Democracy: From Membership to Management in American Civic Life.* Norman: University of Oklahoma Press.

Teixeira, Ruy and Joel Rogers. 2000. *Why the White Working Class Still Matters.* New York: Basic Books.

U.S. Bureau of the Census. 2008, March. "Personal Income Per Capita in Current Dollars, 2007." Retrieved June 9, 2009 (http://www.census. gov/statab/ranks/rank29.html).

———. 2009a. "Historical Poverty Tables." Retrieved May 27, 2009 (http:// www.census.gov/hhes/www/poverty/histpov/hstpov4.html).

———. 2009b. "Poverty: 2007 Highlights." Retrieved May 27, 2009 (http:// www.census.gov/hhes/www/poverty/poverty07/pov07hi.html).

———. 2009c, July 20. "Voting and Registration in the Election of 2008." Retrieved September 24, 2009 (http://www.census.gov/population/ www/socdemo/voting.html).

Weber, Max. 1968. *Economy and Society.* Totowa, NJ: Bedminster Press.

Williams, Barbara. 2009, March 26. "EPA Official of Ford Superfund Site: 'We Blew It.'" Retrieved June 10, 2009 (http://www.tradingmarkets. eom/.site/news/Stock%20News/2244954).

第8章　今日「典型美國人」長什麼樣子？

種族與族群

　　種族重不重要？這個答案基本上取決於你的個人經驗及對社會的了解；也跟你對各種族在美國歷史上所受待遇的認識有關。本章將檢視移民與種族／族群之間的關係，[1] 種族的社會建構，以及在這「色盲」（color-blind）① 年代持續存在的種族歧視。

移民與種族／族群

　　自由女神像的基座上，飾刻著拉撒路（Emma Lazarus）的一首詩（1883/2009），呈現這個代表「流亡者之母」（mother of exiles）的雕像的宣稱：「歡迎全世界」被其他國家摒棄的人。這位流亡者之母告訴其他國家：

---

① 譯註：用於談論種族方面議題時，亦可譯為「膚色盲」、「無視膚色」或「種族盲」。

給我你那疲憊的，貧困的，

蜷縮著嚮往呼吸到自由的廣大民眾，

那些被你豐饒的海岸所拒絕的不幸之人，

這些無家可歸，受風雨蹂躪的人，送來給我吧。

諷刺的是，美國第一條限制移民的法律是 1882 年的排華法案（the -124- Chinese Exclusion Act of 1882），而這首詩寫在法案頒佈後一年。

　　雖然早期移民主要來自北歐及西歐，十九世紀末則有南歐及東歐的移民為尋求經濟機會或逃離迫害而來；中國及日本移民也來美國西岸謀生。偽科學「證實」，西歐人的種族優於東歐、南歐及任何有色人種；這種說法使人們對於被看成低等的群體，帶有負面的種族**偏見**（prejudice）（一種對某個族群不理性的感覺）與負向的種族**差別待遇**（discrimination）（基於人們的種族而做出有利或不利他們的行動）。這些種族歧視（racism）加上週期性經濟情勢下滑，使就業競爭加劇，導致以種族為基礎的限制移民政策，並持續到 1965 年。

　　1882 年的排華法案之後，1907 年大量削減日本移民的「紳士協議」（Gentlemen's Agreement of 1907），接下來是更多禁止或限制非西歐移民的法律。限制入境移民的法律在 1921 年及 1924 年的國籍法（National Origins Acts of 1921 and 1924）達到高峰，設定配額，只允許移民像細流般點點滴滴進入美國。1924 年頒佈的移民法（Immigration Act of 1924）規定，各國入境移民的數額，是基於

1890 年人口普查，實施 2%的原籍國配額制；[2] 舉例而言，義大利
可移入美國的移民數，最多是 1890 年時居住在美國的義大利裔人
的 2%。1924 年移民法的其中一項條款，更限制移民須為「有資格
取得公民身分的人」。由於只有白人及非裔美國人的血統才能成
為公民，因而有效遏止更多亞裔移民進入美國。

　　直到民權運動高潮時所通過的 1965 年移民法（Immigration Act
of 1965），前述限制才失效，而當時美國也面臨全球施壓，要求
他們撤銷合法的種族歧視。這法律廢除國籍配額制（以東、西半
球的配額制取而代之），並對增加移民與改變美國人口的種族結
構產生很大影響；美國人在外國出生的比例，由 1970 年的 4.7%
（Gibson and Lennon 1999）上升到 2007 年的 13%（U.S. Bureau of
the Census 2007）。預估到 2050 年，居住在國內的美國人有 19%出
生在外國（Passel and Cohn 2008）。2006 年居住在國內而生於外國
的美國人之中，30.8%來自墨西哥，23.6%來自南亞或東亞，9%來
自加勒比海地區，7.1%來自中美洲，6.7%來自南美洲，3.4%來自
中東，而其餘 19.4%則來自全球其他地區（Pew Hispanic Center
2008）。

　　你可能記得前面章節曾討論到，全球化使某些國家獲益，但
卻犧牲其他國家；比方說，拉丁美洲的國家就深受其害。不同移
民群體在美國的狀況，反映了他們原籍國的全球地位，以及他們
的教育程度。拉丁美洲的國家大部分都極度貧困，許多國民被吸
引到美國來找工作。很重要的是，我們必須認知到：若非走投無

路（由於經濟、社會、政治因素），人們通常不會離鄉背景遠離
家人。當今某些移民的境況更是窮途末路，使他們不惜挺而走
險，非法³越過危機四伏的美墨邊境，到美國謀生。

有些亞洲移民（像是越南、柬埔寨、寮國躲避戰亂的難
民），到美國時身上僅帶分文或沒讀什麼書。現今，某些亞洲人
是被非法引入，在各主要城市中國城內的血汗工廠擔任苦役勞
工；然而，絕大多數今日移入的亞洲人，卻是受過教育並頗有幾
文錢的人，他們來是為尋求較原籍國更佳的經濟機會。另一方
面，拉丁美洲人卻不需靠教育或有錢就可以大量移入美國，這則
是地緣相近性使然。各移民群體教育程度不同，使得他們在美國
人力市場取得不同職位，並因此造成他們社經地位之高低。舉例
而言，國外出生的美國人中，擔任管理及專業工作者的比例，最
高為亞裔美國人（佔 47%），最低則為拉丁美洲裔美國人（佔
12.7%），特別是來自中美洲的人（7.9%）（Larsen 2004）。

種族的社會建構

如何知道自己屬於哪一個種族？這取決於你的生活地點及時
代。種族是一項社會建構的產物，也就是說種族的定義在每個社
會，甚至同一社會不同時期，都不盡相同。例如，巴西就與美國
不一樣，其種族劃分體系中，白種人到黑種人之間尚有按照膚色
深淺度不同而區分的等級。

同樣群體在美國，會隨時間進展而被歸屬於不同種族範疇。舉例來說，1930 年人口普查時，墨西哥裔美國人歸在「墨西哥裔」；而在 1940 年調查時，則被歸為「白人」，「除非他們的外表在訪查員看來『絕對是印地安人或其他非白種人』（U.S. Bureau of the Census 1943: 3）」（Rodriguez 2000: 84）。而今，他們被要求在人口普查列表中選擇，並標示自己為西語—拉美／墨西哥裔。因為他們的外型、語言或腔調（每項均存在著差異，且大幅左右他們所要面臨的種族差別待遇〔Rodriguez 2000: 84〕），西語裔／拉美裔在許多方面被當成一個特殊的種族群體。

-126-　　　義大利裔或愛爾蘭裔年輕人大舉移民到美國的頭數十年，許多人都很驚訝大部分美國人還認為他們「沒那麼白」。[4] 時至今日，社會學家對種族的定義，是基於某個群體外表**看起來**的特色（而非基因差異 [5]〔Rosenfeld 2007〕）。族群指的則是文化而非外表上的差異。處理到西語—拉美裔美國人時，這一切變得更加複雜，如前所述，他們均套上一個特殊族群名稱，但卻可能為任何一個種族。

練習 8.1 非洲與殖民主義的遺跡

美國民權運動進行的同時，黑人權利運動也在全球各地萌芽。運動的其中一項結果是結束對非洲的殖民統治。（除了賴比瑞亞〔Liberia〕及衣索比亞〔Ethiopia〕，全非洲都曾是歐洲國家的殖民地。）

1. 由 http://lcweb2.loc.gov/frd/cs 進入國會圖書館（Library of Congress）的〈國家研究〉（Country Studies）網頁。

2. 選擇一個非洲國家（除了賴比瑞亞及衣索比亞以外），並撰寫一份該國歷史背景報告，內容要包含下列資訊：（1）何時成為殖民地、（2）被哪個國家殖民、（3）何時成為自由國家、（4）國界如何確立、（5）設定的國界對該國現況有何影響、（6）殖民主義在該國遺留的整體影響。

加分題：分析所選國家的社會、政治、經濟富庶的現況。全球化如何增進或阻礙該國發展還有影響國民整體生活品質？請瀏覽下列網站，找到更多資訊及對這些有更深刻認識：www.hrw.org/en/africa 及 www.amnestyusa.org。

現今，美國種族／族群結構中，仍以白人佔多數；然而，西語／拉美裔及亞裔美國人的數量正迅速增加。表 8.1 呈現的是 2005年人口普查的美國種族人口統計資料。自從最高法院於 1967 年宣告反對異族通婚的法律違憲以來，過去三十多年的「雙種族嬰兒潮」（biracial baby boom）更增加了美國種族的多元性。從 1970 至

-127-　2005 年，異族通婚數在總結婚數中所佔的比率，由不到 1%增為 7.5%（Lee and Edmonston 2005）。1970 年，只有 0.4%已婚白人是與異族通婚，而今，3%已婚白人與非白種人結婚。同樣地，黑人的異族通婚比率，也從 1%成長到 7%。目前在美國，16%亞裔美國人與非亞裔結婚；而大約 25%的西語／拉美裔美國人與非西語／拉美裔（通常是與白種人）結婚。2000 年美國人口普查，第一次允許人們在種族血緣上進行複選，其中 2.4%的人就這麼做；而另有 5.5%的人則說他們的血緣屬於人口普查表所列的「其他種族」（other）（Lee and Edmonston 2005）。

　　有些研究種族議題的社會學家認為，美國的種族分類系統正在改變。楊西（George Yancey, 2003b）與其他人主張，亞裔及西語／拉美裔終將「變成白種人」（become White）。其他學者，像是波尼拉─席爾瓦（Eduardo Bonilla-Silva）則說（Bonilla-Silva and Embrick 2005），美國正形成由上到下三個種族階層，最上層為**白人**（「傳統的」白人，新「白人」移民；及不久之後同化的拉美裔，某些多重種族的人〔淺膚色者〕、其他群體的個別人士〔某些亞裔美國人……等〕）；接下來是一個中間群體，組成者為**名譽上的白人**（honorary Whites）（大部分淺膚色的拉美裔美國人，日裔美國人、韓裔美國人、亞裔印地安人、華裔美國人、多數的多重種族者……及大部分中東裔美國人）；最底層的群體則為**各種黑人**（collective Black），組成者包括：美國黑人、深膚色拉美裔美國人、越南裔美國人、柬埔寨裔美國人、寮國裔美國人、或

許還有菲律賓裔的美國人。[6] 不論**未來**種族階層會是什麼樣，種族不平等仍繼續存在於今日美國。

表 8.1　美國種族人口統計

種族	百分比
白人（非西語─拉美裔）	66
西語─拉美裔	15
黑人	14
亞裔	5.1
美國印地安人或阿拉斯加原住民	<1%

註：基於 2008 年人口普查數據（U.S. bureau of the Census 2008b）。預估至 2050 年時，美國人口之種族百分比將為：白人 46%，西語裔 30%，黑人 15%，亞裔 9.2%。

練習 8.2　平權措施、多元性及生產力

-128-

1. 用 2-3 個段落，描述你對「平權措施」（affirmative action）[②] 的意見，以及個人的社會化過程如何影響你的看法。
2. 做完問題 1 之後，閱讀〈在教授的數學模型中，多元性＝生產力〉（In Professor's Model, Diversity = Productivity），網址：

---

② 譯註：或譯為「保障名額制度」、「優惠性差別待遇」、「積極糾正歧視待遇方案」等，係美國政府為彌補少數族裔或弱勢族群（包括女性）所受歧視，所執行對這些人於求職、求學時的優惠待遇措施。

http://www.nytimes.com/2008/01/08/ science/08conv.html。

3. 描述你由這篇文章學到的主要觀點,以及這些觀點如何影響你對平權措施的理解與看法。

杜波伊斯(W. E. B. Du Bois)是社會學奠基者之一,也是熱切倡導美國黑人權利的人;他在 1903(1989)年寫道:「二十世紀的問題就是膚色界線的問題」(p. 35)。不幸的是,時至今日,這條「膚色界線」(雖然在變動中)仍大有問題。事實上,當代學者主張:「種族歧視是這個社會必要、永久且不可毀壞的構成要素之一」(Bell 1992: ix)。當然,種族依舊是造成真實後果的社會建構物。儘管民權方面的法律及平權措施廢止了法律上的差別待遇,並為受過良好教育的弱勢族群,提供一些可以提升社經地位的機會;事實上,種族差別待遇仍然存在。

就收入、財富、教育、就業狀況而言,黑人及西語裔美國人仍較其他族裔的美國人差。根據美國人口普查局(U.S. Bureau of the Census 2008a)資料,2007 年家戶所得中位數,白人為 54,920 美元,黑人是 33,916 美元,西語裔美國人則是 38,679 美元。財富需要時間來累積,就更突顯出白人與黑人及西語裔美國人之間的差異。西語裔或黑人的財富,均僅為白人的十分之一(U.S. Bureau of the Census 2005)。53%的亞裔美國人及 33%的美國白人為大學畢業,而只有 20%的黑人及 13%西語裔美國人擁有大學學位(U.S.

Bureau of the Census 2009）。2009 年 4 月的失業率，美國白人為 8%，西語—拉美裔美國人為 11.3%，而美國黑人則為 15%（Bureau of Labor Statistics 2009）。

對你來說這些是新聞嗎？若你是白人，很可能是。許多社會學家的研究一致顯示：「很多白人有錯誤的印象，認為今日社經競技場是公平的」（Gallagher 2005）。[7] 這種無知，反映出美國白人所認為的真實與數據之間的差距，其中部分原因來自 1990 年代中期以來大眾媒體對種族的描繪方式。

-129-

媒體強力影響白種人對少數種族的理解，特別是對美國黑人；因為多數白人看到及「認識」有色人種的唯一地點，就是媒體。[8] 極少白人居住在種族混合的社區（National Commission on Fair Housing and Equal Opportunity 2008），因此他們往往經由媒體或其他二手來源得到的訊息，構思自己對有色人種社經狀況（及關於少數種族所有事物）的看法。

不幸的是，媒體傳播相互衝突的訊息。一方面，我們聽到饒舌歌手或某些運動健將誇耀「黑幫份子」的生活，將「黑皮膚」與街頭生活及暴力連結起來（Oliver 2006）；而另一方面的媒體訊息，卻是種族差異已不存在。在雜誌、電影、電視或諸如此類媒體，美國社會常被描繪成種族似乎不再是問題。異族夫妻及種族融合的朋友群，出現在飯店到球鞋的各類廣告中；像是《實習醫師》（*Grey's Anatomy*）或《Lost 檔案》（*Lost*）這類流行影集，則由不同種族的演員擔綱，且從不談論種族話題；亦罕見新聞節目

或官員投注時間，揭露或分析美國現今仍存在的極大種族差距。

因而，很少美國白人領悟到自己得利於**白種人特權**。白種人特權這概念所指涉的事實是，幾乎在所有生活層面上（例如：找尋伴侶、買車、房貸、購衣、就業、駕車），美國白種人均較有色人種容易。這項特權對美國白人來說，如果他們自己從未遭遇種族差別待遇，或與那些經常受到種族差別待遇的人沒有關聯，可以是「看不見的」。[9]

「色盲」意識型態

歐巴馬在 2008 年民主黨總統初選時關於種族的演說，將令人難忘，因為他以一種直截了當（且動人心弦）的方式，述及美國白人與黑人基於種族而來的怨恨，及怨恨的來龍去脈。對一位尋求美國最高政治公職的公眾人物來說，他的做法空前且極為傑出。歐巴馬贏得總統大選後短短數個月，許多評論家宣稱，他的當選代表我們現在身處於「後種族」（post-racial）時代；然而，情況並非如此；他的當選，並沒有改變美國既存的種族不平等。儘管選出非裔美國人為總統絕對代表一個大幅進步的時刻；歐巴馬於 2008 年 3 月演說中指出的重點，在 2008 年 11 月時仍是事實，直到今日聽起來還是事實。

很多美國人並不想聽到有關種族不平等的實情。且許多人——特別是白人——普遍持有的看法，是附和前述媒體對種族

的描繪，認為種族不再有關係。促成**色盲意識型態**（color-blind ideology）的人主張，一提到「種族」，我們都該表現得像有「色盲」般。許多人甚至表示，那些論及或注意到膚色差異的人，事實上會引發原來並不存在的種族摩擦。然而，正如歐巴馬所指出，這些與事實差距極大。種族間緊張關係已存在美國數個世紀，並延續至今日；視而不見，並無法減輕它們。

練習 8.3　美國種族狀況之問卷調查

對班上同學進行問卷調查，請受訪者回答下列的說法與問題：

（對 1-3 的說法提供下列選項，要求受訪者圈選同意程度：極同意、有點同意、不確定、有點不同意、極不同意。）

1. 在美國，白種人與其他種族的人社經地位相當平等。

2. 少數種族常誇大種族歧視的狀況。

3. 今日美國所有種族的人都有平等的成功機會。

4. 你曾選修哪些討論到種族及族群關係的大學課程（如果有的話）？

5. 你屬於哪個種族／族群？

將受訪者按照下面兩項加以分類：（1）不同種族／族群的人、（2）曾修習討論種族及族群關係課程者與從未修習過這類課程者，比較他們的回答。分析你的結果。

-131- 多數人在注意到種族差異或談論種族話題時，會覺得不舒服，尤其是與另一種族的人一起時（而那些卻是最可能提供我們不同觀點的人），這有一部分回應了「色盲」意識型態所造成的影響。本書作者之一透過研究發現（Korgen 2002），即使是非常親密的黑人與白人朋友，也往往避談種族議題。對任何有意促進種族正義的人而言，這種逃避是個問題；如果希望終止種族差別待遇，我們就必須承認各種族確實受到不同對待。

在我們戰勝種族差別待遇之前，必須揭露並正視它。同時必須讓「白皮膚」那「看不見的特權」看得到（Rothenberg 2004）。要這麼做，我們需要察覺並持續了解不同種族群體所受的待遇。舉例而言，若非如此我們將不會知道，在紐約市，白人受雇的機率高於西語裔，而且是有同樣資格黑人的整整兩倍（Schultz and Barnes 2005）。未能追蹤種族方面數據，我們也不會因近期在威斯康辛州密爾瓦基市（Milwaukee）所做的田野實驗獲益，這研究顯示，沒有前科的美國黑人，受雇機會並不比剛出獄的美國白人高（Pager 2007）；並且我們將不會知道，政府對急難的反應，也是基於受害者的種族而異（Bullard 2008）。這些及其他多到數不完的研究一致指出，種族**確實**有關係，當涉及研擬與施行美國政策時，我們不能有「色盲」。

種族方面的色盲觀點，亦與社會學這門學科背道而馳。這個觀點不僅衝擊追求種族正義的組織所做努力，也衝擊致力於更佳機會與結果平等的政策制定者，還減弱社會學最有力量的兩個目

標：觀察社會實際如何運作、以及讓社會中邊緣人或弱勢群體發
聲。

種族歧視是全球性議題

　　種族歧視並不只是美國的問題。種族與族群的概念，在全球
都被用來分隔及區辨人們成為各個群體。不論到世界上任何地
方，你都將發現各種程度的種族與族群緊張關係，西歐就是一個
很好的例子。在歷史上，西歐人承受了許多國族彼此交戰帶來的
苦難；這些戰爭，至少某部分來自於種族歧視及**種族中心主義**
（ethnocentrism）（認為自己的族群或種族優於其他人的信念）。
事實上，德國納粹的領袖認為，亞利安人（Aryan）是理想的種族
而猶太人則必須根除。在史上最大規模的種族滅絕行動中，他們
連續殺害了六百萬猶太人，使西歐成為一個幾乎沒有猶太人的地
方。

　　過去二十年，由於越來越多的亞洲、中東、非洲移民入境尋
找工作，西歐已在種族及族群上變得更多元。隨之而來的，則是
新型態的的種族與族群緊張關係。當工作機會多，且需要移民填
補西歐國家人民所不想做的工作時，移民較受歡迎；然而，當工
作緊縮，人民感覺必須與非我族類競爭時，移民則成為方便的攻
擊目標。歐洲國家中，種族與宗教的差異，已經引發針對非白種
或非基督徒移民的憤怒甚至暴力的火花。這樣的種族歧視及種族

-132-

中心主義，清楚顯現於整個歐洲足球場上。今日，「幾乎所有歐洲國家的足球場，都有種族主義的標語、叫囂甚至暴力，尤其是右翼團體針對黑人、猶太人、穆斯林與其他族群所做的那些」（Vecsey 2003）。確實，種族歧視已被形容為歐洲足球場的「禍源」（Pugmire 2009）。

練習 8.4　運動中的種族歧視

進入 http://www.youtube.com/watch?v=W-iRLmaZf4A 觀看〈美麗的賽事變得醜陋不堪：歐洲足球場上的種族歧視〉（Beautiful Game Turned Ugly: Racism in Europe's Soccer Arenas）。

基於此段影片中訊息及由本章所學，回答下列問題：

1. 你是否對影片中報導的訊息感到驚訝？為什麼？
2. 如果你是國際足球總會（FIFA）會長，你要如何約束足球場中種族主義者的行為？是什麼讓你認為自己的努力將會成功（或失敗）？
3. 歐洲國家在處理種族不平等時會比美國困難或簡單？

練習 8.5　金恩博士的夢想是否已實現？

-133-

1. 進入 http://www.holidays.net/mlk/speech.htm 網站。
2. 觀看金恩博士的〈我有一個夢想〉（I Have a Dream）演講錄影，並閱讀講稿。

3. 重點列出金恩博士對美國黑人的哪些情況感到「滿意」。

4. 查查哪些目標現在已經做到或沒做到。針對每一要點,為你所做的判斷**提供證據**。這些要點有些可能已部分達成,其他則可能完全達成、或完全未做到。

5. 聆聽兩則報導:〈一位種族貌相的受害者〉(A Victim of Racial Profiling)網址:http://www.youthradio.org/oldsite/society/kpfa051001_dna.shtml 及〈「小岩城九位學生事件」[3]的後續結果〉(The Legacy of the 'Little Rock Nine')網址:http://www. npr.org/templates/story/story.php?storyId=14692397

6. 基於上列資訊,你認為金恩博士對美國黑人今日的處境是否會滿意?為什麼?若不會,為了更完全實現他的夢想,你建議我們怎麼做?你會做出哪些具體政策建議?

---

[3] 譯註:1957 年時,美國阿肯色州小岩城九位黑人學生志願進入全白種人的中央高中就讀,州長福布斯派國民兵阻擋這九位學生進入學校,且有一群白人聚集在校門周圍對學生叫囂;艾森豪總統後來下令聯邦部隊至該城,協助這些學生進入該校就讀。

練習 8.6　白種人特權

　　梅金塔許（Peggy McIntosh）的論述〈白種人特權：打開這個隱形的背包〉（White Privilege: Unpack the Invisible Knapsack）（1989），非常有助於讓大眾認識白種人特權；她在這篇文章列出自己生活中某些「白種人特權的日常生活功效」。

　　如果你是白人，提出一份清單，列出大約 10 項身為白種人所享有（必須是你個人受到）的特權。（但不要列出比較容易貸到房屋貸款這類特權，除非你真的有房貸，並且是很簡單就貸到。）若你是有色人種，提出一份清單，列出大約 10 項你認為白種人因身為白人而受到的特權。

　　比較你與班上其他同學的答案。

1. 這兩份清單最值得注意的差異有哪些？
2. 你認為誰很難列出 10 項特權清單？誰最容易？為什麼？

-134- 　練習 8.7　你的家庭與種族議題

　　撰寫 1–2 頁的報告回答下列問題：

1. 成長過程中，你從家中聽到哪些關於種族的談話？（例如，曾否認真討論過種族議題？如果有，有多頻繁？為什麼種族會是個認真討論的主題？你的家人是否往往只在開其他種族玩笑或做無禮的評論時，才談及種族話題？他們是否由「色盲」角度來談，因而不鼓勵大家談論真實與迫切的種族及種

族歧視問題？）

2. 你認為自己家庭的種族組成，對家裡如何討論（或不討論）
   種族話題有何影響？

3. 你對前兩個問題的回答，跟你由本章所學習到的知識有什麼
   關係？如果有的話，本章如何助你重新檢視自己對種族、移
   民、種族歧視的看法？

練習 8.8 〈更完美的聯邦〉

進入 www.youtube.com/watch?v=pWe7wTVbLUU 網頁，並觀看
歐巴馬所發表的〈更完美的聯邦〉（A More Perfect Union）演
說。

撰寫 2–3 頁的報告，描述（1）歐巴馬演說中的主要論點、
（2）這些論點與你在本章所學得知識有何關聯（一定要論及這
場演說如何挑戰「色盲」意識形態）、（3）你對這場演說的感
覺（若你曾於 2008 年 3 月 18 日這場演說首次講述時就聽過，比
較當時與閱讀過本章後再聽時的感覺）。

行動中的社會學家：楊西（GEORGE YANCEY）

金恩博士曾説，星期天的上午是「一週中，種族隔離最嚴重
的時刻」。楊西則誓言，有一天這句話將不再是事實。他與愛

默森博士（Michael Emerson）及蔡博士（Karen Chai），利用500,000 美元的禮來公司贊助金（Lilly grant），首次試著標示並瞭解全國多種族教會。他由這項研究寫成《一個教會，一個聖靈》（*One Body, One Spirit*, 2003a），這是本以基督徒為讀者的書，書中針對如何使會眾成為多元種族提出具體建議。楊西經由這種方式，將自己的學術研究，轉換成非學術界人士亦可應用的版本。

　　除了為基督徒讀者撰述，楊西也跟想在種族上更多元的教會交換意見。他應用質化及量化研究方法，找出教會的社會及文化模式，及可能無意中對其他種族潛在信徒造成的障礙。他同時與致力建立多元種族會眾網絡的組織「摩賽克斯」（Mosaix）（www.mosaix.info）合作，在這新興的網絡架構中，楊西亦可傳播他的研究結果，並協助那些支持多元種族會眾發展的人。

　　如果不能解決不同種族基督徒之間的誤解及刻板印象，就不可能形成多元種族會眾。為此目的，楊西替基督徒撰寫如何處理種族議題的文章。比如說，他跟妻子雪若琳（Sherelyn）為基督徒讀者編著一本關於異族通婚家庭的書籍，書名為：《只要不跟異族結婚》（*Just Don't marry One*）（Yancey and Yancey 2003）。他的這類著作，結合了社會學思想與基督教神學；因此，他們是以預設的讀者群所用的語言來設計整本書，以貼近非學術社群。

-135-

★問題討論

1. 閉上眼想像一位美國公民,你想到的人長什麼樣子?你認為自己為什麼會把這個人想成這個種族/族群的人?(回答這個問題後,再去詢問沒修這門課的人同樣問題,答案可能會很有意思。若你只是要求他們「形容」這個人,注意他們是否提及種族。)

2. 你是否有異族好友?如果有,怎麼結識的?你們曾否認真討論過種族議題?為什麼有或沒有呢?如果沒有異族好友,你認為是什麼原因?

3. 如何運用社會學於(1)看出、(2)公開、(3)對抗種族差別待遇?答案須具體且明確。

4. 你認為為什麼有那麼多人選擇相信「種族不再有關係」?若不再持續了解社會中不同種族群體如何被對待,你認為可能會發生什麼狀況?不這麼做可能有什麼好處?可能產生什麼不良後果?

5. 若告訴父母自己即將與異族結婚,你認為他們會說些什麼?為什麼?這是否取決於你是跟**哪個**種族的人結婚?為什麼? -136-

6. 雖然沒有人**刻意**要對任何特定種族造成傷害,但我們的公立教育體系確實有種族差別待遇,請問你的校園裡有什麼無意發生的種族差別待遇?

7. 你覺得撇開種族因素,哪一類學生比較容易獲得大學入學許可及付得起學費?為什麼基於種族所做的各種平權措施比起非種

族因素的優惠政策，更令人難以接受？

8. 你認為美國人口普查表格中，是否該有一個獨立的「多重種族」（multiracial）選項給多重種族血統的人勾選？若建立這種類別選項，你認為會有什麼結果？

9. **偏見**（prejudice）及**差別待遇**（discrimination）有什麼不同？若沒有證據顯示有差別待遇，你如何查知偏見的存在？

10. 你認為馬克思如何看待差別待遇的緣由？你贊成嗎？為什麼？

11. 社群組織如何使各種族／族群的人能夠了解他們有共同的利益？你可否想出一個議題來團結全校各種族／族群的學生？這個議題是什麼？你如何以此議題將學校所有種族組織起來？

★特定行動建議

1. 訪談學校高層行政主管，了解（1）他們認為高等教育機構對於對抗社會上的種族歧視擔負什麼義務？（2）你們學校在此有哪些具體作為。若你認為學校可以做得更多，將一群志同道合的學生、教師、職員組織起來，更努力推動反種族歧視。

2. 由下面連結 http://www.naacp.org 進入「全美有色人種民權促進會」（NAACP）網站，瀏覽網站中所列的志工機會，找出自己有興趣的某項工作。再找到你居住地區 NAACP 分會電話號碼（打 877-NAACP-98 電話查詢），並去電表達自己志願服務的意願。

　　或者，加入其他以種族／族群議題為目標的組織或是擔任志

工（例如，MANA，網址為 www.hermana.org/homfrm.htm；「美國
拉丁裔公民聯盟」〔League of United Latin American Citizens〕，網
址：http://lulac.org；「美國亞裔領導人才高峰會」〔Conference on
Asian Pacific American Leadership，CAPAL〕，網址：www.capal.org/
ee/pages；或「美國印第安人運動」組織〔American Indian
Movement〕，網址：www.aimovement. org）。

　　請由下列網址 www.pineforge.com/korgen3e 進入本書網站，以　-137-
找到更多公民參與的機會、資源以及經過同儕審查的文獻、及與
本章相關之最新網站連結資訊。

註釋

1. 雖然我們曾指明，種族及族群為兩個不同的概念，但本章好幾
　 個地方卻將兩者混在一起，特別是論及西語裔／拉美裔時；因
　 為，不論是他們自己或其他美國人，都往往視他們為一個包含
　 不同種族的族群。
2. 這個配額是基於 1890 年美國人口數，當時膚色較深的歐洲人
　 （像是義大利人）總人數較 1924 年少。
3. 想要合法移入且定居美國的人，必須提出證明，證實自己有合
　 法居住於美國的近親（能在他們剛移入時提供住所或負擔他們
　 生活的人），或具備某種美國所需要的職業能力。然而，申請
　 進入美國的人數遠高於配額限制，有資格得到簽證的等候名單

還是很長。

4. 十九世紀中段的數十年間，愛爾蘭裔美國人常被報紙或雜誌的卡通描繪成大猩猩。

5. 多虧「人類基因組計畫」（Human Genome Project），讓我們現在了解：在外表上，同種族中的差異遠較不同種族之間還大（Jorde and Wooding 2004）。

6. 波尼拉—席爾瓦及艾卜瑞克（Bonilla-Silva and Embrick 2005）承認，有些群體的人可能落入這三個層次之外。

7. 對此更完整的討論，請見參考資料中 Gallagher（2005）著作第 108 頁。

8. 美國黑人較西語裔或亞裔美國人更不會被看到及了解（請見 Charles 2003）。

9. 更多關於「看不見的特權」所做的討論，請見羅騰伯格（Paula Rothenberg）所著《看不見的特權：關於種族、階級及性別的回憶錄》（*Invisible Privilege: A Memoir About Race, Class, and Gender*）。

參考書目

Bell, Derrick. 1992. *Faces at the Bottom of the Well.* New York: Basic Books.

Bonilla-Silva, Eduardo and David G. Embrick. 2005. "Black, Honorary White, White: The Future of Race in the United States." Pp. 33-48 in *Mixed Messages: Multiracial Identities in the Color-Blind Era,* edited by David Brunsma. Boulder, CO: Lynne Rienner.

Bullard, Robert D. 2008. "Differential Vulnerabilities: Environmental and Economic Inequality and Government Response to Unnatural Disasters." *Social Research* 75(3): 753-84.

Bureau of Labor Statistics, U.S. Department of Labor. 2009. "Employment Situation Summary: April 2009." Retrieved September 26, 2009 (http://www.bls.gov/news.release/archives/empsit_05082009.pdf).

Charles, Camille Z. 2003. "The Dynamics of Racial Residential Segregation." *Annual Review of Sociology* 29(1): 167-207.

Du Bois, W. E. B. [1903] 1989. *The Souls of Black Folk*. New York: Penguin Books.

Gallagher, Charles. 2005. "Colorblindness: An Obstacle to Racial Justice?" Pp. 103-16 in *Mixed Messages: Multiracial Identities in the Color-Blind Era*, edited by David Brunsma. Boulder, CO: Lynne Rienner.

Gibson, Campbell J. and Emily Lennon. 1999. "Historical Census Statistics on the Foreign-Born Population of the United States: 1850 to 1990." *Working Paper No. 29*, U.S. Bureau of the Census, Population Division. Retrieved December 19, 2005 (http://www.census.gov/population/www/documentation/twps0029/twps0029.html).

Jorde, Lynn B. and Stephen P. Wooding. 2004. "Genetic Variation, Classification, and 'Race.'" *Nature Genetics* 36: S28-S33. Retrieved December 19, 2005 (http://www.nature.com/ng/journal/v36/nlls/full/ngl435.html).

Korgen, Kathleen Odell. 2002. *Crossing the Racial Divide: Close Friendships Between Black and White Americans*. Westport, CT: Praeger.

Larsen, Luke. J. 2004. "The Foreign-Born Population in the United States: 2003." *Current Population Reports*. Retrieved September 26, 2009 (http://www.census.gov/prod/2004pubs/p20-551.pdf).

Lazarus, Emma. [1883] 2009. "The New Colossus." Academy of American Poets. Retrieved June 10, 2009 (http://www.poets.org/viewmedia.php/prmMID/16111).

Lee, Sharon M. and Barry Edmonston. 2005, June. "New Marriages, New Families: U.S. Racial and Hispanic Intermarriage." *Population Bulletin*, 60(2). Retrieved December 19, 2005 (http://www.prb.org/pdf05/60.2NewMarriages.pdf).

McIntosh, Peggy. 1989, July. "White Privilege: Unpacking the Invisible Knapsack." *Peace and Freedom*. Retrieved May 7, 2008 (http://www.kwsasc.org/resources/pdfs/anti-oppression/wHQTE%20PPJVILEGE.pdf).

National Commission on Fair Housing and Equal Opportunity. 2008, December. "The Future of Fair Housing." Retrieved February 26, 2009 (http://civilrights.org/publications/reports/fairhousing).

Oliver, William. 2006. "'The Streets': An Alternative Black Male Socialization Institution." *Journal of Black Studies* 36(6): 918-37.

Pager, Devah. 2007. *MARKED: Race, Crime, and Finding Work in an Era of*

Mass Incarceration. Chicago: University of Chicago Press.

Passel, Jeffrey and D'Vera Cohn. 2008, February 11. "Immigration to Play Lead Role in Future U.S. Growth." Pew Research Center. Retrieved February 19, 2008 (http://pewresearch.org/pubs/729/united-states-population-projections).

Pew Hispanic Center. 2008, January 23. "Statistical Portrait of the Foreign-Born Population in the United States, 2006." *Reports and Factsheets.* Retrieved February 19, 2008 (http://pewhispanic.org/factsheets/factsheet.php?FactsheetID=36).

Pugmire, Jerome. 2009, February 2. "Little Done to Stop Racism in European Soccer." *USA Today.* Retrieved September 26, 2009 (http://www.usatoday.corn/sports/soccer/ 2009-02-07-1089560368_x.htm).

Rodriguez, Clara E. 2000. *Changing Race: Latinos, the Census, and the History of Ethnicity in the United State*s. New York: New York University Press.

Rosenfeld, Michael J. 2007. *Age of Independence: Interracial Unions, Same-Sex Unions, and the Changing American Family.* Cambridge, MA: Harvard University Press.

Rothenberg, Paula. 2004. *Invisible Privilege: A Memoir About Race, Class, and Gender.* Lawrence: University Press of Kansas.

Schultz, Steven and Steven Barnes. 2005. "Many New York Employers Discriminate Against Minorities, Ex-Offenders." *News@Princeton.* April 1. Retrieved December 19, 2005 (http://www.princeton.edu/

main/news/archive/Sll/23/ 70K64/index.xml?section=
newsreleases).

U.S. Bureau of the Census. 2005, August 30. "Income Stable, Poverty Rate
Increases, Percentages of Americans Without Health Insurance
Unchanged." Retrieved July 24, 2006 (http://www.census.gov/Press-
Release/www/releases/archives/income_wealth/ 005647.html).

———. 2007. "United States Population and Housing Narrative Profile:
2007" Retrieved May 28, 2009 (http://factfinder.census.gov/servlet/
NPTable?_bm=y&-qr_name=ACS_2007_lYR_G00_NP01&-geo_
id=01000US&-gc_url=null&-ds_name=8c-_lang=en).

———. 2008a, August 26. "Household Income Rises, Poverty Rate
Unchanged, Number of Uninsured Down." Retrieved May 28, 2009
(http://www.census.gov/Press-Release/www/releases/archives/
income_wealth/012528.html).

———. 2008b, August 14. "An Older and More Diverse Nation by
Midcentury." Retrieved May 28, 2009 (http//www.census.gov/Press-
Release/www/releases/archives/popula tion/012496.
html?KeepThis=true&TB_iframe=ttue&height=540.98cwidth=800).

———. 2009, April 27. "Census Bureau Releases Data Showing Relationship
Between Education and Earnings." Retrieved May 7, 2009 (http://
www.census.gov/Press-Release/www/releases/archives/
education/013618.html).

Vecsey, George. 2003, February 2. "SOCCER; England Battles the Racism Infesting Soccer." *The New York Times*, Section 8, p. 1. Retrieved September 26, 2009 (http://www.nytimes.com/2003/02/02/sports/soccer-england-battles-the-racism-infesting-soccer.html?fta=y).

Yancey, George. 2003a. *One Body, One Spirit*. Downers Grove, IL: InterVarsity Press.

———. 2003b. *Who Is White? Latinos, Asians, and the New Black/Nonblack Divide*. Boulder, CO: Lynne Rienner.

Yancey, George and Sherelyn Yancey, ed. 2003. *Just Don't Marry One: Interracial Dating, Marriage, and Parenting*. Valley Forge, PA: Judson Press.

第9章 性、性別及權力

　　想像你剛得知自己將為人父母，你對這孩子有什麼期望及夢想？你會跟小孩玩什麼遊戲？腦中是否浮現自己擔任孩子運動隊伍的教練或跟孩子一起烤餅乾的畫面？現在，再想想孩子的特質，會是強悍的還是敏感的？有大將之風還是尾隨他人？如果沒先預想出這孩子是男是女，你可能更不容易回答這些問題。

　　雖然身體特質與遺傳基因對於男孩及女孩長大會變成什麼樣子很重要，但是他們被賦予的性別角色同樣重要。每個父母都是透過性別社會化的有色眼鏡來看自己的孩子。我們經由性別社會化，賦予男孩及女孩不同的社會角色；結果是我們會用不同方式來對待男孩及女孩，而他們因此學會「陽剛的」（masculine）或「陰柔的」（feminine）行為方式。本章將檢視性別如何被社會所建構、性別建構與社會權力分配之間的關聯、美國社會女性身為少數族群的狀況（此處是指基於權力劃分形成的少數或多數），以及我們如何處理男女間的權力不平等。

性別的社會建構

　　身體的性徵決定一個人是男或女；[1] 性別則取決於社會所賦予的角色；因此，性別是社會建構而成。「性」（sex）的差別不會 -141- 變（幾乎沒有例外[2]），但「性別」（gender）卻隨時間及社會而有所不同。舉例來說，二十世紀中葉，美國男醫師多於女醫師，但蘇聯的醫界卻以女性為主。今日，對沙烏地阿拉伯的女性來說，投票及駕車仍屬不得體（且事實上，不合法）的行為，儘管對世上多數地方女性來說，這些似乎都是自然不過的事。

　　冰上曲棍球在美國直到不久前仍被視為不適合女孩，因為人們認為這運動對她們來說太耗費體力且不夠女性化。然而，隨著女人角色及女性化觀念的重新建構，過去十五年來加入美國冰上曲棍球協會（USA Hockey）的女性會員人數，由 1992–1993 年的 10,000 人，躍升至 2008-2009 年的 59,500 人（USA Hockey 2009）（見www.usahockey.com//Template_Usahockeyasp?NAV=PL_07&ID=176314）。

練習 9.1　性別、關係及社會化

1. 列一份清單，舉出你最想在男朋友或女朋友身上找到的十項特質。

2. 列另一份清單，舉出你認為一位男士或女士最想在你身上找

到的十項特質。

3. 請你的教授按照本書網站（www.pineforge.com/korgen3e）的指引，收集這些資料並統計結果。

4. 分析這些結果。男人最想在伴侶身上尋找哪些特質？女人呢？兩者有何差異？差異的原因為何？這些差異的社會效果為何──也就是說，這些如何影響男人或女人的性別角色及社會權力？

5. 進一步分析：女人認為她們未來伴侶會想在自己身上找到何種特質？男人認為他們未來伴侶會想在自己身上找到何種特質？比較這些結果與問題 4 的答案。

6. 猜測未來伴侶會希望在自己身上找到的特質時，男人猜得比較準還是女人猜得比較正確？為什麼？性別的社會化是否有助於解釋這種情形？

7. 性別的社會化如何促進異性戀卻犧牲了其他性向者的權益？

-142-　　雖然人的個性、才能、生活展望，是由基因（自然的）及社會（非自然的）因素一起造成，社會學家關注的是社會因素。以「性別」與「性」（sexuality）來說，我們研究「性別社會化」賦予男人及女人的性別角色。當這麼做時要謹記，性別社會化與我們如何處理種族、族群、年齡、性向（sexual orientation）……等相互交集；因而，論及性別社會化如何影響男人及女人時，同時要想到種族歧視、種族中心主義、年齡歧視、同性戀恐懼症，這些

均伴隨社會化的性別角色與性別歧視（sexism）一起存在，並且有許多人遭受多重差別待遇。

練習 9.2 差別待遇與你

1. 列一份清單，舉出 5 次你這生曾遭受的負向差別待遇。其中至少 3 次，是基於你無法改變的生理因素（種族、身高、性別、年齡、性取向、髮色、體型……等）。可能的話，列出因不同生理因素所造成的負向差別待遇。
2. 列另一份清單，舉出 5 次你曾對他人（或某個群體）有負面偏見或所做不利於他（們）的差別待遇。其中至少 3 次，必須基於他（們）無法改變的生理因素。
3. 撰寫 2-3 頁的論述，討論（1）你自己曾遭受的負向差別待遇經驗，包括你的感受及做出的行動／反應；（2）你為什麼會對人有負面偏見或做出不利於他（們）的差別待遇；（3）一個人如何面對多重差別待遇；（4）你可以在自己生活裡做些什麼，以減少對他人的歧視或做出不利他人的差別待遇。

基於性別的差別待遇，甚至在男孩或女孩尚未出生前，就影響他們的「生命機會」（life chance）（個人提升自己生活品質的機會）。父母對即使尚是胎兒的孩子，就根據他們的性別而給予不同待遇；性別社會化的過程，起於父母得知孩子性別那一刻。舉例而言，若知道是兒子，母親在對著未出世的寶寶說話時，往

往往會用比較明確及強而有力的語氣（Smith 2005）。準媽媽派對（baby shower）[1]的禮物、寶寶房間及衣物顏色的選擇，也常根據我們賦予兩性的性別角色決定；就連要怎麼抱、逗弄、照料寶寶亦是如此。陌生人通常很難分辨還包著尿布寶寶的性別，但會用更溫柔的態度，對待感覺上是女孩的寶寶（MacDonald and Parke 1986）。

-143- ### 練習 9.3　性別差異與徵友

1. 請撰寫一份啟事，準備刊登在報紙的「徵友」欄，內容描述你自己（至少 40 個字）及想要找的伴侶所應具備的特質（至少 40 個字）。
2. 組成一個四人小組（最好是兩男兩女），然後每個人把自己的啟事讀給其他人聽。關於「性別」及「我們如何被社會化成維護及遵循性別角色的人」這兩方面，這些啟事告訴你什麼？

[1] 譯註：傳統上，此為在準媽媽生產前 1~2 個月，由其女性親朋好友為她舉辦之派對，通常是下午茶的形式。

練習 9.4 媒體上男人與女人的形象

女性，閱讀下列由美國飲食失調協會（National Eating Disorders Association, NEDA）執行長葛瑞芙（Lynne Grefe）發表的言論，然後回答以下問題。

> 1965 年時，時裝模特兒的平均體重僅較美國婦女體重平均值少 8%……今日的時裝模特兒平均身高為 5 呎 11 吋而體重則為 117 磅，使她們較 98%的女性瘦。電視情境喜劇中四分之三的女演員體重過輕。然而，現今婦女平均身高為 5 呎 4 吋，體重為 140 磅，服裝尺寸則介於 12 〔及〕16 號。我們知道，持續暴露於不實的形象，與女人及女孩的憂鬱、喪失自尊、養成不健康的飲食習慣有關。遺傳基因可能給槍上膛，扣下扳機的卻是社會。
>
> （NEDA 2009）

1. 你認為媒體是否不斷讓你暴露在不實的女性形象之下？為什麼？
2. 你曾否發覺，自己試圖將身材塑造成那些不實形象之一？為什麼？
3. 你認為自己及其他人可怎麼做，以（1）反制這些影響，（2）消除媒體將女性描繪成不實形象的常見作法？

男性，閱讀〈如果身為男人表示有體毛及臭汗淋漓，為什麼廣告中的性感傢伙對這兩項都免疫〉（If being a man means having body hair and sweating, why are the sexy guys in ads immune to both?），網址：www.seedmagazine.com/content/article/the_media_assault_on_ male_body_image，然後回答以下問題。

1. 你認為媒體是否不斷讓你暴露在文章中描述的那些不實男性形象下？為什麼？

-144-

2. 你對文章描述的那些發現有何感覺？你的回答，跟你通常花在媒體的時間跟數量有沒有關係？為什麼？

3. 你認為自己及其他人可怎麼做，以（1）反制這些影響，（2）消除媒體扭曲男性形象的常見做法？

練習 9.5 一個玩具店（性別）之旅

走進一間大型（連鎖）玩具店，試著找出一個不是特別針對男孩或女孩行銷的玩具（而非運動器材），確實記錄下列事項：

1. 這家店的商品如何陳列？是否有專屬的男孩區及女孩區？

2. 哪些類型玩具以女孩為市場？哪些類型玩具針對男孩？

3. 玩具上針對男孩或女孩行銷的用語或描述，有哪些類型？

4. 是否有許多玩具未在包裝上顯示（例如：使用全是女孩或男孩的圖片），這玩具適合哪個性別？

5. 你如何找到自己想選擇的玩具？容易還是困難？這個玩具被擺在哪裡？用你在這家玩具店的經驗，撰寫 2-3 頁的報告，分析玩具是如何成為性別社會化的一項工具。它教給男孩及女孩什麼價值觀？教導及訓練他們成為什麼樣的社會角色？

性別社會化對嬰兒來說有時攸關生死。例如，在某些亞洲國家，懷胎到足月出生的男嬰較女嬰多。正如馬洪（James Mahon）注意到的（2005），因為中國政府限制每對夫妻能生幾個小孩，以及文化上偏好兒子，導致針對女嬰的「性別篩選」墮胎，程度嚴重到使得今日中國男孩的人數遠高於女孩。同樣情況也在印度發生。如今，在這兩個國家，每生出 1000 個男嬰的同時，女嬰出生數為 700-900（Sheth 2006）。殺女嬰（female infanticide）對社會造成的結果，是這些國家現在沒有足夠的女人可跟男人結婚（Hsu 2008）。

隨著男性及女性由出生到孩童再到成人，他們瞭解自己被期盼遵循社會賦予的性別角色。成長過程中的學習包括：玩什麼玩具、說話姿態（用什麼聲調、多常說、跟誰說……等）、如何在大眾面前表現自己、做什麼運動（如果允許運動的話）、可考慮做什麼工作或職業，諸如此類等等。性別社會化影響兩性如何看待世界以及彼此。比方說，什麼是最重要的政治議題往往會因性別而異；許多證據顯示，整體而言今日女性與男性有不同的政治

-145-

觀點。自 1980 年，每次美國總統大選都有一個「性別差距」（gender gap），這是指男人及女人在總統選擇上的差異。舉例來說，2008 年總統大選時，56%的女性選票投給歐巴馬，但他僅得到 49%的男性選票（Center for American Women and Politics [CAWP] 2009a）。

性別社會化與生理上的性別角色

性別社會化同時包括生理上性別角色的學習（在約會及性行為上要怎麼做）。長大之後，關於跟誰有性方面的舉動才算恰當、什麼時候可以有性行為、該如何發生性關係，男孩及女孩學到的都不同。儘管有些社會較為開放，但幾乎在所有的現代社會中，多數人認為異性（男人跟女人間的）性行為仍較同性或雙性的性行為更合宜且符合社會希望。但是，對那些儘管經過性別社會化，卻在性方面仍受到同性或雙性吸引的人來說，這種看法當然衍生了負面的後果。

不過，許多跡象顯示性取向的規範正在轉變，人也日漸接納同性的情愛關係；全球立法支持同性婚姻的國家數亦在成長，荷蘭、比利時、加拿大、西班牙及南非現在都承認同性婚姻。

許多人相信，隨著越來越多年輕人贊成同性婚姻合法化，全美遲早都將正式承認同性婚姻。如今，40 歲以下的美國人多數（57%，2009 年 4 月所作之民意調查）支持同志婚姻（Nagourney

-146-

2009）。美國的麻塞諸塞州（Massachusetts）、愛荷華州
（Iowa）、佛蒙特州（Vermont）、新罕布夏州（New Hampshire）
及康乃狄克州（Connecticut）現在都承認同性婚姻；不過聯邦政府
尚不承認，因此合法的同性夫妻，仍無法像異性戀夫妻一樣得到
聯邦政府提供的福利措施，像是合併申報繳稅、享有聯邦政府員
工眷屬的醫療保險……等。消除對同性婚姻差別待遇的這場奮
戰，距離終點還有很長的路。

練習 9.6 暴風雨

下列影片清楚描繪了文化規範在同志關係持續的奮戰：〈一
場凝聚中的風暴〉（A Gathering Storm）網址：http://www.
youtube.com/watch?v=Wp76ly2 NoI&e，及模仿它的諷刺短片〈一
場同志風暴〉（A Gaythering Storm）網址：http://www.
funnyordie.com/videos/6eddb255b2/a-gaythering-storm

觀看影片後回答下列問題：

1. 你是否贊同〈一場凝聚中的風暴〉所傳達的訊息？你自己的
   性別社會化如何讓你有這樣的感覺？
2. 你對〈一場同志風暴〉的感受為何？你自己的性別社會化如
   何讓你有這樣的感覺？
3. 你認為五十年後，多數美國人對這兩部短片會有什麼看法？
   為什麼？你的反應可否證明性別角色是由社會建構而成？為
   什麼？

性別角色與權力

基本上來說，性別角色將兩性行為侷限在某些類型，並限制他們的自由，讓他們不可在行動時毫不忌憚社會是否認同；不遵照自己性別角色行動的人，就要面對負面的批評。舉例來說，選擇留在家中照顧小孩而由妻子在外工作的丈夫，常被認為不是「真正的」男人；作者之一有位鄰居就被稱作「娘砲」（girly-man），因為他辭去全職工作在家陪伴年幼的孩子，而讓太太在外工作；[3] 但是，前三年他太太全時間留在家陪孩子時，卻完全沒受到這種負面批評！

-147- 不論如何，儘管男人不遵循自己的性別角色，要面對衍生的負面結果，我們分派給男性或女性的角色行為，仍然賦予男人較多的社會、政治及經濟權力。一般來說，雖然性別角色的規範持續發展，男孩仍被訓練成要強悍、善於競爭及自吹自擂，[4] 而女孩則被社會化為敏感、合作、有愛心及自我貶抑。這些不同的性別角色，不論在私領域或公領域，都給予男人明顯的優勢（Commuri and Gentry 2005）。

即使女人在法律上平等的社會，性別社會化仍可加深兩性間事實上的不平等。比方說，美國的女性人口多於男性，但權力卻低於男性，因此被社會學家及其他研究權力的學者視為「少數族群」。底下，我們會勾畫美國男性與女性間社會、政治及經濟的不平等；你將了解這些權力關係的各面向彼此相互關聯及依存。

社會不平等

　　透過性別社會化，男人與女人都更有可能將男性視為專家，並認為男性掌握合法權力的工具。兩性在溝通時使用的不同方式，像是男性較可能打斷別人或搶話題，影響了兩性的權力互動（Tannen 2001）。男性亦常被視作較女性能幹，因而強化了他們較有領導力及應該獲得更多關注的想法（Carli 1999）。當男性跟女性一起進入公開活動、會議、商業場所時，常可看出這種差距；男性會先得到問候及接待，這幾乎毫無例外。

　　我們的社會認為男性與女性在家裡所應該負擔的家務，同樣有利於男性。隨著雙薪家庭數量日增，人們依然期待女性於下班返家後負擔大部分家務，包括煮飯、打掃、尤其是照顧小孩。霍奇斯柴德（Arlie Hochschild, 2003）給這種社會現象取了一個很有名的說法：「第二輪班」（the second shift）。

　　比起數十年前女性不常在外工作，如今的已婚職業婦女確實負擔較少的家務（University of Michigan Institute for Social Research [ISR] 2007）。不過，過去與現在的差距並非由已婚男性來填補（Achen and Stafford 2005）；男人花在家庭雜務的時間，仍不到女性的三分之一（University of Michigan ISR 2007）。除了表明現在的家庭可能不像以前那麼乾淨整齊外，這數字明確顯示，女性仍背負著「第二輪班」的擔子；甚而，女孩及男孩仍被社會化成同樣的性別模式。現今，女孩花在家事的時間較遊戲多（每週各為 7.5

-148-

小時及 6 小時），而男孩則相反（每週遊戲 10 小時，做家事 5 小時）；同時，男孩因做家事得到零用錢的機率，較女孩高出約 15%（University of Michigan ISR 2007），聽到這些，你覺得公平嗎？

金錢對兩性關係中權力的作用，同樣受性別社會化所影響，且對兩性的分配不均。老公賺得比太太多的時候，家中的財務決定權大多控制在男性手中。同一個屋簷下，男性往往比女性有更多的錢可支配；而家中財務拮据時，卻是女性更可能削減自己的花費（Commuri and Gentry 2005）。雖然隨著女性收入增加使她們更有權力，可是即便是賺得比老公多的妻子，仍「對掌控財務大權感到遲疑」（Pahl 2000），亦對違反以男性為一家之主這樣的性別角色存有顧慮。這種對行使家中經濟大權的疑慮狀況，與女性在其他方面承擔的性別角色（包括政治領域）相當一致。

政治不平等

雖然第一波女性運動促成 1920 年通過憲法第十九條修正案（the Nineteenth Amendment），賦予女性選舉權，但女性在取得平等的政治代表性方面仍差得很遠。今日參與投票的女性較男性多；但以 2009 年為例，50 位州長中僅 7 位是女性，而在美國國會 435 位眾議員之中，女性只有 73 位，100 位參議員中則只有 17 位是女性（CAWP 2009b）。全球現任 196 位國家或政府的領導人之

中，僅 26 位為女性（ "Female Heads of State and Government" 2009）。[5]

　　角逐政治職位（或任何權力位置）的女性，至少在某些方面必須再社會化。她們必須學會自我行銷而非自我貶抑，既要敏銳又要強悍，能表達出自己的意見而非聽從他人。同時必須相信，選民會對自己的領導資歷印象深刻，而非對自己走出傳統的「陰柔」性別角色感到反感。持續關注 2008 年民主黨總統初選的人都知道，這種類似玩雜技般身兼多職的狀況，證實了它對希拉蕊（Hillary Clinton）（或任何角逐總統職位的女人）的難度。舉例來說，正當許多美國人為投票支持一位女性擔任總統興奮莫名時，其他人卻對希拉蕊走出性別規範的行徑大表不滿。許多人會永遠記得，競選活動中一名男子對著她大聲譏諷說：「去燙我的襯衫」（Associated Press 2008）。當有人要求他解釋為什麼這樣做時，這個搗亂份子說：「我就是認為一個女人不該當總統」（Joyner 2008）。

-149-

　　儘管美國尚未選出女性總統甚至副總統，但在政治階級較低的位置上，女性卻有斬獲。以 2009 年為例，州議員中 24.3%為女性，根據「美國婦女與政治中心」（Center for American Women and Politics 2009b）表示，這代表著自 1971 年以來已經成長五倍。雖然近年來成長幅度趨緩，但在州及地方層級中，女性代表的增加現象非常重要，因為許多高階政治官員，是從這類職位開始政治事業。不過，由於全美現行人口組成中女性占 51%，因而即使是地

方層級，女性的政治代表性從比例上來看還是偏低（Spraggins 2005）。

經濟不平等

練習 9.7　性別、政治及政治力量

進入「白宮計畫」（The White House Project）網站，網址：www.thewhitehouseproject.org。瀏覽網站上的資訊，閱讀其中有關政治與女性的研究。

1. 你在「女性及政治領域」上學到什麼？你是否對這些資訊有絲毫驚訝的感覺？為什麼？

2. 你曾否想過參選公職？為什麼？

3. （選擇一）若想過參選公職，你認為性別因素是否會影響你獲勝的機率？基於「白宮計畫」網站找到的資料，討論你認為自己的性別將如何（1）影響媒體對你的描繪、（2）民眾對你的感受、（3）你獲勝的機會。

　（選擇二）若從未想過競選公職，你認為這決定是否受到性別社會化所影響？為什麼？假裝你現在有意參選，然後回答（選擇一）的問題。

4. 想像自己是女性總統候選人的競選總幹事，你會給她哪些建議？她在競選演講上應該強調什麼？該怎麼說？該如何穿著打扮？你會建議她討論哪些及避開哪些議題？

-150-

5. 若候選人為男性，你的建議會有什麼不同？若候選人為女性，會有哪些不同的考量？如果候選人是男性，可能不會擔心哪些事情？

6. 你在問題 5 的答案，是否讓你看到「公眾想像中性別角色」的重要性？針對兩性角色的社會建構，這告訴了你什麼？在性別與權力方面，又告訴了你什麼？

練習 9.8 領導特質

這個練習需要你依序對三群不同受訪者進行三個簡短的問卷調查。（最簡單的方式，是以你三個不同課程的同學為受訪者，但要確定沒有同學重複接受調查。）

1. 做出一個簡短的表格，只有一個問題，但留有大約可填寫十個答案的空間。請受訪者在頁首寫下自己的性別（而不是姓名）。問題如下：「讓一個人成為天生領導者的個人特質有哪些？」要求受訪者寫出大約十項特質。從一個二十人以上的課堂中，收集問題的答案。

2. 將前項問題的答案彙整成一份清單，然後將這些答案依照出現的頻率排列，最後，選出最常被回答到的十項特質。

3. 做出一份有四個欄位的表格，將前列十項特質分別填入「個人屬性」的欄位。其他三欄則分別標示為：「陽剛的」、「陰柔的」及「中性的」，如下表所示。

-151-

個人屬性	陽剛的	陰柔的	中性的
個人屬性 1			
個人屬性 2			

4. 在另一個至少有二十名學生的課堂中進行調查，要求同學評定每項屬性最符合三個類別中的哪一類。請受訪者在頁首寫下自己的性別（而不是姓名）。在他們完成後回收這些表單。

5. 總計上述普遍認定的領導特質，多少與陽剛特質有關，多少與陰柔特質有關。

6. 用一份列出所有特質的新表格，調查另一個至少有二十名學生的班級，要求受訪者在表單上寫下自己的性別，並請他們針對每個特質評定自己喜歡的程度，表格形式如下：

請依照你歡喜看到一位女性所具備的個性特質，對下列每項個人屬性圈選一個數字，表示你的喜歡程度。

個人屬性	最不喜歡的	無所謂	最喜歡的
個人屬性 1	1 2 3 4	5 6	7 8 9 10
個人屬性 2	1 2 3 4	5 6	7 8 9 10

7. 收集表單，然後平均每項屬性的得分。整體來說，這些受訪者有多喜歡在女性身上看到領導特質？

8. 修改步驟 6 的表單，改為測量受訪者有多喜歡男性具有這些特質。比較兩者的結果。

9. 比較男性及女性受訪者的回答，然後撰寫 2–3 頁的報告，總
   結這些結果並作社會學分析。你認為此調查數據中找出的趨
   勢，因果關係為何？

過去五十年，女性已在經濟領域大有進展。民權運動及第二
波的女性運動，帶來 1963 年的薪資平等法（Equal Pay Act in 1963）
及1964 年民權法案（Civil Right Act in 1964），教育法修正案第九條 -152-
（Title IX）禁止學校有性別差別待遇（且禁止在資助學校運動時
有性別差別待遇），承認性騷擾是一項社會議題，並將女性列入
平權制度。前述法案的制定、通貨膨脹、一份薪資即夠養家的工
作越來越少，這種種因素加起來，使 16 歲以上女性全職工作的比
率，由 1971 年的 41%，上升到 2007 年的 61.6%（男性的 2007 年職
場工作比率為 74.1%）（Bureau of Labor Statistics 2005, 2008）。不
過在 2008 年，擔任企業主管職位的女性僅 15.7%，而居財星 500
強（Fortune 500）公司中最高薪職位者的女性，則只佔 6.7%
（Catalyst 2008/2009）。

雖然居經濟階級頂端的女性較男性少，然而階級底層的組成
中，女性卻異常的高。女性為一家之主的家庭，小孩尤有可能生
活於貧困中。根據 2007 年一項估計，男性為一家之主的家庭，
13.6%生活於貧困中；而女性為一家之主的家庭，則有 28.3%生活
於貧困中（DeNavas-Walt, Proctor, and Smith 2008）。這種**貧窮女性**

化（feminization of poverty）的影響，許多孩童首當其衝。雖然已婚雙親家庭的孩子，有 8.5%生活處於貧困；但女性為一家之主的單親家庭（家中沒有父親）孩子，生活處於貧困的數目卻為其五倍（43%）（DeNavas-Walt et al. 2008）。

儘管越來越多各種族及經濟階級的女性未婚生子，但身為一家之主的女性，卻多是窮困的女人（並且多是貧困有色人種女性）。生活於單親家庭的孩童，相較於白人的 22%，在西語裔為 30%，黑人則為 62%（U.S. Bureau of Census 2009）。說穿了，比起中產階級及富有的女性，貧窮女子——尤其是有色人種——較不容易找到「適婚的」伴侶（沒在監獄服刑、有工作……等）（Edin and Kefalas 2005）。正如本章前面所述，美國黑人及西語裔的失業率較白種人高很多；而在地方或聯邦獄中監禁人數的比率，白人男性（18 歲以上）為 1/106，西語裔為 1/36，而黑人則是 1/15（Pew Public Safety Performance Project 2008）。

性別社會化與薪資落差

練習 9.9　結婚與生子：哪個先？

1. 為什麼通常就經濟上來說，等結婚／有合法配偶關係後再生孩子較有道理？
2. 在什麼狀況下，不需要在結婚／有合法配偶關係後再有孩

子，經濟上來説也是合理的？

回答 3a 或 3b 的問題。 -153-

3a. 就個人經濟層面來説，你是否需要在結婚／有合法配偶關係
後再有孩子？為什麼？

3b. 你認為人們如何決定自己（1）需要、或（2）不需要，先結
婚／有合法配偶關係後再有孩子？

4. 你認為自己的（1）性別、（2）種族／族群、（3）宗教信仰
背景、（4）年齡、（5）社會階級，如何影響你對問題 3a 或
3b 的回答？

縱使婦女運動造成各方面的進步，相同的工作，男人每賺一
美元，女人僅能得到 78 美分（DeNavas-Walt et al. 2008）；且女性
在試圖晉升至較高階管理職位時，仍然面對「玻璃天花板」（glass
ceiling）的障礙，原因各式各樣，包括下列這些：

- 性別社會化，影響女孩（1）在校所學或被鼓勵學習的科目
  （如在大學中主修數學或科學的女性仍非常少），（2）被
  導引朝向及選擇何種職涯路徑，（3）如何看待自己、表現
  自己、使他人承認自己的專業及領導才幹。

- 只有女人能懷孕生子，但女人若想有小孩，必須暫時休假
  一段時間來生產、產後復原、照料新生兒。結果是，就算
  是外出工作的女人，仍負擔大部分育兒及家務工作

（Hoschild 2003），影響她們為自己有給職務付出額外時間或在工作上晉升這兩方面的能力。諷刺的是，這因素卻更助長刻板印象，認為女人工作能力或努力程度均不如男人，而實際上，她們卻較男人要同時應付更多方面的工作，且工作時間更長（在兼顧家務／育兒及專業工作時）。

- 性別差別待遇與性騷擾仍然存在，並使女性經濟發展受到阻礙。比如說，過去數年處理的性別歧視與性騷擾案例中，美國「平等僱用機會委員會」（U.S. Equal Employment Opportunity Commission, EEOC）即迫使摩根士丹利（Morgan Stanley）付出五千四百萬美元，補償公司所做不利於女性員工的差別待遇；代爾公司（Dial Corporation）則付出一千萬美元，給該公司九十名在伊利諾州蒙哥馬利郡（Montgomery）生產工廠遭到性騷擾的女員工；聯邦快遞（Federal Express）則支付 3,241,400 美元，給在工作上既受性別歧視又受性騷擾的女性駕駛（U.S. EEOC 2004）；綠地餐廳（Tavern on the Green）為 75 位因性別、種族、原籍國而遭到騷擾的員工，設立一項二百二十萬美元的基金（U.S. EEOC 2008）；大香草健身俱樂部（the Big Vanilla Athletic Club）則支付 161,000 美元給受性騷擾以及因為抱怨性騷擾而被解雇的女性員工（U.S. EEOC 2009）。

很明顯地，女性於社會、政治、經濟領域仍有挑戰；然而，

-154-

經由有效且有組織的努力，現已朝公平方向邁進。我們的文化及性別角色也持續改變，並且根據職場中的社會與結構力量進行調整。憲法第十九條修正案、1963 年的薪資平等法、1964 年民權法案禁止基於性別（以及種族、膚色、宗教與原籍國）實施差別待遇，這些法律在改變社會作為上多有建樹，並將逐漸改變美國的性別社會化。社會學的工具已經是而且未來也會是揭露及處理社會性別不平等的有效工具。下面這個「行動中的社會學家」單元，呈現蓋塔（Mary Gatta）的工作，清楚說明社會學如何有效運用於這項努力。

行動中的社會學家：蓋塔

性別、種族、年齡、教育程度與其他變項，可改善公共政策的有效性；但是官員及政策制定者卻常未受相關訓練，因而不了解這些變項的作用。蓋塔博士是羅格斯大學（Rutgers University）「婦女與工作中心」（Center for Women and Work）勞動政策與研究（Workforce Policy and Research）的主任，她與負責擬定政策的官員合作，協助他們考量這些變項對遭受社會邊緣化的群體有何作用，仔細研擬社會政策及相關計畫；並與官員一起建立及執行勞動力發展計畫，他們採用的方式可兼顧貧窮工作者的單親媽媽在工作及家庭的需求，提供她們教育及技能訓練管道。她協助讓研擬的計畫更有彈性，使參加此計劃

的婦女，可在不影響家庭與工作職責下接受教育。

　　蓋塔用社會學的概念架構，檢視勞動力發展政策如何制定及施行，以了解此類政策為什麼有這麼多都無法成功幫助貧窮的女性工作者。運用社會學之眼讓她得以看出，貧窮的女性工作者陷入一種制度中，不僅無法支持自己生活，且無法透過傳統教育與技能訓練機制，取得人力資本以達到自給自足。她認知到這是貧窮女性工作者所面對的雙重挑戰：如何日復一日在經濟上得以生存，再來是，如何取得技能讓自己將來在人力市場上更有競爭力。女性，特別是身為貧窮工作者的單親媽媽，面對制度上的結構障礙──育兒、照顧長者、不規律的工作時間、交通運輸上的不平等，讓她們很難在傳統的課堂環境受教育。

　　為處理這項議題，蓋塔現正監管一個透過網路來訓練有職單親媽媽的全新且快速發展的系統；這項工作提供她們彈性的教育方式，使單親媽媽可有更好的工作，並更積極參與美國社會。

　　網路是全天候的，因此婦女可將教育安排進自己的生活，而不是將生活安排進教育體系的結構中；此外，這些計畫還提供電腦給這些婦女及她們的孩子，協助他們跨越數位的鴻溝。

　　蓋塔的社會學背景，幫助她教育政策制定者，讓他們了解，政策對兩性造成的不同影響。她與前新澤西州勞工局委員麥凱布（Kevin McCabe）合著的《不只是勉強餬口：靈活勞動力發展的新紀元》（*Not Just Getting By: The New Era of Flexible Workforce*

Development)（2005），清楚證明她運用社會學造福大眾的能力。她在與政策制定者合作時運用社會學的訓練，幫助他們更有效的執行工作，並確保政策制定的會議桌上將性別因素納入考量。

練習 9.10　促進全世界的性別平等

「來自全世界的有力證據證實，性別平等可加速整體經濟成長，強化民主治理，並減少貧窮與不安全」（Kemal Dervis [2005], United Nations Development Programme Administor）。

瀏覽下列網站的資訊：

聯合國開發計畫署（The United Nations Development Programme, UNDP）的婦女培力（Women's Empowerment）網站，網址：www.undp.org/women

聯合國婦女發展基金會（The United Nations Development Fund for Women, UNIFEM）網站，網址：www.unifem.org

樂施會美國分會（Oxfam America）網站，網址：www. oxfamamerica.org（在搜尋欄輸入關鍵字 *women*）。

撰寫 4 頁報告，內容為：

-156-

1. 解釋「性別平等可加速整體經濟成長，強化民主治理，並減少貧窮與不安全狀況」如何發生。
2. 舉出聯合國或樂施會美國分會專案計畫中兩個促進性別平等

的實例。

3. 討論這些努力的成敗，將對全球女性（同樣身為弱勢群體的成員）造成什麼影響。

加分題：撰寫 2 頁的報告，運用社會學的想像，研擬一份可促進全球（或某國）性別平等的專案計畫；這計畫需創新、具策略、明確具體。

★問題討論

1. 想想自己成長的家庭如何按照性別界線劃分家務工作，誰負責什麼工作？為什麼這樣分配？在自己組成的家庭中，你會維持還是改變這樣的工作劃分？為什麼？若現在正與人同居（跟一位伴侶、配偶或幾個室友），討論你們現在這個「家」的家務分配情形，這與你原生家庭的分配狀況是否相似（及為什麼類似或不同）。

2. 你覺得什麼是「權利均等」？美國社會裡兩性有多平等？

3. 性別角色社會化始於出生或更早。親友都希望知道腹中寶寶的性別，以便購買符合性別（藍色或粉紅色）的被毯、枕墊、圍兜、衣服；社會化持續進行，並隨著孩童年齡增長而加強。可能用同樣方式養育男孩及女孩嗎？人們喜歡這麼做嗎？顯然是用來教導孩子性別角色的作法有哪些？我們可否改變這些以減少性別差別待遇？是否應這麼做？如果是，怎麼做？具體勾劃

一些積極主動的方法，透過改變性別角色及對兩性的期待，來創造性別平等。

4. 社會性別角色與生理上的性別角色有什麼關聯？這些關聯在如何表現出生理性別或跟誰發生性關係教給我們什麼？

5. 美國女性為什麼應該關心孟加拉、衣索比亞或其他國家婦女的狀況？美國的女性運動，是否有責任參與全球的女性運動？為什麼？如果有，美國女性可在哪些方面做出貢獻？

6. 為什麼男性應該對促進女性權利及機會平等感興趣？男性該用哪些方式來幫助女性取得社會、政治及經濟力量？ -157-

7. 你會對男性還是女性總統感覺（1）比較自在、（2）比較心安？為什麼？你認為性別社會化如何影響你的答案？你覺得性別社會化的課程如何影響你的答案？如果認為男性總統較讓你感到心安，需要發生什麼狀況才能改變你的想法呢？

8. 你認為要減少美國兩性間社會、政治及經濟上不平等的最有效方法為何？

9. 如果要進行一項性別差別待遇的研究，你會怎麼做？你認為何種理論觀點最能幫助你讓自己的結果有意義？

10. 描述我們社會的有色人種女性如何受到「雙重壓迫」（doubly oppressed），及有色人種女同志如何受到「三重壓迫」（triply oppressed）。你的朋友圈中是否包含不同（1）性別、（2）性向、（3）種族的人？為什麼？

★特定行動建議

1. 你有興趣提升婦女的經濟平等嗎？由 www.9to5.org 進入「朝九晚五，全美職業婦女組織」（9 to 5, National Organization of Working Women）網站，了解這組織在職業婦女議題上所做努力。若想成為運動中一員，照著這組織網站上 "Get Involved" 及 "Action Alert" 網頁上的步驟做。

2. 支持一項另類所得計劃：幫助某個使開發中國家女性取得經濟及社會力量的婦女集體企業。閱讀塞班菲爾德（Mark Sappenfield）所撰〈結合在一起，印度婦女改變了自己的村莊〉（Banding Together, Indian Women Change Their Villages），網址：www.csmonitor.com/2007/0510/p01s04-wosc.html。然後，進入 http:// www.freethechildren.com/whatwedo/international/index.php 網站，並協助募款來認養一個村落！（一定要點選 "Alternative Income"，以更了解此特別的計畫。）

3. 由 http://hrw.org 進入「人權觀察」組織網站，了解他們在中止侵害女性人權方面的活動，並加入其中之一！

　　請由下列網址 www.pineforge.com/korgen3e 進入本書網站，以找到更多公民參與的機會、資源以及經過同儕審查的文獻、及與本章相關之最新網站連結資訊。

註釋

1. 很少人生來即具有兩性的性徵（即所謂「雌雄同體」〔intersexuality〕）；幾乎所有的個案，都會在出生後不久接受手術，變成只有男性或女性的性器官（通常是變為女性）。

2. 變性手術雖然十分痛苦及昂貴，但仍有做的可能。只是很少有人選擇接受這樣的手術，更少人有辦法或機會來做這種手術。

3. 對於跟其他一起等著接孩子放學的父母（全是媽媽們！）之間的交談，他的說法很有意思。那就是，當話題轉到洗衣服時雖然還可忍受，但他其實寧願談論足球賽事。縱然人們有能力公然反抗社會對性別角色的某些期待，但不表示他們完全不會受到影響。

4. 男孩被教導要遠離「女孩子家」（girlish）的行為，「你球投得像個女孩」這種說法，是教導男孩千萬不要「像個女孩子」的諸多作法之一。

5. 更多有關女性在政治領域現況的資訊，可見「美國婦女與政治中心」（Center for American Women and Politics）網站，網址：http://www.cawp.rutgers.edu/index.php。

參考書目

Achen, Alexander C. and Frank Stafford. 2005, September. "Data Quality of Housework Hours in the Panel Study of Income Dynamics: Who Really Does the Dishes?" Institute for Social Research. Retrieved May

9, 2006 (http://psidonline .isr.umich.edu/Publications/Papers/ achenproxyreports04.pdf).

Associated Press. 2008, April 4. "Clinton Responds to Seemingly Sexist Shouts." Retrieved September 27, 2009 (http://www.usatoday.com/ news/politics/elec tion2008/2008-01-07-clinton-iron-emotion_ N.htm).

Bureau of Labor Statistics, U.S. Department of Labor. 2005. "Women in the Labor Force: A Databook Updated and Available on the Internet." May 13. Retrieved January 10, 2005 (http://www.bls.gov/bls/ databooknews2005.pdf).

——. 2008. "Table 1. Work Experience of the Population During the Year by Sex and Extent of Employment, 2006-07." December 10. Retrieved June 4, 2009 (http:// www.bls.gov/news.release/work.t01 .htm).

Carli, Linda L. 1999, Spring. "Gender, Interpersonal Power, and Social Influence." *Journal of Social Issues* 55: 81-100.

Catalyst. 2008, December (updated January 12, 2009). "2008 Catalyst Census of Women Corporate Officers and Top Earners of the Fortune 500." Retrieved June 4, 2009 (http://www.catalyst.org/ publication/283/2008-catalyst-census-of-women-corporate-officers- and-top-earners-of-the-fortune-500).

Center for American Women and Politics (CAWP). 2009a. "Fact Sheet: The

Gender Gap." Retrieved March 5, 2009 (http://www.cawp.rutgers. edu/fast_facts/voters/documents/GGPresVote.pdf).

———. 2009b. "Fast Facts: Facts on Women Officeholders, Candidates and Voters." Retrieved March 5, 2009 (http://www.cawp.rutgers.edu/fast_ facts/index.php).

Commuri, Suraj and James W. Gentry. 2005, September. "Resource Allocation in Households With Women as Chief Wage Earners." *Journal of Consumer Research* 32: 185-95.

DeNavas-Walt, Carmen, Bernadette D. Proctor, and Jessica Smith. 2008, August. "Income, Poverty, and Health Insurance Coverage in the United States: 2007." U.S. Census Bureau. Retrieved September 26, 2009 (http://www.census.gov/prod/2008pubs/p60-235.pdf).

Dervis, Kemal. 2005, September 6. "Statement to the Executive Board of UNDP/UNFPA." Retrieved June 18, 2009 (http://cmsappstg.undp. org/go/newsroom/2005/september/board-undp-unfpa-20050906. en?categoryID=3494638dang=en).

Edin, Kathryn and Maria Kefalas. 2005. *Promises I Can Keep: Why Poor Women Put Motherhood Before Marriage.* Berkeley: University of California Press.

"Female Heads of State and Government Currently in Office." 2009. Guide2womenleaders.com. Retrieved June 17, 2009 (http://www. guide2womenleaders.com/Current-Women-Leaders.htm).

Gatta, Mary (with Kevin McCabe). 2005. *Not Just Getting By: The New Era of*

Flexible Workforce Development. Lanham, MD: Lexington Books.

Hochschild, Arlie Russell (with Anne Machung). 2003. *The Second Shift*. New York: Penguin Books.

Hsu, Jeremy. 2008, August 14. "There Are More Boys Than Girls in China and India." *ScientificAmerican.com*. Retrieved June 4, 2009 (http://www.scientificamerican.com/article.cfm?id=there-are-more-boys-than-girls).

Joyner, James. 2008, January 8. "Hillary Clinton 'Iron My Shirt' Stunt." *Outside the Beltway*. Retrieved June 8, 2009 (http://www.outsidethebeltway.com/archives/hillary_clinton_iron_my_shirt_stunt).

MacDonald, Kevin and Ross D. Parke. 1986. "Parent-Child Physical Play: The Effects of Sex and Age of Children and Parents." *Sex Roles* 15: 367-78.

Mahon, James. 2005. "Weber's Protestant Ethic and the Chinese Preference for Sons: An Application of Western Sociology to Eastern Religion." *Max Weber Studies* 5(1): 59-80.

Nagourney, Adam. 2009, April 28. "Signs G.O.P. Is Rethinking Stance on Gay Marriage." *New York Times*. Retrieved on April 28, 2009 (http://www.nytimes .com/2009/04/29/us/politics/28web-nagourney.html?hp).

National Eating Disorders Association (NEDA). 2009, February 26.

"National Eating Disorders Association Unveils Powerful& Provocative Ad Campaign." Retrieved June 5, 2009 (http://www. nationaleatingdisorders.org/in-the-news/news-releases.php).

Pahl, Jan. 2000. "Couples and Their Money: Patterns of Accounting and Accountability in the Domestic Economy." *Accounting, Auditing & Accountability Journal* 13(4): 502-17.

Pew Public Safety Performance Project. 2008, February 28. "One in 100: Behind Bars in America 2008." Retrieved March 19, 2008 (http:// www.pewtrusts.org/our_work_report_detail.aspx?id=35900).

Sheth, Shirish. S. 2006. "Missing Female Births in India." *The Lancet* 367: 185-86. Retrieved May 9, 2008 (http://www.thelancet.com/journals/ lancet/article/PIIS0140673606679312/fulltext).

Smith, Kara. 2005, Spring. "Prebirth Gender Talk: A Case Study in Prenatal Socialization." *Women and Language* 28(1): 49-53.

Spraggins, Renee E. 2005. "We the People: Women and Men in the United States." *Census 2000 Special Reports*. Retrieved June 18, 2009 (http:// www.census.gov/prod/2005pubs/censr-20.pdf).

Tannen, Deborah. 2001. *You Just Don't Understand: Women and Men in Conversation*. New York: HarperCollins.

University of Michigan Institute for Social Research. 2007, January. "Time, Money and Who Does the Laundry." Research Update 4. Retrieved January 15, 2008(http://www.isr.umich.edu/home/news/researchupdate/2007-01.pdf).

USA Hockey. 2009. "Girls/Women's Hockey." Retrieved June 4, 2009 (http://www.usahockey.com//Template_Usahockey.aspx?NAV=PL_07&ID=176314).

U.S. Bureau of the Census. 2009. "As Baby Boomers Age, Fewer Families Have Children Under 18 at Home." Retrieved September 27, 2009 (http://www.census.gov/Press-Release/www/releases/archives/families_households/013378.html).

U.S. Equal Employment Opportunity Commission. 2004. "Office of General Counsel FY 2004 Annual Report—Summary of Accomplishments." Retrieved January 10, 2006 (http://www.eeoc.gOv/litigation/04annrpt/index.html#IIDl).

———. 2008. "Fiscal Year 2008 Performance and Accountability Report." Retrieved June 8, 2009 (http://www.eeoc.gov/abouteeoc/plan/par/2008/index.html).

———. 2009, February 6. "Big Vanilla Athletic Club to Pay $161,000 to Settle EEOC Lawsuit for Sexual Harassment." EEOC Press Release. Retrieved September 26, 2009 (http://www.eeoc.gov/press/2-26-09.html).

第10章　社會制度（一）

家庭與經濟

　　社會制度與你的生活有關係嗎？大有關係！你的家庭結構、必須遵守的法律、工作、學校教育，甚至是否相信有更高的主宰力量（如果是，又是相信哪種力量），全都來自你所身處的社會制度。你的生活始於家庭，透過教育制度（學校）及宗教制度（包括圍繞著出生、結婚、死亡的相關儀式）認識世界；大部分的教育，是為你在經濟制度架構中（人力市場）的生活做準備；[1]而一直以來，你的公共生活甚至私人生活，亦受政治制度的運作所形塑及改變。如果制度變，你也會跟著變。試想，美國只要不堅守權利法案中的一個要項——基於憲法第一條修正案的自由權——不保障人民免於受到不合理的電話監聽與電子郵件的審查，你的生活會大大不同。[2]

　　當我們看到一個制度，如何知道它就是「制度」（institution）呢？在日常用語中，我們有時也用相同的名詞稱呼

實體場所，比如說，監獄這樣的「機構」。[1] 但在社會學，**社會制度**（social institutions）是被規則所管控的行為模式，而這些規則的維持則是靠著反覆執行、傳統及法律的支持。每個社會都會創造及維護自己的社會制度，以管控人們行為並滿足他們的基本需求。如何知道社會有哪些基本需求呢？用想像力來創造一個你自己的社會，想想看，你要為這個社會做什麼才讓它得以存在。請記得，你在家裡想吃什麼就吃什麼，但吃完後是我們大家一起面對「垃圾要丟到哪」這個問題。

-162-

　　想像自己跟同班同學一起被困在某個遙遠的星球，那裏看來及感覺上都像地球，但沒有其他人類居住。你會做的第一件事是什麼？毫無疑問，（1）你將想出活下來的辦法，（2）把你覺得需要做的工作分配給大家。你要做的第一件事，可能是確保這些工作任務看來有條有理；因此，某種形式的**政府**，將會是你建立的第一個制度（我們假設很多同學跟你一起被困）。再來，你必須製造食物、找水、安排分配這些貨物的系統。不論平均分配或按某種複雜的權利分配系統，都會創造出一個包含所有權及「交換價值」（exchange value）的制度；換句話說，你將創造出**經濟**制度，一個安排社會如何有組織地製造、分配及使用貨物與勞務的制度。因為在這個想像的世界裡，團體需求會與你真正生活的社會不同，因此，你不需要建立相同的制度；但有趣的是，將理念

---

① 譯註：英文 institution 可指「制度」或「機構」。

及做法**制度化**（institutionalized）的時候，我們很難想像得出不一樣的理念及做法。因為這個緣故，創造想像的社會時，幾乎不會創造出一個與自己已知（或至少讀到或聽過）極為不同的政府或經濟體。不過，三思之後你就會發現，一個社會選擇來組織政府及經濟制度的方式，其實**可以**有無限可能。

　　雖然並非人人都相信有更高的主宰力量或信仰某宗教，每個已知社會都有某種形式的宗教制度（只要問任何人類學家就知道）。你及同伴會不會採用統一的信仰體系來合理解釋你們的新處境？若不能很快獲救，你們可能開始試著用一種有條理的方式，來建立自己與更高主宰力量之間的關聯。組成新的或重建一個（地球上）舊有的宗教，也許能幫助你們接受自己的處境，感覺有某人（或某物）在守護著自己，以及讓你們相信，最終（在死亡時）自己將到一個更美好的地方、見到所愛的亡故親友，諸如此類。若停留在這遙遠的世界一段不算短的時間，你們也需要建立起一套規則，規範誰可和誰有性行為（以避免惡鬥並保護群體中身體較孱弱的成員），以及（最後）誰該（還有如何）照料結合後生下的後代。這麼做，就是在建立**家庭**這種制度。

-163-　　最後，若仍被困在這星球，你們將需要確定，出生在這的新成員，可學習你們的文化及讓社會存續的技能；因而必須建立一個負責教育社會成員的制度。一旦這麼做，你們就是建立了幾乎每個社會都可發現的第五個基本制度——**教育制度**。

　　你可能已經注意到，這些制度彼此相關。功能論者主張，它

們也**相互依賴**（interdependent）。就像一個活的生物體，只要一個主要器官衰竭（例如心臟），即開始步入死亡；功能論者堅稱，若社會中某個制度運作不佳，其他制度（及整個社會）都會受挫。舉例來說，如果教育體系未能發揮應有的功能，年輕人就不會有充足的準備以得到好工作，因此將無法支持家庭、繳稅、捐款給自己的宗教組織或購物；最終，有問題的教育體系將損害到家庭、經濟、宗教及政治制度。

不同於功能論者，衝突理論家則檢視社會中不同利益彼此對立的方式。例如馬克思著名的論證指出，工人階級與資產階級對於社會上的所有事情必然存有衝突，從工作的組織、到妥善運用法庭及警力、再到出版自由。但衝突也發生在社會制度之間，例如，某些宗教機構相信他們應該有控制政府及教育機構的權力，且在美國歷史上，經濟及政府機構間也一直存在著翹翹板式的權力關係。

馬克思主張有某個制度影響著且基本上指引著其他所有制度。根據馬克思的說法（1859/1970），經濟制度的型態改變，其他制度的組成亦跟著變。政府、學校及宗教均是生產工具擁有者的工具；因此，馬克思主義起於**經濟決定論**（economic determinism）的假說，也就是說，經濟制度形塑了其他制度。有些政治理論家，像馬基維利（Niccolo Machiavelli）（1469-1527），則是**政治決定論者**（political determinists）。（馬基維利以其經典作品《君王論》〔*The Prince*, 1909/2001〕最為人所知，他將戰爭定義

為政治的延伸，只是領導者為求擴展自己影響力的另一項工具。）也有些人認為，宗教制度甚至是某些社會制度（如種族特權制度）才具有決定性，其他制度只是隨之而來。雖然所有主要制度均是以某種方式互相連在一起，本章聚焦於社會制度中的家庭與經濟。

家庭

馬克思（1859/1970）認為，家庭成員的關係，甚至家庭的大小，均受經濟體系改變的影響。舉例而言，農業經濟體系下，工作的中心是家庭，家庭要大，才有足夠人力耕種及生產作物；進入工業化社會時，工作轉移到工廠或其他集中地點，家庭則變小了，這種由農場到城市的轉移，意味著家庭無法再從田野生產食物自給自足，此時生的多代表的是，用工廠給付的低薪餵養更多張嘴。

馬克思的寫作夥伴恩格斯（Friedrich Engels, 1884/1942）認為，家庭維持了資本主義的經濟體系及現存的階級結構。社會創造出合法婚姻，是為了讓男性清楚知道誰是自己的繼承人，以便將財富傳給自己的男性子嗣；婚約，則是由新娘的父親把自己對這個冠著他姓氏女兒的某種所有權，轉移給她的丈夫（改冠他的姓氏）。這種傳統的父權式家庭結構，使資本主義經濟體系得以延續，因為它讓男性可全力去賺錢，而妻子則負責照顧他們、孩

子、家庭（但沒有薪酬）。這樣的制度同時維持了性別的不平等。

練習 10.1 經濟的功能

　　想像你住在一個經濟制度運作不佳的社會（例如，失業率高或通貨膨脹率高），根據功能論的理論觀點，經濟制度的衰退，可能對其他社會制度有何影響？特別是，會如何影響（1）家庭、（2）教育、（3）宗教、（4）政治制度？

　　現在，再想像你住在一個經濟制度強健且繁榮的社會，根據功能論者的觀點，經濟制度的興盛將對其他社會制度有何影響？特別是，會如何影響（1）家庭、（2）教育、（3）宗教、（4）政治制度？

　　雖然衝突理論家用宏觀方法，來理解家庭與經濟制度間的關聯；符號互動論者卻用微觀分析，將焦點放在制度如何影響男人與女人所扮演的角色，及他們在家中的地位。正如你在第九章所學，就算今日，甚至在權利最平等的國家，家庭中的性別社會化仍造成兩性不平等。

　　瑞典雙薪夫妻間權力動態關係的一個社會學研究（Nyman 1999）顯示，即使在這個全球權力最平等的國家，社會化的力量仍壓倒賺錢能力。即便是瑞典，以性別為基礎的社會化仍很盛

行。成長過程中，瑞典女孩較男孩更可能受教導要先想到別人。
這種基於性別的社會化，使研究對象中的女性往往覺得，自己更
有責任解決替孩子購買食物或衣服等家務需求。她們常花自己的
錢購買家中食物，因此縱然兩性有等量的錢可供消費，女人用在
自己身上的錢卻比較少，也較無權決定夫妻一起賺的錢應如何使
用。正如作者對這情形的描繪，研究對象中的女性似乎將自己的
需求置於家人之下卻不認為這是犧牲；相反地，她們做這樣的
事，似乎完全沒考慮到原因及後果。

因此，雖然在瑞典夫妻雙方都說應該平均分享所得，「女性
似乎在經濟決定權上較少有影響力，且較無法取得供個人花費的
金錢」（Nyman 1999: 789）。不過，雖然世界上許多社會仍存在著
性別不平等，家庭制度正在改變；全球的結婚率不斷下降，而同
居率則節節上升。舉例來說，雖然美國的離婚率下降中（15 至 64
歲成人中，每千人的離婚人數由 1980 年的 7.9 人降至 2006 年的 5.1
人）（U.S. Bureau of the Census 2009），但自 1990 年代末期以來，
誕生於未婚父母家中的嬰兒比率卻持續上升；根據疾病管制中心
（Centers for Disease Control and Prevention, CDC）的報告，全美現
有 39.7%的寶寶是由未婚婦女所生（引用自 Ventura 2009）。正如
《婚姻：從溫順到親密或愛情如何戰勝婚姻的一段歷史》
（*Marriage, a History: from Obedience to Intimacy, or How Love Conquered
Marriage*）作者孔茨（Stephanie Coontz）所言：「從土耳其到南非
到巴西，各國正需立法，明定養育孩子之單身或未婚夫妻的權利

與義務」（Coontz 2005a）。這模式很清楚：由已婚雙親養育的孩子變少了。

今日，家庭制度正在發生其他變化。同性婚姻及有職媽媽日益普遍，影響美國及全球家庭的樣貌，正如第九章所述，美國有越來越多州，全球有越來越多國家，承認同性成人的婚姻或公民伴侶關係；同時，多數媽媽外出工作（或在家工作）；如今，美國家庭中年齡在 15 至 44 歲的母親，有 72%在外工作。而過去二十年，家有嬰兒的在職媽媽比率亦大幅增加（根據美國人口普查局資料〔2005〕，1976 年時為 31%，2005 年則是 55%）。由已經結婚的雙親所扶養的孩子，母親亦多有職；2007 年的資料顯示，已婚雙親家庭的孩童中，父母均在職場工作的占 63%（U.S. Bureau of the Census 2008）。

重點是，對女性而言，特別是有色人種的女性，同時外出及在家工作原非新鮮事（Coontz 1992）；然而，各種族與各個社會階級有這麼多女性都這樣做，卻是頗新穎的社會現象。如今，照顧孩子的選擇，像是把一個可以賺錢的人留在家中、雇個人來照顧孩子、把孩子送到托兒所或安親班，諸如此類均與家庭經濟狀況有關。孩子日間照顧的費用及醫療保險等家庭支出都迅速上漲；對那些教育程度及工作技能均有限的父母來說，想要同時維持家庭開銷及照管小孩，幾乎毫無選擇的餘地。

家庭生活對那些身為「三明治世代」（sandwich generation）的父母，也就是除了孩子並有年邁雙親須扶養的人，更是昂貴及有

壓力。祖父母雖可能幫成年子女很多忙，但他們也可能需要子女協助。隨著平均餘命延長及嬰兒潮世代老化，他們的成年子女常須考量如何同時協助父母及扶養孩子。醫療給付的限制，使許多年長者有需要時無力負擔自己的醫療或護理照顧費用；成年子女，有孩子要養，因此常面對家庭與經濟上的困難抉擇。18 到 64 歲成人之中有接近 20%的人沒有保險（CDC 2009），若這些成年子女是其中一份子，境況將更淒慘。甚至，他們可能連自己都養不起。

練習 10.2　變遷中的美國家庭

上述家庭制度變遷，是由多重結構因素及文化因素造成，人們也持續爭辯，這些改變對社會更好還是更壞。撰寫 1-2 頁的論述，依據下列任一理論觀點：（1）衝突論、（2）功能論，來檢視家庭中的這些改變。（如有必要，請參考第二章中關於這兩個理論觀點的描述。）

撰寫此文時，一定要

1. 根據你所選擇的理論觀點，概述社會如何運作，然後再應用此觀點檢視家庭制度的變遷。
2. 觀點與你所選理論相同的人，是否會贊同上述家庭變遷，就此提出討論（以及為什麼會贊成或不贊成）。

練習 10.3　當家庭破碎時

家庭破碎時會發生什麼事呢？我們社會如何強化家庭結構並確保孩童免於受到傷害呢？由下列網址：www.npr.org/templates/story/story.php?storyId=68349288 聆聽〈「希望之子」，一段童年之寄養生活回憶錄〉（'Hope's Boy,' a Memoir of Childhood in Foster Care），然後回答下列問題：

1. 曾有寄養經驗的人，大部分處於經濟制度中何等位置？他們在經濟方面成功嗎？

2. 運用顧里的「鏡我」概念（第五章）以及／或在「偏差」那章（第六章）所述及的理論，解釋寄養的孩子往往不會成功的原因。

3. 依據你討論的理論觀點以及聽到的廣播內容，你會提出什麼政策建議改善美國的寄養制度？

4. 你和其他學生要怎麼做，才可以聯繫起你們的校園與地方寄養體系，詳述三項相關建議。

經濟制度

社會如何創造、分配及運用其財物與勞務，是由經濟體來組織。如今，我們生活在由資本主義經濟制度所支配的全球經濟體系之中。正如韋伯描述的，由西方崛起並催生全球化的理性資本

-168- 　主義（rational capitalism），需要的是支薪的勞工（而非奴隸）、自由流通的財貨、健全的法律與金融制度。同時需要一個以知識豐富的管理者、正確保存的紀錄、可行遠距傳輸的科技為樞紐的科層體制（Collins 1980）。財物與勞務的製造與銷售獲利跨越國界，且日益加速。

　　各國間的不平等跟該國對全球經濟的貢獻與獲益有關。「北方」國家（Global North nations）（像是美國、西歐諸國、日本這些後工業國家）主要透過技術層次高的工作者貢獻知識經濟的服務工作；相反，「南方」國家（Global South nations）（如多數拉丁美洲、非洲、中東、亞洲國家），則多是生產原物料或是提供廉價勞工，生產北方國家所需消費的貨物。雖然像印度或中國這些「南方」國家越來越有競爭力（1998 年時，中國有 340 萬大學生，而於 2008 年已超過兩千萬〔Mong 2009〕），然而，大部分的南方國家仍然遠遠無法跟北方國家平等競爭。此外，公司設於北方國家的企業，常控制著南方國家的各項資源，使這些較窮的國家很難建造所需的基礎建設，創造更強盛的經濟體。想要加入知識經濟，各國需要有健全的教育、金融、法律制度，就像是我們主要在北方國家才會看到的那些。

　　具備前述有利條件的國家，是全球化過程中獲益最豐者，他們進而運用自己的優勢，增加自身在全球治理與未來經濟上的決定力量；其他的國家，則未能自全球化得到這麼多好處。監管國際貿易法規的世界貿易組織（World Trade Organization, WTO）、管

理全球金融市場的國際貨幣基金（International Monetary Fund, IMF），及提供經濟發展所需貸款的世界銀行（World Bank），主要受到北方國家的控制，並受跨國企業關注的事項所影響。大致上，這些組織造成的實質效果，是增加北方國家的權力與財富，但降低南方國家的權力、財富、生活品質。舉例來說，聯合國2005 年「世界社會情勢報告：不平等的困境」（Report on the World Social Situation: The Inequality Predicament）中指出

> 拉丁美洲在過去二十年〔由北方國家鼓動之〕結構革新的累積結果，就是增加不平等現象……〔再者〕，已發展國家的保護主義措施與農業補助，已導致拉丁美洲農業生產力及隨之而來的農業所得下降。目前，拉丁美洲及加勒比海地區，對工業國家進口的非農產品徵收 8.5%的關稅，但他們自己出口到工業國家的農產品，卻受到 20.4%的關稅，致使農村持續貧窮。（n.p.）

發展中國家亦受到當今全球經濟衰退最重的打擊，儘管全球對 2008 年及 2009 年財務危機做出前所未見的回應措施，聯合國在2009 年中宣布：「我們需要更努力，包括透過更佳的政策協調及對發展中國家做更多金融移轉，〔因此〕……發展中國家〔能夠〕保護他們弱勢的人民，並使其因應措施能與該國永續發展的目標相符」（n.p.）。 -169-

練習 10.4　世界貿易組織

1. 進入「世界貿易組織之歷史事件簿計畫」（WTO History Project）網站：http://depts.washington.edu/wtohist。

2. 在「檔案資源」（Resources）項目下點選「十大文件」（Top 10 Documents）。

3. 閱讀「非 WTO 製作之文件」與「WTO 製作之文件」檔案中至少各兩篇文件。

4. 撰寫一份報告，回答問題 a-c，或問題 d 及 e。

　a. 每份文件代表的是哪個團體或組織？

　b. 做為社會學家，你認為哪份文件最有說服力？解釋你的看法。

　c. 閱讀本章及這些檔案前，你對 WTO 是否非常了解？若是，你的知識從何而來？若否，你認為自己對 WTO 為何不太了解？

　d. 一位衝突理論家會如何描述 WTO 的功能？

　e. 一位功能理論家會如何描述 WTO 的功能？

練習 10.5　對當代全球化的批判

1. 進入「全球交流」（Global Exchange）網站：www.globalexchange.org/campaigns/wbimf/faq.html 及 www.globalexchange.org/campaigns/wbimf/facts.html，並閱讀上面之

實情説明書。

2. 撰寫 1–2 頁的論述,概述文中所提出之反對現行全球化方式的主要論點。

練習 10.6　從自由貿易到公平貿易

-170-

1. 閱讀〈經濟替代方案〉(Economic Alternatives)網址:www.globalexchange.org/campaigns/alternatives 及〈工人覺醒了嗎?〉(Are Workers Waking Up?)網址:http://www.globalexchange.org/campaigns/econ101/laborday.html。

2. 撰寫 2-3 頁的論述,(1)概述作者建議要怎麼做才能走向另一種不同形式全球化、(2)討論你為什麼贊成或不贊成作者的建議、(3)提供你自己更深入 / 不同的建議,並概述執行方法。

　　經濟不平等加劇,亦可見於北方國家**內部**。美國的不平等情況,於過去 20 年間持續上升。從 2001 年到 2008 年,經過調整通貨膨脹率這項因素後,中、低收入者的所得是零成長或下降;然而最富有 20%的人,所得卻大幅增加(Bernstein, McNichol, and Nicholas 2008)。《紐約時報》2005 年 6 月一篇名為〈頂級富豪甚至把其他富人遠遠甩在後頭〉(Richest Are Leaving Even the Rich Far Behind)文章指出:近年來,最富有的美國人「已經大幅領先其他

人……〔同時〕甚至讓一年賺數十萬美元的人，落在後頭」
（Johnston 2005）。第二年，也就是 2006 年，400 位最富有的美國
人，平均收入為二億六千三百萬美元，比 2005 年增加了 23%。
「同年，〔那些〕非常有錢者平均支付的有效稅率為 17%——十
五年來最低」（National Public Radio [NPR] 2009: n.p.）。

貧富間這種趨勢最嚴重的結果，是有三千兩百萬美國人目前
生活在飢餓中或瀕臨飢餓，其中超過一千二百萬人為兒童（接近
美國兒童總人數的 17%！）（Food Research and Action Center
[FRAC] 2008）。這些受飢者多是貧窮的工作者，下面引述取自懷
特（Jonathan White）所著《聽見飢餓：美國營養不良的人怎麼
說》（*Hungry to Be Heard: Voices From a Malnourished America*），書中一
位中年母親貝琪（Betsy）的話，清楚說明這項事實：

-171-

　　現在我做兩份工作，一份接近全職，而另一份則是一星期約
　　工作 20 小時，我現在每週工作六天。我也很努力工作……我
　　真的很努力工作，同時也很累……但不論〔我多麼努力工
　　作〕付帳單時，我們就是沒有辦法靠我賺的錢付得出來……
　　一個地方領最低薪資，加上另一個地方稍微好一點，兩份薪
　　資在餵孩子、付帳單、提供我自己這兩方面的所需，對我來
　　說並不夠。（n.p.）

　　全球經濟底層有男人、女人及小孩，他們發現自己想維持生活時，被迫去無法與跨國農金企業（如前述聯合國 2005 年「世界社會情勢報告：不平等的困境」中所見）相比的農場工作，或從事最低薪資的工作，或在給予低薪且無福利的「血汗工廠」擔任勞工，從事辛苦又往往不安全的工作。就像上頭引用的那段話，結果造成這些工人及他們的家庭經常挨餓或生活所需遭到剝奪。

練習 10.7　窮嗎？付得更多！

　　閱讀〈窮嗎？付得更多！〉（Poor? Pay Up!），網址：http://www.washingtonpost.com/wp-dyn/content/article/2009/05/17/AR2009051702053.html 並回答下列問題：

1. 你可否體會文章中那些人的生活？為什麼？
2. 此文所描述：窮人得付出額外的時間與金錢來付帳單、買食物、住公寓……諸如此類的狀況，你認為中產或上層階級者為何未能察覺？分析時要穿透表象深入底蘊。
3. 運用社會學之眼，你在閱讀的報導中看出哪些社會模式？
4. 概述一項可以改善那些社會模式的計畫，以實現社會學的第二個核心承諾（社會行動主義）。

　　因為缺乏工會及勞動法執法不力（或沒有勞動法），使血汗工廠在南方國家非常普遍；然而北方國家也存在著小型血汗工廠，包括美國就有許多。舊金山市政府認知到，舊金山及世界各

地存在著血汗工廠（以及受到來自「全球交流」〔Global Exchange〕與其他反血汗工廠團體的壓力），於近期宣布一項打擊全世界血汗工廠的活動，《舊金山紀事報》（*San Francisco Chronicle*）的一篇社論如此描述這項活動及血汗工廠的問題：

> 藉著掃除全球血汗工廠虐勞狀況行動之展開，舊金山市長紐森（Gavin Newsom）及督導阿米亞諾（Tom Ammiano）發表強力聲明譴責這場全球性鬧劇。從中國到墨西哥，成衣廠工人——許多是孩童，每日工作 15 小時，沒有上廁所或休息用餐的時間，且每小時僅賺 13 美分。
>
> 　有心人士可在本地發現相似狀況，藏在舊金山市之市場街以南，及教會區（Mission District）中一些小地方。這些工廠的工人多為中年以上女性移民，受過極少的教育，且不會說英語；他們每日工作達 12 小時，中間很少或沒有休息時間，且是「論件」計酬，加起來，平均每小時賺 1 或 2 美元。（"Sweatshop crackdown" 2005, n.p.）

舊金山市政府絕對不是唯一發聲反對血汗工廠的政府機構。當越來越多的公民組織起來，要求自己的民選領袖做點事以遏止虐勞狀況，反血汗工廠的法令變得日益普遍。加州、伊利諾州、緬因州、新澤西州、紐約州及賓州，全都通過法令設立採購標

準，規定州政府衣物（像是制服）需為非血汗工廠製造，而現在已有 36 個「無血汗」（sweatfree）城市 [3]（見 www.sweatfree.org/sweatfreecities 及 www.sweatfree.org/ sweatfreestates）。

大學生也是血汗工廠最有力的反對者。全國各地的大學生，都做了許多努力，確保校園中販售的成衣非血汗工廠製造。如前所述，已有 186 所大學院校（像是和理大學〔The College of the Holy Cross〕、橋水州立學院〔Bridgewater State College〕、畢洛伊特學院〔Beloit College〕、印地安那大學〔Indiana University〕、加州州立大學聖博納迪諾分校〔California State University San Bernardino〕、邁阿密大學〔Miami University〕）都加入「勞工權利協會」（Worker Rights Consortium, WRC），來「對抗血汗工廠，以及保護那些縫製成衣或製造其他物品在美國銷售的勞工權益」（WRC 2009）。[4]

行動中的社會學家：赫斯頓（LUCY ANNE HURSTON）

下面段落中，赫斯頓教授描述自己如何受到生活經驗的引導，而成為一位公共社會學家，以及賦予學生能力的教授，使他們能運用社會學的訓練，來辨識、了解、對抗經濟不平等。

我是露西，一位社會學家──我認為這是世上最美好的工作。我培養行動主義者，他們再接下來改變社會。我出生於紐約市布魯克林區的貝德福－史岱文森（Bedford Stuyvesant），在康乃狄克州的布里斯托（Bristol）度過一段美好的成長時光。那

-173-

時整個世界跌宕起伏，不停的變動；每天都有無數的改變在周遭發生，那是 1960 年代。通向各類型自由之路的障礙，不是被拆除就是受到質疑及挑戰。但同時，其他力量也在拼命維持現狀，許多人取得權力的管道並不公平，但他們不願意放棄。

三十一歲才進入大學，讓我用一種「不一樣」的方式及動機來運用社會學的想像。身為佐拉・赫斯頓（Zora Neale Hurston）（哈林文藝復興運動〔Harlem Renaissance〕中一位傑出且知名的文化人類學家）的姪女，也同樣塑造我看待及質疑周遭世界的方式。

對身為「不一樣」感到自在意味著，成為一位教授時，不論是教學方法，或願與學生共同嘗試讓他們浸淫在社會學的作法上，我都幾乎毫無所懼。對學生來說，感覺自己親身參與真實社會問題，且為此做了些事，給予了他們很大的力量。我的學生能經驗到這種感覺，是透過課程中學習我們的校園計畫與「分享食物」組織（Foodshare，一個致力於消除飢餓與減輕貧窮問題的組織）、哈德佛地區（Hartford Area）的「仁人家園」（Habitat for Humanity）三者間的連結。

有項校園計畫非常成功的讓學生體驗貧窮。我們在校園內建造一座屬於自己的「紙板城市」（Cardboard City）並住在其中 24 小時。建造這城市前，學生研究了許多貧窮方面的問題，並瞭解造成貧窮的原因與結果。這項計畫有一部分是在為我們學校的「仁人家園」分會募款。學生決定讓本地工商企業也參與進來，並向他們兜售自己住處的側牆廣告；他們選定了超過 30

間本地工商企業，這些企業也全數站出來響應。許多學生並向自己家裡或雇主尋求支持，而他們也全都以某種方式提供貢獻。將校外人士拉進來，是學生的一項方法，以讓他人知道並教育他們來關注自己身邊的議題。

　　本地企業非常樂於參與大學社群，有些甚至在活動期間拜訪我們的「城市」。這些努力共籌募到 1,283 美元。為了吸引人們來到我們的「城市」，學校廣播電台（ICE）由紙板城市現場直播數小時，而學校樂團則在其中表演。

　　學生決定為改善紙板城市周遭的本地交通募款。他們裝飾了一個大型冷水罐，將它放在一張位置非常顯眼的桌上，並在這裡發送「仁人家園」資訊與簡介；他們還輪流帶著這罐子四處走動；經由這些努力，又多募集了 542 美元。募得的款項捐給了哈德佛地區「仁人家園」組織，用以支付他們紐奧良年度參訪的部分費用（這組織持續在該地進行卡崔娜颶風與潰堤的善後工作）。學生透過捐款及喚起人們注意的方式，對本地及全國的貧窮、遊民、經濟不平等議題，產生直接的影響。

　　紙板城市同時讓學生練習在階層化的貧窮狀況中生活，因此，這計畫有著實質上的階層化設計，當然，由我來做所有決定。有人說：「不公平！」我聽見了，但我接著把道理解釋給他們聽：負責的人、最有權力的人、可以決定一切的人，是受過最多教育的人（對，就是我）──資產階級。學生很容易接受這點。我還創造一個僅次於我的決策階層（小資產階級）──學生組長，而他們匆忙訂出一堆規則，其他學生（無

-174-

產階級）也接受了這些。

實際建造紙板城市那天，又有了更多的規則：我可以優先選擇要把住所蓋在哪裡及誰可住在我附近。我當然住在最佳地點，且可挑選我的鄰居。我的社區叫做「蜜糖山莊」，只有地位與我最接近的人，才可住在這塊平坦且不會受到太強的日曬或風吹的地方（我的組長們就住在這裡）。我們同時可取得較佳的建造材料。當然，我的房子內部完全是木造建材，也比城中其餘的房子大；裡面的傢飾有折疊椅、藝術品、植栽、地板軟墊、及許多娛樂用電子產品（數位影音光碟播放機、iPad、延長線）……啊！還有一項新規則：任何人都不能跟我有同樣的東西。學生也都贊成這些。有一個學生違反規定，她以為大家都睡著了，想要在凌晨兩點以後在自己的房子裡用迷你數位影音光碟播放機……只好讓沒收機器！

其他學生則分住在城中兩個地區，基本上就是「貧困少數民族區」及「貧民窟」。他們可選擇要住在哪一區，不過兩區的環境及可用的建材都遠較「蜜糖山莊」差。他們沒有抗拒也不反對這些規定，而是彼此爭執。他們也沒互相合作，或結合起自己的力量；既沒有隨之而來的革命，也沒有任何團結一致的運動。啊！還有更多新規則：「貧困少數民族區」及「貧民窟」的房子都不可以有門。是的，他們開始真相信自己生活在貧困少數民族區或貧民窟。我們發現「那些」地區較蜜糖山莊有更多垃圾，而當那些破爛房子之一散開時，住在那裏的人則是由鄰居處偷取紙板來修復。學生適應了自己的環境，而不是

去推翻創造這個不平等社會的統治者（我）。他們繼續處於這卑屈的位置，甚至延續到要拆掉這城市及移除垃圾的時候。

這讓人興奮又忙碌，而對這項活動的課堂討論，則在這學期的課程中平均進行。藉由繳交的作業，我看到學生在教科書、社區、課程活動中做出複雜的連結能力。關於人們對彼此、以及看不到的窮人的反應方式，他們運用新發展出來的社會學想像進行更深的認識。這個練習強調的是，任意創造出來的社會階級體系與不公平的權力分配，兩者間的界線模糊。學生最後學到，社會變革來自重新定義及建構社會現實。

練習 10.8 學生創造的改變：反血汗商店運動

由下列網址：http://usas.org/進入「反血汗工廠團結學生聯盟」網站（United Students Against Sweatshops, USAS）。

撰寫 2 頁的報告，描述（1）USAS 最近進行的某項活動、（2）你是否能預見自己加入這項活動、（3）你為什麼能或不能預見自己參與這項活動。

練習 10.9 工作、失業、改變中的經濟

　由下列網址：http://www.bls.gov/mls/home.htm#overview%20 htm 進入美國勞工部的大量裁員統計（U.S. Department of Labor's Mass Layoff Statistics）網頁，點選「Mass Layoffs (Monthly)」，然後點選「Mass Layoffs Summary」，閱讀最近期總結報告並回答下列問題：

1. 近期大量裁員的前三大原因（依序）為何？
2. 哪個大都會地區受最近這次大量裁員的影響最劇？
3. 最近一季的大量裁員報告與前四年的報告相較起來有何不同？

　現在，進入網站：www.google.com，搜尋「失業保險和州名」，然後回答下列問題：

1. 失業者可由失業保險得到的給付金額，為其原來薪資的百分之幾（假設他們夠資格領取貴州的最高失業保險給付）？
2. 他們可領取失業保險金的時間有多久？
3. 你認為他們靠這份保險金可支持自己或家庭生活的百分之幾？詳細說明。

練習 10.10 移民與公民身分

選擇兩個美國以外的國家（一個在東半球，另一個在西半球），進入「美國入籍與移民服務局」（U.S. Citizenship and Immigration Services）網站，網址：www.uscis.gov/portal/site/uscis。

撰寫約 2 頁的報告，利用網站資料來說明，如何由你選擇的國家成功移民到美國。一定要述及可讓你輕易得到美國公民身分的條件（特殊專業技術人員、有家人在此等）。

用你由此練習學到的事項、此練習如何影響你對移民程序的觀點，作為報告的結論。（若你未學到新的東西，請解釋原因。）

行動中的社會學家：艾許博（ALAN ASHBAUGH）

下面的段落中，最近由緬因州寇比學院（Colby College）畢業的艾許博，描述自己如何利用主修社會學學到的社會學工具，來實現地方、全國及全球的社會正義。

學習社會學，大大影響我的生命方向，讓我有檢視社會世界的工具、造成正向改變的技能與方法、也讓我知道如何有效且有意義的運用社會學訓練。

在緬因州瓦特維爾（Waterville）寇比學院的社會學課程中，我學習到社會的本質，社會議題嚴峻且複雜的實際狀況，以及

-177-

最重要的，是有可能將世界變得更有公平正義。我將牢記在心的一項社會學真理就是，社會並非大眾媒體常說的靜止而無法阻擋，而是由個體持續湧現與改變的決策及行動混合而成的一種組合。所以，世界已在改變，我們只須採取有效的社會行動，引導它朝向正確方向。

社會學入門課程所揭露的眾多社會議題裡，對我來說最特別的，就是在我自身社區及國際的極度經濟不平等，以及造成及延續這種不平等的社會階級。後續有關全球化的社會學課程，更擴展了我的社會學觀點，讓我聚焦於全球的貧窮、不平等、公義等議題，以及個人行動對全世界每個人的影響。檢視這些議題，使我對社會認識得更清楚，〔更能掌握〕本地及國際社群的議題，更能認知自己在瓦特維爾寇比學院與整個社會中的地位。這些新的認知啟發我參與校園內、外的各項事務，運用社會學的訓練朝著改革前進。我成為「寇比南端聯盟」（Colby South End Coalition）的創始領導人，透過鼓勵志願服務、對話及將寇比學院與其所在地瓦特維爾結合在一起，解決這兩個社群間存在的社會及經濟差距問題。我同時擔負「寇比仁人家園」（Colby Habitate for Humanity）的領導者，經由將低收入家庭與舒適的平價住宅連結在一起，解決本地經濟不平等的問題。我還跨出瓦特維爾，於 2004 年總統大選時協助組織「投票者聯盟」（Voter Coalition）來「催票」，並旅行到智利，去調查**企業社會責任**（corporate social responsibility）這種新興概念所做的社會承諾。

　　我尚無 2005 年 5 月從寇比學院畢業之後的既定生涯規畫，只知道自己喜歡喚醒人們對社會議題的意識，聚集學生來採取行動，以及想要持續活躍地參與校園以外的社會事務。大四那年，我很幸運地從社會系一位啟發學生且熱心參與社會事務的教授那裡，得知一個叫做「解放兒童」（Free the Children）的組織有個工作機會。這個組織在 1995 年由一位十二歲的男孩柯柏格（Craig Kielburger）所成立，因為受到報紙上所報導童工情況的震驚，他召集朋友及同學成立這個團體，以喚起人們關注並採取行動帶來改善──這正是我滿懷熱情的工作。過去十年間，「解放兒童」已成為兒童透過教育幫助兒童的最大網絡組織，建立了 400 所以上學校，每日教育超過 35,000 名孩童，並送出價值 9 百萬美元的醫療器材，而所執行的替代收入計畫已嘉惠發展中國家 20,000 位以上的民眾。「解放兒童」的使命與工作與我自己的目標與信念相契合，因此我在即將畢業前應徵了那個職位，並獲得錄用！今日，身為「解放兒童」的青少年計畫協調員，我提供青少年改善世界的工具，像是社會議題的資訊、有效的募款與喚起關注之方法、如何將自己的熱情有力地傳達給同儕的公開談話技巧。我將社會學的訓練運用於「解放兒童」的日常工作，來檢視我們致力解決的社會議題；找出最佳方法，以鼓勵及使青少年造成正向改變，並讓他們「成為推動有益於自己全世界同輩變革的推手」。我從社會學課程中形成「社會是一個持續湧現之個體行動的集合」這個看法，加上所研討的社會議題，助我日日謹記每個人都擁有造成重大差

-178-

異的力量，還有這麼做的絕對重要性。

資料來源：承蒙艾許博提供。

★問題討論

1. 你認為合法移民與非法移民至美國，經濟全球化扮演什麼角色？

2. 你認為我們經濟制度的變遷（例如，通貨膨脹、給付一份「家庭薪資」的工作變少、大學畢業學歷需求日增），對家庭制度造成何種衝擊？

3. 與南方國家的工人共同組織起來要求較高薪酬，為什麼對北方國家工人而言是有利的？

4. 什麼樣的家庭最可能受到現在全球不景氣（如本文中所呈現）的傷害？為什麼？你覺得自己的家庭是否已經（或可能）受到這不景氣的衝擊？如果不會，為什麼？如果會，為什麼及在哪些方面？

5. 你會選擇衝突論還是功能論的理論觀點以對美國社會的經濟制度如何運作做出最合理的解釋？為什麼？

6. 想像家庭制度突然消失了。沒有這種基本制度的美國社會將有什麼不同？你認為，沒有這種基本制度的美國社會是否仍可繼續存在？為什麼？

7. 若結婚或開始同居伴侶，你認為自己是否會與配偶平均分擔家

務？為什麼？切記討論到你自身的性別社會化、原生家庭、你 -179-
在經濟制度中的地位等因素對你的回答有何影響。

★特定行動建議

1. 研究你們學校人事政策中與家庭相關的那部分。針對一位家裡
有病人須照顧的員工，你認為這些政策是否提供適當的福利？
若否，構思一項改革此政策的合理建議，與學生會領袖一起努
力對學校行政單位提出（並鼓吹）這些想法。

2. 研究你們學校提供 LGBTI（女同性戀〔Lesbian〕、男同性戀
〔Gay〕、雙性戀〔Bisexual〕、變性者〔Transgender〕、雙性
〔Intersexed〕）員工之伴侶的福利政策。這些與提供給異性戀
員工伴侶的福利相同嗎？若否，為什麼不同？你的發現，不論
是哪種狀況，如何反映你們學校（**你們的**制度！）以及更大的
社會的價值觀？如果發現有不平等的情形，並相信應該改善，
你可以採取哪些步驟以確保所有員工的伴侶均得到相同福利？[5]

3a. 檢閱美國移民與海關執法局（U.S. Immigration and Customs
Enforcement）網站中「Students and Exchange Visitors」網頁上之
資訊。網址：www.ice.gov/sevis/students

3b. 訪談你們學校負責國際學生事務的行政人員，詢問他或她，你
們學校如何協助國際學生成為貴校的學生。

3c. 訪談你們學校中五位國際學生，詢問他們在成為貴校學生時所
經歷的步驟。一定要留意他們的經歷是否有所差異，以及發生

這些差異的可能原因（哪一年得到大學入學許可、從哪個國家來、他們的經濟狀況……等）。

3d. 運用這項資訊建立一個可放在貴校網站上（在得到學校行政單位的許可之後）供國際學生查詢的資訊來源。

4. 由 www.freethechildren.com 進入「解放兒童」網站，在瀏覽過整個網站後，閱讀其中所提供有關童工的訊息（網址：www.freethechildren.com/get-involved/we-youth/ resources/issues-backgrounder/?type=childlabour）。對抗童工最有力的方法之一，是確保孩童有學校可讀，及有資源（供支付學費、書本、制服……等的資金）讓他們付得起就讀費用。既然現在已了解童工的狀況以及教育的重要性，你可以啟動一項募款活動，以在雇用童工出名的地區創建學校。查看 http://www.freethechildren.com /international-programming/our-model/education/網站上的資源，並在你們校園中開始一個「建學校」的活動。

請由下列網址 www.pineforge.com/korgen3e 進入本書網站，以找到更多公民參與的機會、資源以及經過同儕審查的文獻、與本章相關之最新網站連結資訊。

-180- 註釋

1. 當然，有些學生離開一般高中，進入軍事學校。這麼做的人，大都是希望能接受到所需的訓練與經歷，讓自己一旦離開軍中

時也可在經濟上成功。

2. 撰寫本書的當下，美國人正在就「基於憲法第一條修正案之自由的程度」與「不合理的監視個人電話與電子郵件內容」這兩方面進行辯論。

3. 例如緬因州班戈市（Bangor）通過之法令：「所有本地商店架上提供之服裝，均應為依據已建立的良心產品國際標準製造」（見 www.ilsr.org/rule/purchasing- preferences/2170-2/）。

4. 更多關於此活動之資訊可至「勞工權利協會」網站，網址：http://workersrights.org。

5. 同時須注意到的一項重點，有關提供醫療保險這種「同居伴侶福利」，並不意味著現在已達到平等了。美國聯邦政府目前尚未承認同性伴侶關係，因此國稅局（Internal Revenue Service）要求有職伴侶為無職伴侶所得的福利補助稅款。正如本文所述，改變這法律的一項法案已撰寫出來，但卡在委員會中，且尚未付諸表決；因此，平等福利只是這項不平等議題的一個開端，而非解決辦法。

參考書目

Bernstein, Jared, Elizabeth McNichol, and Andrew Nicholas. 2008, April. "Pulling Apart: A State-by-State Analysis of Income Trends." Washington, DC: Center on Budget and Policy Priorities and Economic Policy Institute.

Centers for Disease Control and Prevention. 2009, April 9. "Uninsured Americans: Newly Released Health Insurance Statistics." Retrieved June 10, 2009 (http://www.cdc.gov/Features/Uninsured).

Collins, Randall. 1980. "Weber's Last Theory of Capitalism: A Systematization." *American Sociological Review* 45: 925-942.

Coontz, Stephanie. 1992. *The Way We Never Were: American Families and the Nostalgia Trap*. New York: Basic Books.

——. 2005a, May 1. "For Better, for Worse: Marriage Means Something Different Now." *The Washington Post*. Retrieved January 2, 2006 (http://www.washingtonpost.com/wp-dyn/content/article/2005/04/30/AR2005043000108_pf.html).

——. 2005b. *Marriage, a History: From Obedience to Intimacy, or How Love Conquered Marriage*. New York: Viking.

Engels, Friedrich. [1884] 1942. *The Origin of the Family, Private Property, and the State*. Translated by Frederick Lewis Morgan. New York: International Publishers.

Food Research and Action Center. (FRAC). 2008. "Hunger in the U.S.: Hunger and Food Insecurity in the United States." Retrieved September 29, 2009 (http://www.frac.org/html/hunger_in_the_us/hunger_index.html).

Garrett, Geoffrey. 2004, June. "Trade Blocs and Social Integration." Presentation at the Trade Blocs, Neoliberalism, and the Quality of

Life in Latin America Conference, Los Angeles. Retrieved June 10, 2005 (http://vvww.isop.ucla.edu/lac/article.asp? parentid=12060).

Johnston, David Cay. 2005, June 5. "Richest Are Leaving Even the Rich Far Behind." *New York Times*, p. Al.

Machiavelli, Niccolo. [1909] 2001. *The Prince*, Vol. 36, Part 1. Translated by N. H. Thomson. New York: Collier.

Marx, Karl. [1859] 1970. *A Contribution to the Critique of Political Economy.* Translated by Maurice Dobbs. New York: International Publishers.

Mong, Adrienne. 2009, May 18. "China's Graduates Face Grim Job Prospects." MSNBC.com. Retrieved June 12, 2009 (http://worldblog. msnbc.msn.com/archive/2009/05/18/1935896.aspx).

National Public Radio. 2009, January 30. "In '06, Rich Earned More, Paid Less Tax." *All Things Considered.* Retrieved June 9, 2009 (http://www. npr.org/templates/story/story .php?storyId=100073978).

Nyman, Charlotte. 1999, November 1. "Gender Equality in 'the Most Equal Country in the World'? Money and Marriage in Sweden." *Sociological Review*, 47(4): 766-93.

"Sweatshop Crackdown." 2005, June 30. *San Francisco Chronicle*, p. B8. Retrieved November 28, 2005 (http://www.sfgate.com/cgi-bin/ article.cgi?file=/chronicle/archive/2005/06/30/EDGOODGAUAl. DTL).

United Nations. 2005. "Report on the World Social Situation: The

Inequality Predicament." Retrieved September 29, 2009 (http://www.ilo.org/public/english/region/ampro/centerfor/news/inf_05.htm).

———. 2009. "World Economic Situation and Prospects 2009: Update as of Mid-2009." Retrieved June 10, 2009 (http://www.un.org/esa/policy/wess/wesp2009files/wesp09update.pdf).

United Students Against Sweatshops. 2009. "USC Signs Onto the DSP!" Retrieved June 9, 2009 (http://www.studentsagainstsweatshops.org/index.php?option=com_content&task=view&id=2288dtemid=2).

U.S. Bureau of the Census. 2005. "Mother's Day: May 8, 2005." Facts for Features. Retrieved October 7, 2005 (http://www.census.gov/Press-Release/www/releases/archives/facts_for_features_special_editions/004109.html).

———. 2008, July 28. "50 Million Children Lived With Married Parents in 2007." Retrieved June 8, 2009 (http://www.census.gov/Press-Release/www/releases/archives/marital_status_living_arrangements/012437.html).

———. 2009. "Table 1292. Marriage and Divorce Rates by Country: 1980 to 2006." Statistical Abstract of the United States: 2009. Retrieved June 12, 2009 (http://www.census.gov/compendia/statab/tables/09s1292.pdf).

Ventura, Stephanie J. 2009, May 18. "Changing Patterns of Nonmarital Childbearing in the United States." NCHS Data Brief No. 18.

Retrieved June 8, 2009 (http://www.cdc.gov/nchs/data/databriefs/ dbl8.htm).

White, Jonathan M. Forthcoming. *Hungry to Be Heard: Voices from a Malnourished America.* Oxford, UK: Oxford University Press.

第11章 社會制度（二）

教育、政府及宗教

　是否應要求美國公立學校的學生「宣誓效忠美利堅合眾國的旗幟及它所代表的共和國，一個上帝庇佑下的國家，不可分割，全民自由且平等」？這個問題顯示了美國教育、政治、宗教制度的關聯。上帝與我們國家有什麼關係？哪個上帝？誰的上帝？不信上帝是不是就不算美國人？還有，為什麼這問題**現在**製造一場政治戰？[1] 本章將檢視教育、政治及宗教制度，還有三者之間以及三者與美國社會其他基本制度的關聯。

教育制度

　教育機構教導年輕人基本及（某些情況下）進階技能，讓他們在社會上有效發揮自身功能。然後，受過教育的公民，使社會得以平順運轉，科技更進步、更有生產力、更繁榮。一個國家人民的教育水準，直接關係國民所得的公平性及整體經濟健全程

度。[2] 社會中其他主要制度改變，教育體系的功能亦必須隨著調整。舉例來說，經濟體改變時，人們所需要及教育體系所教導的 -183- 技能亦跟著不同。制度日益複雜及科層化時，需要更多高學歷的人才。正如韋伯所說：「受過訓練的專業在現代科層體制中日益不可或缺」（引用自 Gerth & Mills 1970: 240）。

你絕對知道，當今薪資不錯的新工作，大多要求員工至少具備大學以上學歷。半世紀以前則大不相同，當時只要工作的工廠有強大的工會，就可能得到好薪水（至少對白人男性來說是如此）。這樣的職務既不要求也不期待大學學位，而且只有少數人完成大學教育。

美國的教育制度也在很多方面與政府制度互相關聯。正如近期由國家科學院（National Academy of Sciences）、國家工程學院（National Academy of Engineering）及國家醫學研究院（Institute of Medicine）共同發表的一份報告指出：「只有提供尖端的人力資本〔human capital〕及知識資本〔knowledge capital〕，美國才能繼續為其子民維持高的生活水準及國家安全」（Augustine 2007: 1）。為了提供這樣的勞動力，我們的教育體系必須有成效，並且得到適度的經費。

州政府及地方政府提供公立學校大部分的經費。現今，州政府提供 47%的經費，地方 44%，聯邦政府則是 9%（U.S. Bureau of the Census 2008）（雖然按照歐巴馬總統的刺激經濟計劃，聯邦政府提供學校的經費可能從 9%提高到 19%）。在大部分的州，公立

中、小學經費主要來自地方的財產稅。州政府及聯邦政府都會擬定教育目標，但近些年，聯邦政府在管控公立學校的功能與運作上扮演了較重要角色。比如說，聯邦政府於 2001 年頒布「帶起每個孩子法案」（No Child Left Behind Act），建立以測驗為本位的教學目標與時程表，公立學校必須遵照辦理才能得到聯邦經費。

地方政府決定及管理學校中大部分的事情。地方選出的學校教育委員會負責監督學校運作，並擬定與州及聯邦法律一致的地方層級教育目標。私立學校在課程決定上雖然較為自由，亦須遵守美國法律，例如不可有差別待遇。總之，各層級的教育制度均可在課程、校舍及教學方法等方面，找到政府插手的痕跡。

細察「帶起每個孩子法案」[3]及將此法案付諸行動的學校教育委員會時，本章檢視的三種制度——教育、政府及宗教，均清晰可見。比如說，這項聯邦法案允許宗教組織接受聯邦的教育補助，為公立學校的學生進行課後輔導。但宗教組織和公立學校形成且維持其他連結的優缺點，卻在許多地區引發地方教育委員會委員與這些連結支持者之間的對抗。

學校教育委員會激戰的項目之一，就是科學課中應教授「智慧設計」還是進化論。支持智慧設計信念的人認為，世界是由某個超自然的智慧力量所創造，他們努力嘗試影響學校教育委員會的組成，以使公立學校教導這種信念。例如，堪薩斯選出的州教育委員會（State Board of Education of Kansas），就在近期改變了該州科學課的內容，將基督教眼中的「智慧設計」納入課程，跟

進化論一起教授；不過，賓州多佛地區（Dover）的居民，則投票
將 8 位提議與堪薩斯州相同作法的學校教育委員全都罷免。[4] 過去
數年，至少有 14 州的州政府官員及學校當局就此議題進行辯論
（Ralston 2009）；當今的民意調查顯示，只有 39%美國人相信進
化論（Newport 2009a）。

練習 11.1 你們當地學校的經費從何而來？

透過搜尋引擎（如 google.com 或 yahoo.com）輸入你所居住的
市或鎮的名字，以及「學校教育委員會」這個詞，找到當地教
育委員會官方網頁。撰寫 1–2 頁的報告回答下列問題：

1. 你們當地學校經費從何而來？

2. 這些經費在過去數年中增加還是減少了（原因為何）？

3. 學校教育委員會的委員如何產生？選舉還是指派？（若是指
   派，由誰指派？）

4. 學校教育委員會的委員是無黨派的還是與某個政黨有關？若
   有政治關聯，幾位是民主黨？幾位共和黨？是否有獨立人士
   或其他黨派的委員？

5. 學校如何因應聯邦的「帶起每個孩子法案」？（學校教育委
   員會的網站應該有這些資訊。）

6. 依據學校教育委員會網站資料，你們當地學校面臨哪些主要
   挑戰？委員會宣稱他們如何因應？

7. 現在，想像自己是學校教育委員會的正式成員，你想要處理

-185-

哪兩項挑戰？這兩項挑戰可以是學校教育委員會所提出，也可是基於自己對此議題的研究。概述這些挑戰，然後描述你建議如何處理這些挑戰的幾個想法。針對至少一項你提出的改變建議做出詳盡計畫，詳細討論可如何運用身為社會學家具備的技能幫助自己達成這項改變？

練習 11.2 全民教育？

閱讀〈關於全民教育你必須知道的十件事〉（Ten Things You Need to Know about Education for All），網址：www.unesco.org/en/efa/the-efa-movement/10-things-to-know- about-efa/。然後進入 www.un.org/millenniumgoals/2008highlevel/pdf/newsroom/Goal%202%20FINAL.pdf 閱讀關於全球受教育機會不平等狀況的資訊。再回答下列問題：

1. 你認為 1948 年的「世界人權宣言」（Universal Declaration of Human Rights）為何將教育定為基本人權？
2. 為什麼你需要關心其他國家人民接受教育的機會？
3. 你認為自己可如何與他人合作以促成 2015 年時「全球教育普及」的目標？

政府

美國憲法設定國家治理的架構。就像每位修過美國政府或歷史課程（或看過《搖滾校園》〔*Schoolhouse Rock*〕）的人都知道，美國憲法之序言描述的，是這個國家的開國元勳將政府建立於憲法規範下，希望能達到的目標。

我們美利堅合眾國的人民，為建立一個更完善的聯邦，樹立 -186-
正義，保障國內安寧，提供共同防務，促進全民福祉，並使
自己及後代得享自由之福，特為美利堅合眾國制定及確立本
憲法。（見美國憲法文本，網址：http://www. archives.gov/
exhibits/ charters /constitution_transcript.html）

正如序言所揭示，政府管控社會中各種的互動及事務，負責使社會平順運轉，這項任務範圍很廣泛，包括：保障民眾安全（從個人在鄰里的安全，到確保妥善建造及維修堤防以防人民遭受水患），⁵ 監管公共商務（從順暢的大眾運輸到穩定的金融市場），進行公平且民主的選舉。總而言之，政府負責全體國民的幸福與社會安康。

然而，大多數美國人並未確實行使自己選舉政府民意代表的權利。許多人甚至不知道選區的民意代表是誰，更別說這些人是

否真的「〔正在〕促進全民福祉」。只有剛過半數有選舉資格的
美國人行使總統選舉權。會在非大選級的地方選舉投票的人數，
更遠低於此；在非總統選舉年的州級選舉投票率只有 40%（Pew
Center on the States 2009）；而當選票上只有地方政府的民意代表或
提案時，投票率則更低。

許多美國人覺得自己跟政治程序毫無瓜葛，看到電視報導選
舉的巨額花費，也打消他們參選的念頭。雖然全國或州級選舉涉
及數百萬美元，並很大部分取決於誰可募集最多金額；但是地方
選舉卻不然，對願意投注時間與精力耕耘地方關係、鼓動個人及
小團體投票支持他的人來說，地方選舉較為開放。許多參選全國
或州級選舉的政客，將主要精力耗在可能給予大筆獻金的金主身
上；但相對來說，希望在地方政治獲得成功的人，精力大多用在
說服社區領袖身上，讓這些領袖說動自己的追隨者投票給他們。
因此，有組織的資金在州及聯邦選舉較為重要；有組織的人卻可
在地方選舉將某人送進政治公職。不論如何或是在何種選舉，政
治公職首次參選或競選連任者，都可放心忽視的是那些不參與政
治且不去投票的人。

-187-

練習 11.3　你的眾議員投下什麼票？

1. 進入「美國眾議院」（U.S. House of Representatives）網站：
www.house.gov。

2. 網頁右上角「找到你的眾議員」（Find Your Representative）項目底下的「郵遞區號」欄位，先輸入你的郵遞區號，然後點選「搜尋」（Go），來搜尋你的眾議員。

3. 網頁打開後，點選選區眾議員的姓名並連結議員的個人網站。亦可由「美國眾議院」網站首頁中間部分「拜訪你的眾議員之網站」（Visit Your Representative's Website）項目下拉式欄位，點選按姓氏字母排列的眾議員姓名，以連結到其個人網站。

4. 找出你的眾議員在五項議題上採取的立場。

5. 回答下列問題：

a. 你是否同意他／她投票支持的這些立場？（換句話説，這些能代表你的意見嗎？）為什麼？

b. 你會在下次（1）地方、（2）州、（3）全國選舉時去投票嗎？為什麼？

c. 閱讀你的眾議員最近投出什麼樣的票，是否使你更有或更沒有興趣在下次選舉時投票，以讓他／她當選或落選？為什麼？

d. 若你不贊成他／她在某個或更多議題的立場，你（作為一位公民）可採取什麼行動來表達自己的不滿？

e. 你可採取哪些行動，讓你的眾議員在未來針對某些議題投票時，更能符合你的意願？

宗教制度

　　根據 2008 年的調查，78.4%美國人表示自己為基督徒。**基督徒**（Christian）這個名稱包含了許多宗教的信徒，從主流的基督新教徒（Protestant）、到福音派基督新教徒（Evangelical Protestant）與天主教徒（Catholic）。接受調查的群體中，福音派基督新教徒佔 26.3%、天主教徒為 23.9%、主流基督新教佔 18.1%、隸屬黑人教會（Historically Black Churches, HBCs）的美國人則是 6.9%。其他較小的宗教族群包括：猶太教徒（1.7%）、佛教徒（0.7%）、耶和華見證人信徒（0.7%）、穆斯林（0.6%）及印度教徒（0.4%）。認為自己不屬於特定宗教團體的美國人略高於 16%（1990 年時為 8.2%）（Pew Forum on Religion & Public Life 2008）。[6]

-188-　　社會學三個主要理論觀點對宗教制度的描繪大不相同。這些理論幫助我們理解宗教在社會扮演的各種角色、如何適應社會變遷、如何影響社會及社會中的人。有個要留意的重點：社會學家感興趣的是宗教與社會的互動，而非一個特定宗教教義的真實性。

　　功能論者遵循涂爾幹在此領域的知名著作，主張宗教對社會有數項功能：團結信徒、透過提供「正確」的生活方式協助建立秩序、給予人們對自己生命意義及目的之想法。當然，這種宗教功能的分析，是假設社會中只有一種宗教信仰，而未考量到宗教信仰多元的社會，諸如美國。

　　衝突理論家認為，宗教往往分散受壓迫者的注意力，防止他們集中神於社會的不平等。馬克思曾形容宗教為「人民的鴉片」（引用自 Bottomore 1964: 27）。他認為宗教鼓勵工人忽視世間遭受的苦難，因此作用就像麻醉人的「鴉片」，使受壓迫者順服並無意起義反抗壓迫者，而有助於維持現狀。受到資產階級資助的神職人員，則勸告信徒不要抗議造成他們貧困的不平等，而要在世間做個順服及「良善」的人，才可能在天堂因為這些苦難及寬容而得到獎賞。[7]

　　符號互動論者指出，宗教是由社會所建構，經信徒使用符號及儀式創造並再造而成。他們同意功能論者「宗教賦予我們生活秩序」的主張。不過，同時強調個人擁有能動性（agency，創造及改變制度的能力），並在設計與維護自己宗教上，扮演主動且一致的角色。正如社會的變遷或人們的創造、調整及摒棄符號，宗教制度亦會改變。比方說，「第二次梵諦岡大公會議」（Second Vatican Council）（1962-1965）促使天主教教會符號及態度變遷，因而改變教會的觀點與許多規範。做彌撒時使用的語言，由拉丁文變成教友的語言；神父不再於唸經文時將臉別開，而改成面對教友；吉他與民謠團體，則取代了管風琴與唱詩班。這些符號的變遷，改變了教會成員彼此的關係以及如何看待自己在教會的角色。僅是改變某些符號，就促使非神職天主教人士的地位提升，創造出百年前的天主教徒可能認不得的天主教教會。

教育、政府及宗教制度的關係

正如社會中其他主要制度，教育、政府及宗教制度必須找到共存的方式，共存方式的根基則因理論觀點而異。例如，功能論者主張，這些制度能為了整個社會的美好而合作；衝突理論家則認為，教育、政府、宗教及家庭制度，只是在實踐那些控制經濟制度者的慾望。

不論理論觀點為何，有一點很清楚，那就是各社會制度間必須以不同的方式彼此互動。不過，彼此**如何**互動，卻是每個社會相異。舉例來說，不同社會中宗教對政府及教育制度的影響就大不相同；有些社會的法律植基於宗教的教義，而在某些社會，宗教甚而不被官方正式承認。

宗教、政府與教育的關係：美國和法國之比較

美國憲法第一條修正案中有這樣字句：「國會不得制定關於確立國教，或禁止宗教自由的法律」，這樣做有部分原因是美國建國時沒有一個主流宗教。這句話的兩個條款之間，本身就有內在的緊張關係。有些人著重在政教分離，其他人則強調第一條修正案是聲明政府不得干涉宗教自由。

雖然美國沒有國教，但可以清楚看到宗教對美國政府的影響。從紙幣印著「我們相信上帝」（In God We Trust），到總統演

說照例會提及的宗教意象，整個美國盛行的是基督教。相對地，法國憲法卻未提及人民宗教信仰的差異。法國人民可自由信仰自己喜歡的任何宗教，但必須透過一種私人的方式進行。美國的宗教組織享有免稅的地位，且常受到政治領袖的肯定及推崇；法國政府與宗教組織唯一的正式關係，卻是確定他們沒有侵犯他人自由。法國明確禁止宗教進入公立學校，不像美國有些人主張讓強制祈禱回到學校，且還在持續爭辯是否該要求學生說出包含**上帝**這個詞在內的宣誓詞。為了符合不得公開個人宗教信仰的法國法律，法國學生不但不得公開祈禱，且不得在學校穿著宗教服飾（諸如面紗或頭巾之類），就算自己信仰的宗教要求他們在公開場合需這麼穿也不行。

-190-

美國法律雖然禁止政府支持特定宗教或為某個宗教背書，卻完全不阻止國民援用宗教立場做為投票或參與其他政治活動的基礎，即便作為已達到組成全國性社會運動來更改法律的地步。舉例來說：

> 1830 年代，在一波懺悔式抗爭潮中，禁酒及反對奴隸〔運動〕動員了成千上萬美國人。這些抗爭裡，男人及女人聚集在一起，反對他們視作罪惡的飲酒及奴隸制度，宣誓共同改革社會並要求宗教及公民機構悔改。他們受到強烈的對抗，許多甚至是暴力的。（Young 2002: 661）

不過，上述兩個運動的目標最後都獲採行訂成法律。這件事值得注意的是，基督教行動主義者相信，喝酒及奴隸制度在道德上有錯，他們領導的改革運動，目的是改革有關飲酒與奴隸制度的法律，而非修法改變宗教在社會中所扮演的角色。

美國公立中小學校受法律委任，是由政府資助及管理、對全民負責的教育機構。一個公立學校體系是否可進行宗教活動卻不違反政教分離的法律呢？仔細考量下面「練習 11.4」描述的案例。

當然，並非所有自稱教徒的人都真會去做禮拜。正如第五章所述，約有 42%美國人定期（每週一次或更頻繁）參加宗教聚會，西歐人為 20%，而東歐人則是 14%（Newport 2009b）。另一方面，可能有人不做禮拜，但相信上帝或某個自己覺得有關聯的宇宙之靈。例如，雖然每 10 位美國人中只有 4 位每週做禮拜（Newport 2009b），且不屬於任何宗教團體的人略高於 16%（Pew Forum on Religion & Public Life 2009），但 78%的人表示相信上帝，而另有 15%的人說他們相信某位宇宙之靈（儘管不是上帝）（Newport 2008）。

-191-
練習 11.4 學校運動與祈禱

人權法案研究所（Bill of Rights Institute）的網站（www. billofrightsinstitute.org），列有經最高法庭審理，關於憲法第一修正案中「政教分離」及「信仰自由」兩個條款內在緊張關係的

指標性案例。其中較近期的一個裁決案，為聖塔菲獨立學區訴無名氏案（*Santa Fe Independent School District v. Doe*），由史帝文斯法官（Justice Stevens）撰寫下列代表多數法官意見的法庭裁決書（三位法官有異議）。[8]

1995 年以前，一位學生被選任聖塔菲高中學生會的司鐸，在美式足球校隊每次主場比賽前禱告，並由賽場擴音系統播放出來。本案被上訴人，亦即摩門教與天主教學生或校友及他們的母親，基於憲法第一條修正案中「政教分離」條款，對此做法提出訴訟。

此訴訟進行審理當中，本案上訴人，亦即學區，採行了一個不同的政策，授權進行兩項學生投票，第一個是決定是否要在比賽時進行「祈願」的儀式，第二個則是投票選出誦唸這些祈願詞的代表。學生進行投票，並授權這些祈禱及選出一位代表後，地方法庭加進一條命令修正這項政策，只准許無宗教派別及非傳教性的祈禱。第五巡迴法庭判決，即使遵照地方法庭之修正，於美式足球球賽時祈禱的學校政策仍屬無效。

判決：學區允許美式足球球賽中由學生主導、學生發動的祈禱違反政教分離條款。第 9-26 頁。

（1）法庭分析係以李訴魏斯曼案（*Lee v. Weisman*），505 U.S. 577，所背書之原則為指引。該案裁決書結論中指出，在畢業典禮上由一位猶太教教士進行祝禱，違反政教分離條款；法庭判定憲法最低限度保證，政府不得強制任何人參與宗教儀式或信

教，或者做出確立國教或宗教信仰之類的作為，或是傾向這麼做，如前註第 587 頁。學區聲稱此政策所規範之訊息傳達，是學生的私人演講，而非公開演講，此聲辯無說服力。如此案「祈願」這項訊息傳達的作為──在學校範圍中、於學校支持的活動上、透過學校之公共廣播系統、由學生團體的代表誦唸、在學校教師的監督下、根據一個明裡暗裡均鼓勵公開祈禱的學校政策──被稱為是「私人」演講實屬不當。

-192-

1. 你是否贊同這意見？為什麼？
2. 對於進行這些禱告者使用的「符號」，符號互動論者會怎麼說？這些符號傳達了什麼給賽事中其他學生或球迷？特別是，關於在美式足球球賽中公開禱告是否恰當意味著什麼？
3. 對法院的裁決，一位衝突理論者可能會發表什麼意見？。

練習 11.5 宗教在個人生活中之角色

訪問 10 個人的宗教信仰。調查中詢問他們：（1）所屬宗教派別（若他們信仰某宗教）、（2）有多常參加做禮拜這類宗教活動、（3）認為信仰上帝或某種更高的力量，是否會指引他們的日常生活？

然後進行訪談，請他們提供實例來闡明自己在問卷調查中的答案。比較調查與訪談的結果，兩者的發現是否一致？為什麼？

2005 年法國暴動

　　教育、政府、宗教制度之間關係會出什麼差錯？法國 2005 年
10 月及 11 月的暴動提供了例證。在一個不願正式承認種族及宗教
差異的社會裡，這些暴動者經歷了種族及宗教的雙重歧視。他們
多數為十幾歲的貧困青少年，北非及阿拉伯後裔，父母在一個世
代前工作機會還很多時移民法國。然而，工作減少時，暴動者身
處的鄰近地區，失業率則徘徊在 40% 上下（Cesari 2005）。

　　暴動者及家人，面對著住家及法國刑事司法體系兩方面的差 　-193-
別待遇。由學校畢業或中輟、沒有工作所需技能、面對勞動力中
種族／族群差別待遇，他們的就業前途黯淡（Bell 2005）。雖然這
些暴動者的**父母**大多信仰伊斯蘭教，但宗教信仰並非他們暴動的
原因。事實上，他們大多與宗教、法國的政府及教育制度疏離
（Cesari 2005）。馬克思主義者也許會主張，因為沒有受到宗教
「鴉片」的阻礙，他們可以揭竿而起；功能論者卻會指出，因為
未信仰伊斯蘭教，他們無法受到宗教組織的影響，以協助建立自
己生命的目的；符號互動者則可能提出，暴動者不屬於任何建構
的宗教或世俗組織，因此無人來為他們有效謀取利益，或確保法
國政府會處理他們的需求。

練習 11.6　2005 年法國暴動之回應

自從 2005 年暴動以來，一些法國公民開始質疑政府這種忽視國民種族及宗教差異的作為，建議人口統計建立種族及宗教資料類別，以使政府認清差別待遇的模式。

聆聽〈種族多元的馬賽倖免於法國暴動〉（Diverse Marseille Spared in French Riots），網址：www.npr.org/templates/player/mediaPlayer.html?action=1&t=1&islist=false&id=5044219&m=5044222。然後閱讀〈法國應否將少數種族列入人口統計〉（Should France Count Its Minority Population），網址：www.time.com/time/world/ article/0,8599,1887106,00.html 。

撰寫 2-3 頁的報告來回答下列問題：

1. 你學到的法國 2005 年暴動原因及法國對種族與宗教的態度為何？這些與美國的態度有何不同？
2. 法國可進行哪三項改革，防止再度爆發類似 2005 年的暴動？
3. 如果要說服法國民眾支持這些改革方法，你會使用哪些策略？你會如何將法國人對種族與宗教的態度列入考量，以讓他們支持這些改革？

-194-
練習 11.7　土耳其之世俗主義、宗教及民主

土耳其目前正激烈辯論宗教在其社會的地位。土耳其的世俗主義，最初受到與法國世俗主義背後同樣觀念的啟發，並以此

為基礎,現在卻受到挑戰。聆聽〈土耳其解除戴頭巾禁令〉
(Turkey Moves to Lift Headscarf Ban),網址:www.npr.org/
templates/story/story.php?storyId=18847867。然後回答下列問題:

1. 許多土耳其婦女希望戴頭巾,你認為是什麼緣故?

2. 你是否贊成受訪女士所相信的頭巾是「男性主導之父權象
   徵」,或它們是宗教自由與民主的表現?

3. 你認為自己的宗教、政治及社會教養如何影響你對問題 2 的
   回答?

   現在,閱讀〈歐洲回教婦女議題的演變〉(Issues for Muslim
   Women in Europe Evolve),網址:http://www.npr.org/
   templates/story/story.php?storyId=18226044。

4. 頭巾是個被爭論的符號,對不同政治、經濟、社會團體有著
   不同的意義,你從這篇文章中的哪些資訊理解到這點?

行動中的社會學家:布倫斯麻(DAVID BRUNSMA) 及洛奎摩爾(KERRY ROCKQUEMORE)

對美國公立學校來說,學校制服是不是一個容易解決的問
題?許多人倡議,穿制服可減少學校孩童之間的地位競爭,包
括暴力爭鬥。學校制服的支持者主張,制服可有助學生的歸屬
感及共同感,同時培養更佳的紀律感。

這個假設看來很有道理,但缺乏真實數據,直到社會學家布
倫斯麻及洛奎摩爾(Brunsma and Rockquemore 1998)進行一項

社會學研究，以確定穿制服對於十年級的青少年的物質濫用、行為問題、出席率及學業成就等方面的效果。使用從 1994 年起進行追蹤之美國「1988 年全國教育縱貫性研究」（National Education Longitudinal Study of 1988）數據資料，他們的分析顯示：穿制服在物質濫用、行為問題、出席率方面無直接影響，而在學業成就方面，則有些許**負面**影響。所有可見到改善的地方，均與其他因素相關（補助經費以改變課程內容、改善教學方法……等）。

用布倫斯麻及洛奎摩爾的話來說（1998），

> 規定穿制服，就像是清理一棟衰敗建築並為它漆上顏色鮮豔的油漆，一方面可立即攫取我們的注意，但另一方面，這只是一層漆上的外衣。此類型的改變將注意力吸引到學校，同時意味著出現了需要做巨幅改變的嚴重問題。這種關注的結果，似乎可讓家長及社區重新產生興趣，並支持更多的組織變革……。
>
> 〔然而〕，這種強制穿制服政策背後支持力量的本質及強度……似乎說明了 1990 年代學校改革政策那種應急或為權宜之計的本質。一項簡明、易懂、免費（對納稅人而言）、訴諸常理的政策，在政治上是討喜的，因此得到許多支持。當受到更大改革的挑戰時，效果並

非立即可見、花費太高且需父母及教職員有意願並付出
精力的那些政策，因而不被接受。（p. 63）

　　當時為學校改革而做出的主張與策略，是受到政治意圖（需
提出不花錢且迅速解決問題的政策之壓力）、傳聞軼事以及薄
弱證據所主導，布倫斯麻及洛奎摩爾透過此研究讓真相顯露出
來。他們的研究結果提供了明確證據，政府及家庭要想改善公
立學校體系，所花的成本必須較要求學生穿學校制服還高。[9]

★問題討論

1. 閱讀本章前，你是否知道選區內參議員、眾議員的姓名？他們
   所屬黨派？你為什麼知道或不知？知道他們是誰及他們於議題
   表決時如何投票為什麼重要？

2. 你認為**公立**學校應該有何效用？你認為自己所受的教育能否達
   成這效果？為什麼？你是否在公立學校接受小學及中學教育？
   為什麼是或不是？

3. 你認為應否准許宗教性符號於公立學校出現或使用？為什麼？　-196-

4. 為什麼政治官員的公開聲明常常要用到**上帝**，對此你曾否感到
   疑惑？你覺得這情形為什麼會發生？

5. 你認為應否要求美國公立中、小學學校的學生「宣誓效忠美利
   堅合眾國的旗幟及它所代表的共和國，一個上帝庇佑下的國

家，不可分割，全民自由且平等」？為什麼？

6. 你認為法國政府是否需要正式承認國內宗教、種族及族群的多樣性？若是，為什麼（以及法國政府可如何做）？若否，為什麼？

7. 你要如何在自己學校進行宗教影響力的研究？你會用哪種方法論收集資料？會運用哪種理論解釋自己的數據資料？

8. 改善美國公立教育體系方面，你認為聯邦政府應扮演什麼角色？若認為應增加學校經費，你覺得錢應該從哪裡來？為什麼？

9. 描述你自己生活中經濟、家庭及教育制度的關係。若沒有機會接受大學教育，你認為自己會發生什麼狀況？缺乏大學教育的機會，將如何影響你的經濟狀況及養家能力？

★特定行動建議

1. 進入 www.house.gov。在眾議院準備辯論的議題中找到某項你感興趣的議題，研究此項議題，然後寫封信給你的眾議員，促使他／她表決時按照你的想法投票。

2. 參加你們社區中兩個不同類型的宗教禮拜，觀察及比較其中權威人士的類別（他們的性別、種族及年齡）。思考若這兩種宗教成為「官方」（official）國教，這些不同的宗教團體可能如何影響社會？

3. 研究一個正在進行某項社會正義議題工作的宗教組織，撰寫 2

頁的論述,概述這項議題的範圍、為什麼這組織要處理它及他
們如何進行這工作(使用什麼方法)。論述中至少用一個段落
來分析,這宗教團體在組織公民朝向更公義的社會有什麼力
量;再用另一個段落來討論,這種具宗教動機的社會正義可能
的負面結果。最後,確定你要如何協助他們,然後貫徹其中至 -197-
少一個行動。

　　這裡有些你可能感興趣的運動:「施世麵包組織」(Bread
for the World)的終止飢餓運動(www.bread.org),「跨宗派勞
工正義組織」(Interfaith Worker Justice)之反苛扣勞工薪資運動
(www.iwj.org/template/index.cfm),「食糧組織」(MAZON)
戰勝飢餓的奮戰(www.mazon.org),「美國公誼服務委員會」
(American Friends Service Committee)紓緩貧困非洲國家債務之
努力(http://allafrica.com/stories/200402050793.html),「天主教
救援服務團」(Catholic Relief Services)在非洲與愛滋病奮戰的
努力(http://crs.org),以及「福音教派拯救達佛組織」
(Evangelicals for Darfur)(http://www.savedarfur.org/pages/
evangelicals_for_darfur)。這些只是少數例子,你也大可發起你
自己的運動。

　　請由下列網址 www.pineforge.com/korgen3e 進入本書網站,
以找到更多公民參與的機會、資源以及經過同儕審查的文獻、
與本章相關之最新網站連結資訊。

註釋

1. 這段誓詞最早寫於 1892 年，又於 1823、1924 及 1954 年修正。「上帝庇佑下的」（under God）這個詞是最近期加入的，當時是美、蘇冷戰期間，某種程度上來說，是為了顯示美國有別於禁止宗教信仰與活動的蘇聯。

2. 閱讀美國智庫「艾克頓研究所」（Acton Institute）網頁上貝克（Gary Becker）的文章：〈人力資本與貧窮〉（Human Capital and Poverty），網址：www.acton.org/pub/religion-liberty/volume-8-number-1/human-capital-and-poverty。

3. 見聯邦政府之「帶起每個孩子法案」網站（網址：www2.ed.gov/nclb/landing.jhtml）。

4. 一個美國聯邦區域法院在 2005 年裁決，教育委員會指示教授「智慧設計」的決定，違反憲法宗教與國家分離的規定（見 Associated Press 2005）。

5. 政府在這方面的失職，於 2005 年卡崔娜颶風當時及事後（且仍持續）痛苦地展現出來。由於保護紐奧良的堤坊發生潰堤，數百名美國人失去生命，更有數百萬人失去家庭、生計及鄰里。

6. 其餘比例的受調人士，拒絕回答、不知道、表示自己屬於其他宗教。根據小喬治·蓋洛普（George Gallup, Jr.）所言：「一個具代表性的千人地球村將包括：300 位基督徒〔183 位天主教徒、84 位基督新教徒、33 位東正教徒〕，175 位穆斯林，128 位印度教徒，55 位佛教徒，47 位萬物有靈論者〔Animists〕，210

位聲稱不屬於任何宗教，而 85 位則是來自其他各類宗教團體」
（n.p.）。

7. 有個重點須留意，馬克思並未接觸到積極促進社會正義的宗
教，而上個世紀就有許多這類宗教活動。事實上，近些年來有
些宗教領袖（如解放神學家〔Liberation Theologians〕）被指控
為馬克思主義者！

8. 要閱覽最高法院對此案完整意見，可至「法律資訊研究所最高 -198-
法院判例集」（Legal Information Institute Supreme Court
Collection），網址：http://caselaw.lp. findlaw.com/scripts/getcase.
pl?navby=search&court=US&case=/us/000/99-62.html。

9. 想了解更多學校制服的議題，可閱讀布倫斯麻（Brunsma）所著
《學生制服運動及由此所見之美國教育：一場象徵性的聖戰》
（*The School Uniform Movement and What It Tell Us About American
Education: A Symbolic Crusade*, 2004）。

參考書目

Associated Press. 2005, December 20. "Judge Rules Against Intelligent
Design." *MSNBC*. Retrieved March 14, 2006 (http://www.msnbc.
msn.com/id/10545387).

Augustine, Norman R. 2007. *Is American Falling Off the Flat Earth?* The
National Academies Press. Retrieved September 30, 2009 (http://
www.nap.edu/catalog.php?record_id=12021).

Bell, Susan. 2005, November 9. "French Curfew Will Keep Rioters Off Streets." *The Scotsman*. Retrieved May 9, 2008 (http://thescotsman. scotsman.com/world/ French-curfew-will-keep-rioters.2676638.jp).

Bottomore, Thomas, trans, and ed. 1964. *Karl Marx: Early Writings*. New York: McGraw-Hill.

Brunsma, David. 2004. *The School Uniform Movement and What It Tells Us About American Education: A Symbolic Crusade*. Lanham, MD: Scarecrow Press.

Brunsma, David L. and Kerry A. Rockquemore. 1998, September/October. "Effects of Student Uniforms on Attendance, Behavior Problems, Substance Use, and Academic Achievement." *Journal of Educational Research* 92(l): 53-63.

Cesari, Jocelyne. 2005, November 30. "Ethnicity, Islam, and *les banlieues:* Confusing the Issues." Social Science Research Council Web site, Riots in France. Retrieved March 14, 2006 (http://riotsfrance.ssrc.org/ Cesari).

Gallup, George, Jr. 1996. Foreign Policy Research Institute [FPRI] Wire: "Religion and Civic Virtue at Home and Abroad." *The Templeton Lecture on Religion and World Affairs* 4(1). Retrieved September 30, 2009 (http:// www.fpri.org/fpriwire/0401.199606.gallup.religioncivicvirtue.html).

Newport, Frank. 2008, July 28. "Belief in God Far Lower in Western U.S." Gallup.com. Retrieved June 11, 2009 (http://www.gallup.com/

poll/109108/Belief-God-Far-Lower-Western-US.aspx).

———. 2009a, February 11. "On Darwin's Birthday, Only 4 in 10 Believe in Evolution." Gallup.com. Retrieved June 11, 2009 (http://www.gallup.com/poll/114544/Darwin-Birthday-Believe-Evolution.aspx).

———. 2009b, March 23. "Despite Recession, No Uptick in Americans' Religiosity." Gallup.com. Retrieved June 3, 2009 (http://www.gallup.com/poll/117040/Despite-Recession-No-Uptick-Americans-Religiosity.aspx).

Pew Center on the States. 2009. "Demand for Democracy." Retrieved September 30, 2009 (http://www.pewcenteronthestates.org/trends_detail.aspx?id=31674).

Pew Forum on Religion & Public Life. 2008. "U.S. Religious Landscape Survey." Retrieved June 11, 2009 (http://religions.pewforum.org/reports).

———. 2009, April 19. "Faith in Flux: Changes in Religious Affiliation in the U.S." Accessed on May 21, 2009 (http://pewforum.org/docs/?DocID=409).

Ralston, Michelle. 2009, February 4. "Fighting Over Darwin, State by State." The Pew Forum on Religion & Public Life. Retrieved June 11, 2009 (http://pewforum.org/docs/?DocID=399).

Santa Fe Independent School District v. Doe. 2000. Certiorari to the United States Court of Appeals for the Fifth Circuit, No. 99-62. Argued March

29,2000—Decided June 19, 2000. Retrieved May 9, 2008 (http://straylight.law.cornell.edu/supct/html/99-62.ZS.html).

U.S. Bureau of the Census. 2008, April 1. "Public Schools Spent $9,138 Per Student in 2006." Retrieved June 10, 2009 (http://www.census.gov/Press-Release/www/releases/archives/education/011747.html).

Weber, Max. 1970. *From Max Weber.* Edited by H. H. Gerth and C. Wright Mills. Oxford, UK: Routledge.

Young, Michael P. 2002. "Confessional Protest: The Religious Birth of U.S. National Social Movements." *American Sociological Review* 67(5): 660-88.

第12章　進擊的社會學家向前衝

　　恭喜你！讀完這本書並完成前面章節的練習，你無疑具備了社會學之眼，並懂得運用社會學的想像。現在已經無法回頭，懷著滿是**社會學**工具的工具箱，你會自然察覺那些影響我們所有人、但卻常被不像你受過社會學訓練的人所忽視的社會模式。最棒的是，你同時得到一種方法，讓你可成為推動社會改革的行動者！

　　透過社會學課程（或許同時經由其他方法），你已經練就所需技能，成為有見地且有功效並能幫助形塑我們社會的公民。但是，正如所有超級英雄都知道，力量越大責任就越大。你有義務運用這些知識來影響社會，讓社會朝更好的方向前進。正如一位木匠，不僅購買工具，也得學會如何正確使用這些工具；一位積極活動的社會學家亦須學會如何運用他／她的工具。因此，現在是你練習使用自己社會學工具的時候了，透過完成下面方案當中的一項，來研究及處理社會議題。

社會科學研究之基本步驟

　　無論選擇什麼研究主題，你都須謹記及遵循下列所有社會科學研究的基本步驟：

1. 選擇一個研究主題。

2. 查證其他研究者在這主題有什麼發現。

3. 選擇一個研究方法（你準備怎麼收集資料）。

4. 收集資料並進行分析。

5. 將你的發現與其他研究者的發現連接起來。

6. 就你的發現做點事！

　　選擇下列方案之一，然後運用後面的研究指引，計畫及進行你所選擇的方案。

方案 12.1 公民參與及高等教育

　　近年來，已有許多教育人士及社會領袖，撰述或談論大學在公民教育方面的責任與義務[1]。然而，尚不清楚的是（1）有多少**學生**認為公民參與應是大學教育的一部分、（2）有多少學生真正積極參與公共事務。你的工作，是在你們學校的學生中找出這兩個問題的答案，並設計出方法來激勵他們積極主動發揮形塑社會的角色。

方案 12.2 大學院校的社會責任

　　貴校是否為「善盡社會責任」的機構？在此方案中，你將（1）運用不同的社會責任指標，衡量貴校盡了多少社會責任；（2）應用你的發現做番努力，使貴校擔負更多的社會責任。

-202-　　　下面為一些可深思的問題：校園中每個人是否皆有平等接受教育及獲得其他資源的機會？學校教職員的薪酬及受到的對待是否公平？學校運動校隊的制服或校園書店中販售的衣物是血汗工廠製造的嗎？學校是否盡力做資源回收？貴校投資的企業是否有哪家曾被指控違反人權？女性及男性教授所得的報酬是否公平？若學校作出有違社會責任的事，學生是否會知道？若知道，學生會組織起來改革嗎？

方案 12.3 連結大學院校與社區

　　你們學校周圍的社區有哪些需求？這些需求得到滿足了嗎？貴校是否主動聽取在地領袖的意見及建議來幫助自己當地的社區？學生團體或社團是否將學生與地方社群連結起來？學校社群與周遭社群之間是否存在鴻溝（社交上或地位上）？學生是否對地方社群有偏見，或地方社群是否對學生有偏見？貴校對提升周遭社群的經濟水準是否有貢獻？這方案將檢視貴校所在地社區的社會及經濟環境，以及貴校投注了多少心力來增進社區活力。

步驟一：研究前準備

（一）你（認為自己）知道什麼

開始研究之前很重要的是，評估你**認為**自己對這主題知道些什麼、及你**為什麼**會認為自己知道這些。這將有助你思考研究主題時集中焦點，察覺自己對此議題的潛在偏見。書寫 1 頁的報告（1）描述你對這研究問題假設（認為）的答案、（2）從自己的生活、以前所做研究、你依據社會學分析（當然，運用社會學的想像及社會學之眼！）做出的「最佳預測」中，舉出實例來支持你的假設。

（二）文獻查證

第二步，檢視與你研究主題相關的既有研究。到學校圖書館，找出社會科學方面學術論文資料庫。我們推薦「社會學文獻摘要資料庫」（Sociological Abstracts）、「JSTOR 資料庫」、及「綜合學科參考類全文資料庫精華版」（Academic Search Premier）。使用諸如下列關鍵字或詞語的組合，進行數次文獻搜尋： -203-

> 方案 12.1：用「學生行動主義」、「學生的冷漠」、「大學與行動主義」、「公民參與及大學」、「教育學生」及「學生的態度」

方案 12.2：用「公民參與及大學院校」、「學生行動主義」、「學生與社會責任」、「大學與社會責任」及「學生運動」

方案 12.3：用「貧窮」、「飢餓」、「遊民問題」、「失業」、「市鎮與學士袍」及「校園與社區」

若文獻查證時遇到問題，或使用的搜尋詞彙未能找到你想要的資料，請尋求學校圖書館的參考館員協助。他們的資訊來源十分驚人，能在你進行文獻搜尋時提供極大的助益。

選擇學校圖書館中與你研究問題相關的 4 至 5 篇近期出版的文獻。

當然，不會有任何一篇文獻可完全解答你的研究問題。然而，每一篇卻都可能提供這問題的部分資料或一些想法。在每篇文獻中，留意下列重點：

- 文章討論到你研究中的哪一個主要概念（例如：學生的態度、社會責任、大學校園與社區的關係）？
- 研究者的哪些發現可增加你對研究問題的認識？

根據所閱讀文獻撰寫 2 頁的總結報告。然後，再撰寫 1 頁的報告，概述由這些文章中學到哪些東西，影響了你對自己研究問

題的想法。你預期的研究結果是否因此有所改變？為什麼？如果有，修正你的研究假設。

步驟二：收集資料

你提出一個研究問題，對問題背景作了一些功課。毫無疑問，你覺得自己的研究將會有何發現已與最初思考這個問題時不同。現在，收集資料並檢驗自己目前的預期是否正中問題要害。下面三個引導式練習中，我們各呈現一個適合前述三個研究方案的研究設計。必定要從「步驟一」起，就持續進行同一個方案（亦即，若在「步驟一」時你選的是方案 12.1，那麼就該在這個章節的全部練習，都持續用方案 12.1）。你可照著教授的意願，用個別或小組的方式來進行。

方案 12.1 「公民參與及高等教育」資料收集練習　　　　　　-204-
在此練習中至少調查 30 位學生，判定（1）貴校學生對學習成為社會中主動且有效能的成員方面，有多少興趣；（2）貴校學生參與社會事物的主動程度。

> 1. 上本書網站，選擇「研究工具」（Research Tools）並下載
>   「研究方案 12.1 調查問卷」（survey for Research Project

12.1）；同時下載研究方案 12.1「計分指引」（scoring
guide）。

2. 確定尋找受訪者的時間及地點。不要只是隨意地發出調查
表，而是選擇一個通識教育大班課堂，如此將可提供相當
具代表性的學生樣本群（代表來自不同年級、科系、種
族、族群、性別……等的學生）。一定要先徵得該堂課授
課教授的許可，再於開始上課前發出調查問卷。

3. 請學生花 5 至 10 分鐘填寫調查問卷。先唸填答說明給他們
聽，再發出調查問卷。要求學生勿具名，並告知他們填答
完後將問卷面朝下的堆放在教室中某個特定地點。（這樣
他們就知道你不會知道誰做出什麼回答。）

4. 依據計分指引的指示來分析結果。你也許會想嘗試，把自
己的資料跟其他進行相同方案同學的資料組合起來。（如
此將使你有較大的樣本數作為研究發現的依據。）撰寫 3
至 4 頁的報告，呈現及分析自己的結果，並將此與你就此
主題找到的既有研究發現關聯起來，做比較及討論。

方案 12.2 「大學院校的社會責任」資料收集練習

在此練習中，訪談 10 位學生，了解他們覺得學校有多麼善盡
社會責任。你的問題應述及兩方面：有關社會責任方面的特定指
標、他們對學校在善盡社會責任這點的整體印象。

1. 上本書網站，選擇「研究工具」並下載研究方案 12.2 訪談
   指引（interview guidelines）、編碼指引、及訪談同意書
   （informed consent statement for Research Project 12.2）。

2. 決定要在何地及何時尋找受訪者。一定要訪談最可能了解
   （或關注）你研究主題的學生（例如：學生會主席、社團 -205-
   負責人、學生行動主義團體成員、董事會的學生代表……
   等）。

3. 訪談前先徵得你受訪學生的同意。請他們閱讀及簽署同意
   書。並徵求受訪者同意你對訪談過程進行錄音。（若他們
   不接受錄音，則你必須盡量詳盡地做筆記。）

4. 向他們提出你在閱讀及遵循訪談指引後自行設計的問題。
   以你自己的問題開始做訪談，但讓受訪者引導訪談的進
   行；勿迫使所有受訪者在回答同一個問題時均用相同的方
   式。不過，一定要讓每位都談到你所準備的所有問題。重
   點在得到他們個別的觀點，再與其他受訪者觀點比較。好
   的訪談者在整個訪談中都使用探測式問題；亦即一些非常
   簡短的問題，像是「你可以就那個再多說點嗎？」或「有
   意思。你對此還有其他的想法嗎？」。探測式問題暗示受
   訪者對這主題談得更多，卻不會將受訪者的說法導引到你
   自己的偏見上。

5. 依據編碼指引的指示分析結果。若可能，把自己的資料跟
   其他進行相同方案同學的資料組合起來。（如此將使你有

較多的樣本作自己研究發現的依據。）

6. 撰寫 3 至 4 頁的報告，呈現及分析自己的結果，並將這些與你在此主題找到的既有研究發現關聯起來，做比較及討論。

方案 12.3 「連結大學院校與社區」資料收集練習

請注意：你可用訪談**或**問卷調查的方式收集此方案的資料。

訪談：你將訪問社區領袖，討論貴校與社區之間關係。

1. 上本書網站，選擇「研究工具」並下載研究方案 12.3 的訪談指引、編碼指引、訪談同意書。

2. 找出應該瞭解學校與社區間關係及本質的社區領袖（例如：市長、副市長、市政經理、市議會成員、地方非營利組織的領導人）至少三位。

   你可利用「為什麼」網站的「草根資源指南」（World Hunger Year's [WHY] Grassroots Resources Directory, www.whyhunger.org/resources/grassroots-resources-directory.html）

找到你們地區的非營利組織，包括處理「飢餓」以及各式與「貧窮」相關議題的組織。只需填進一些訊息，資料庫就會提供你所在地方這類組織的名單。你也可上 http://idealist.org 找到這類組織。

3. 訪談前先徵得每位受訪社區領袖的同意。若獲得其許可，請他們閱讀及簽署同意書。徵求受訪者同意你對訪談過程進行錄音。（若他們不接受錄音，則你必須盡量詳細地做筆記。）

4. 向社區領袖提出你在閱讀及遵循訪談指引後所自行設計的問題。以你自己的問題開始訪談，但讓受訪者引導訪談的進行；勿迫使所有受訪者在回答同一個問題時均用相同的方式。不過，一定要讓每位都談到你所準備的每個問題。重點在得到他們個別的觀點，再將此與其他受訪者觀點相較。好的訪談者在整個訪談中都使用**探測式問題**；亦即像是「你可以就那個再多說點嗎？」或「有意思。還有你想增加的其他想法嗎？」這些非常簡短的問題。探測式問題暗示受訪者對這主題談得更多，卻不會將受訪者的說法導向你自己的偏見上。

5. 依據編碼指引的指示分析結果。若可能，把自己的資料跟其他進行相同方案同學的資料組合起來。（如此你將有較多的樣本作為自己研究發現的依據。）

6. 比較你的發現與其他以調查方式進行相同方案的同學所得到的發現。

7. 撰寫 3 至 4 頁的報告，呈現及分析自己（以及，若可能，同學的訪談）的結果，並將此與你就此主題所找到的既有研究發現關聯起來，再就這些與用問卷調查方式進行相同

方案同學的結果做比較及討論。

問卷調查：你將調查至少 30 位學生，以判定（1）學生對地
方社群的態度，（2）學生與社區的互動程度。

1. 上本書網站，選擇「研究工具」並下載「研究方案 12.3 調
   查問卷」；同時下載研究方案 12.3 的「計分指引」。

2. 決定進行問卷調查的地點及時間。不要只是隨意地發出調
   查表，而是選擇一個通識教育大班課堂，如此將可提供相
   當具代表性的學生樣本群（代表來自不同年級、科系、種
   族、族群、性別……等的學生）。必定要先徵得該堂課授
   課教授的許可，再於開始上課前發出調查問卷。

3. 請學生花 5 至 10 分鐘填寫調查問卷。先把填答說明唸給他
   們聽，再發出調查問卷。要求學生勿具名，並告知他們填
   答完後將問卷面朝下的堆放在教室中特定地點。（這樣他
   們可曉得你將不可能知道誰做出什麼回答。）

4. 依據計分指引分析結果。若可能，把自己的資料跟其他進
   行相同方案同學的資料組合起來。（如此將使你有較大樣
   本數作為研究發現的依據。）

5. 將你的結果與其他以訪談方式進行相同方案同學的發現做
   比較。

-207-

6. 撰寫 3 至 4 頁的報告，呈現及分析自己（以及，若可能，同學的訪談）的結果，並將此與你就此主題所找到的既有研究發現關聯起來，再就這些與用訪談方法進行相同方案同學的結果做比較及討論。

步驟三：做點事

既然你已經對某項重要的社會議題進行了研究，現在就有個有力的立場來處理它。下列練習將幫助你運用自己的社會學知識，改善自己社區居民的生活。

方案 12.1 「公民參與及高等教育」：公民參與練習

在自己研究中，你得到「多少學生認為公民參與應是大學教育的一部分」及「多少學生真正積極參與公共事務」的數據。做此練習，你需設計一份說帖，用以改變那些不認為「公民參與應是大學教育一部分」的學生。然後與其他學生組織座談會，在會中呈現你的說帖。

「說帖」是一份就相關議題所做之簡短綜論，以幫助你對事情有更清楚及正確的認識，為自己關注的事情建立脈絡，並聚焦 -208-
於自己論點中最重要的地方。同時也是一份提供證據來支持你立場的實情概述。

1. 利用你對這個主題的知識（從你所閱讀的資料中），列出「學生為什麼會希望公民參與是大學教育一部分」的五項最重要原因。

2. 利用自己的調查數據、本書、就此主題所發表的研究報告，找出學生為什麼不希望公民參與是大學教育一部分的可能原因，然後反駁這些主張（例如，若你認為學生會說他們沒有時間積極參與公共事務，則指出「許多學校已經將公民參與活動納入課程」這項事實。若學生不了解他們可由主動參與公共事務得到什麼好處，那麼把社會行動主義與社會力量之間的關聯描述給他們聽）。

3. 設計並撰寫一份 1 頁的說帖，來幫助你對一群學生溝通這五項重點。

4. 實際去做。帶著你的說帖去找一些朋友或親戚，問他們是否可讓你簡短的討論下列主題：你為什麼認為公民參與應是大學教育一部分。思考他們的反應、批評、建議，然後修改並強化自己的說帖。

5. 根據你所學到的準備一場 5 分鐘的口頭報告。想想看可能有哪些理由，讓理性且思緒周密的人不認為公民參與應是大學教育的一部分，再仔細想想自己可怎麼說，以降低或消除他們的疑慮。你可在下列網站：http://www.unicef.org/voy/takeaction/takeaction_379.html 找到極佳的指引，幫忙自己將資料整合起來及發表談話。

6. 與進行相同方案的同學合作，共同組織並參與一場學生座談會，向校園社群報告高等教育與公民參與的關聯。

方案 12.2 「大學院校的社會責任」：公民參與練習

根據你的準備工作，你應該很清楚，學生們認為貴校應該解決校園中哪些社會議題（例如：血汗工廠、得到足以溫飽之薪資的權利、醫療照顧福利、性別差別待遇、種族主義）

1. 針對與你自己最有關的議題撰寫一份 2 頁的總結報告。簡單描述（1）這議題為何，（2）誰（哪個或哪些團體）因此而受苦，（3）誰有權力改善它，（4）你為什麼認為需要優先處理這項社會議題。

2. 將你的主張改寫成一封有兩個段落的「致學校報紙編輯信函」，以「我們聯署……」這詞做為信件開頭，不斷修改，直到你確信自己已清晰且有力的呈現出所有要點。 -209-

3. 詢問校園中的人是否同意你的說法且願意連署。準備一份連署單，讓他們可寫下完整姓名、簽名、圈選自己的身分（學生、教授、職員……等）。並詢問他們是否願意更主動地解決這項不公義狀況；若願意，留下他們的連絡資訊（包括電話及電子郵件地址）。

4. 若發現多數人不同意你信件中所述，停下來再想想。你是否公正的呈現這議題？他們反對哪些點？他們是對的嗎？

若是，你可能要考慮另一項議題或用另一角度再重新開始。若認為他們錯了，則應思考要用何種不同方法來說服他們加入你的行列。

5. 收集到 20 個（但願更多！）簽名後，將此信寄送給學校報社、學院院長、學校中其他你認為能影響這議題的有力人士。

6. 召集願意對此議題採取行動者共同開會，討論該做些什麼並實際執行。亦即，針對你的議題設計出行動計畫及策略。你可在下列網站找到一些由其他學生團體收集到的絕佳資源，取得為自己議題努力時所需的全部工具：

- http://www.campusactivism.org/displayresource-471.htm
- http://www.thetaskforce.org/reports_and_research/campus_manual
- http://www3.thestar.com/static/PDF/060217_jrjour_guide.pdf
- http://www.campusactivism.org/uploads/FireItUp.pdf

你可能願意參考一些書籍，指導你如何有效地組織群眾，如：柯柏格（Craig Kielburger）、馬克‧柯柏格（Marc Kielburger）及軒卡瑞（Deepa Shankaran）所著的《採取更多行動》（*Take More Action*, 2004），或波波（Kimberley A. Bobo）與同事合著的《組織起來改善社會：中西部學會之行動主義者教戰手冊》（*Organizing for Social Change: Midwest*

Academy Manual for Activists, 1999），傑肯（Michael Gecan）所
著的《訴諸公眾》（*Going Public*, 2004）亦是一本描述如何
組織群眾以創造力量的絕佳綜論性書籍。

方案12.3 「連結大學院校與社區」：公民參與練習

找到你所在地區一些致力於貧窮相關議題的非營利組織。學
校中可能有個處室能給你協助，例如：社區服務辦公室
（Community Service Office）。若你是教會、清真寺、猶太會堂或
其他公民組織中活躍的成員，了解它如何處理社區中的貧窮議 -210-
題。打電話到你們地方行政首長辦公室，詢問你們地區是否有致
力解決貧窮相關議題（像是飢餓、遊民問題、住屋）的社區團
體。同時應利用「為什麼」網站的「草根資源指南」來搜尋。正
如前述，只需填進一些訊息，資料庫就會提供你所在地方這類組
織的名單。

你也可以上「理想主義者」（Idealist）網站：http://www.
idealist.org 找到這類組織。

1. 造訪你選定的組織（若無法選定某一特定組織，則造訪數
   個）。跟那裏的人談談、拿些文宣品、瀏覽其他的網站
   （若此組織有網站的話）。了解他們的基本工作為何、如
   何組織、希望志工做些什麼。根據你對此議題的認識，記
   錄這組織在你有興趣的領域方面做得有多好。

2. 更深入了解這團體。參加一次集會或擔任一個活動的志工。跟其他志工談談他們的經驗。

3. 若你對這組織的工作感到振奮,找群學生一起來做這組織的志工,提供自己的時間與才能,來跟他們共同努力。把你對這議題的認識以及這組織的作為,告訴其他潛在的志工。試著了解其他學生願意做出什麼樣的支持行動,然後再對這組織提供你們的志工服務,以免你承諾過多。在招募太多志工前有兩點要先注意:首先,確定是負責協調這組織各項工作的人告訴你他們有何需求;他們可能需要協助的地方包括:工作人員、文書作業、建物修繕、募款或其他工作。這個練習的目的,是讓你實際動手,並為某項持續進行中的社會議題做些事,即便只是些普通的事情。不論如何,在作出承諾前一定要弄清,這組織希望你做的是什麼。

行動中的社會學家:你!

(在此寫下簡短的自傳,並描述你剛完成的方案,或你在這課程中做過之其他任何社會改革的練習。)你現在已加入本書中特別描述的「行動中的社會學家」。你的努力會像他們一樣激發其他人,成為有智識、積極參與且有效能的公民。這樣的社會學家看起來也許不像超級英雄,但他們全都成功駕馭社會

學的力量，使社會變得更好。恭喜你成為其中一員。請以電子郵件將你的「行動中的社會學家」寄給我們（engagedsociologist@hotmail.com），並讓我們知道是否可將這作品用於本書網站或未來版本中。

結論

既已擁有社會學的工具、技能及知識，你不需要身為一位專業的社會學家才可使用這些。只要繼續張大雙眼觀察社會運作（社會學之眼），將個人煩惱與公共議題關聯起來（社會學的想像），且持續尋求多方面觀點。提出問題，並自己找出答案。改變總是在我們的周圍發生，是否要去引導它則由我們自己選擇。我們不知道你生命中將會碰到什麼樣的社會問題或議題，但確定你必可使之有所不同。人類學家米德（Margaret Mead）曾說過：「千萬別懷疑一小群有想法且有抱負的公民可改變世界，事實上，世界的改變，向來靠這些人。」運用自己的社會學工具，**你可幫忙改善這個世界**。

註釋

1. 「美國民主計畫」（American Democracy Project）及「校園盟約」就是學術界及政治界領袖有了這種領悟的直接結果。你可在這些組織的網站（www.compact.org 及 www.aascu.org/programs/adp），找到許多跟這個主題相關文章的資源與連結。

參考書目

Bobo, Kimberley A., Jackie Kendall, and Steve Max. 1999. *Organizing for Social Change: Midwest Academy—Manual for Activists*. Santa Ana, CA: Seven Locks Press.

Gecan, Michael. 2004. *Going Public*. New York: Random House.

Kielburger, Marc, Craig Kieburger, and Deepa Shankaran. 2004. *Take More Action*. Toronto, Ont., Canada: Thomson/Nelson.

索引

（條目後的頁碼係原書頁碼，檢索時請查正文內邊的數碼）